La nouvelle cuisine légère
d'Anne Lindsay

La nouvelle cuisine légère
d'Anne Lindsay

Anne Lindsay

En collaboration avec
Denise Beatty, Dt.P.
et
L'ASSOCIATION MÉDICALE CANADIENNE

TRÉCARRÉ

Données de catalogage avant publication (Canada)

Lindsay, Anne, 1943 –

La nouvelle cuisine légère d'Anne Lindsay

Traduction de : Anne Lindsay's New light cooking.
Comprend des index.

ISBN 2-89249-793-0

1. Régimes hypolipidiques - Recettes.   2. Nutrition - Ouvrages de vulgarisation.
3. Cuisine santé.   I. Beatty, Denise.   II. Association médicale canadienne.   III. Titre.

RM237.7.L5514   1998   641.5'638   C98-941617-8

L'édition originale de cet ouvrage a paru en anglais sous le titre de :
Anne Lindsay's New Light Cooking

© 1998 Anne Lindsay and Associates Limited et l'Association médicale canadienne

Éditeur original : Ballantine Books, une division de Random House of Canada

Photographie : Bradshaw Photography Inc.
Stylisme des plats : Olga Truchan
Stylisme des accessoires : Janet Wakenshaw
Conception : Dianne Eastman
Photocomposition : Cyclone Design Communication
Traduction : Raymond Roy
Révision linguistique : Christiane Gauthier

© 1998 Éditions du Trécarré pour l'édition française

ISBN 2-89249-793-0

Dépôt légal 1998
Bibliothèque nationale du Québec

Imprimé au Canada

Éditions du Trécarré
St-Laurent (Québec) Canada

Page couverture : Penne aux poivrons rouges, aux olives noires et à la roquette (page 112)

À mes enfants Jeff, John et Susie,
avec tout mon amour

Table des matières

Avant-propos

La santé, ça commence par des choses toutes simples. Votre médecin vous dira qu'une alimentation saine est la clef de la santé. C'est pourquoi l'Association médicale canadienne est heureuse de s'associer au projet *La nouvelle cuisine légère* d'Anne Lindsay. Nous espérons que vous considérerez ce dernier ouvrage d'Anne, qui a profité des contributions d'experts médecins et nutritionnistes de tout le pays, comme un signe supplémentaire de l'engagement des médecins face à la santé de la population.

Aider les patients à vivre plus longtemps et plus sainement, voilà l'objectif ultime de tout médecin. Ce livre exceptionnel se veut une tentative de réponse à certaines questions que les patients nous posent régulièrement au sujet de la nutrition et des décisions qu'ils doivent prendre à table. L'ouvrage répond non seulement à vos questions, mais il vous aide en plus à faire des choix alimentaires savoureux.

Nous sommes fiers d'ajouter ce livre à la bibliothèque de l'AMC, déjà en pleine expansion. Nous sommes persuadés que vous verrez d'un bon œil son arrivée dans votre cuisine.

Bon appétit !

Le président de l'Association médicale canadienne,
Victor Dirnfeld, M.D.

Président
Victor Dirnfeld, M.D.

Secrétaire général
Léo-Paul Landry, M.D.

Directeur du développement professionnel
Stephen Prudhomme

Rédacteur en chef
John Hoey, M.D.

Rédactrice médicale
Catherine Younger-Lewis, M.D.

Comité consultatif
Susan I. Barr, Ph. D.
Gregory P. Curnew, M.D.
Shajia Khan, MBBS
Judith C. Kazimirski, M.D.
Cynthia Mannion, inf. aut., M. Sc. (A)
Suzanne Robinson, MSW

Consultants
Maryann Hopkins, BSP
Diane Logan, M.D.
Robert McKendry, M.D.
W. Grant Thompson, M.D.

Chef de production
Deborah A. Rupert

Directeur, Marketing et activités commerciales
Ken Elsey

ASSOCIATION
MÉDICALE
CANADIENNE

Association médicale canadienne
1867 Alta Vista Drive, Ottawa, Ontario, K1G 3Y6 (888) 855-2555 ; télécopieur (613) 731-9102
www.cma.ca

Remerciements

Chaque fois que je publie un nouveau livre de recettes, on me demande : «Qu'y a-t-il de nouveau cette fois-ci?» Eh bien, il y a beaucoup de nouveau dans ce livre, entre autres cette collaboration avec l'Association médicale canadienne. Je mentionnerais cependant en tout premier lieu l'excitation et l'enthousiasme que j'ai ressentis quand l'Association médicale canadienne m'a abordée afin que nous fassions converger notre intérêt pour la saine alimentation dans un nouveau livre de recettes. L'excitation s'est accrue quand mon agent, la formidable Denise Schon, s'est mise de la partie. Dès lors, le projet s'est concrétisé et a pris de la vitesse à mesure que de nouveaux collaborateurs se joignaient à l'équipe.

La rédaction d'un tel ouvrage exige qu'on s'investisse et qu'on porte beaucoup d'attention aux détails. Bien des personnes y ont consacré énormément de temps, de passion et d'expertise, et je leur en sais gré. J'ai pris du plaisir à travailler avec toutes et tous.

J'aimerais remercier l'Association médicale canadienne, notamment les membres du comité consultatif (dont les noms apparaissent à la page ix), ainsi que Steve Prudhomme, la D^{re} Catherine Younger-Lewis, Ken Elsey, Deborah Rupert, Nadine Mathieu et Christine Pollock de leur formidable contribution à ce livre et à sa réussite. Merci également aux personnes suivantes : Denise Beatty, Dt.P. qui s'est acquittée de la difficile tâche de recueillir et de rédiger l'information nutritionnelle qui figure dans ce livre ; Shannon Graham, Daphna Rabinovitch, Heather Epp et Susan Pacaud, mes merveilleuses dégustatrices, pour leur créativité et leur patience lors des tests répétés ; Doug Pepper de Random House, qui adore manger, cuisiner et publier des livres de recettes, pour avoir suscité un tel enthousiasme et réuni une si belle équipe de rédaction et de conception ; Dianne Eastman, la directrice artistique, pour avoir conçu une si belle présentation du livre anglais ; Jennifer Glossop et Bev Renahan pour leur expertise en matière de rédaction ; Barbara Schon, pour la réalisation de l'index ; tout le monde de chez Random House, entre autres David Kent, Duncan Shields et son équipe de ventes de chez Ballantine ; Pat Cairns, Susan Roxborough, Jennifer Shepherd, Alan Terakawa et Vicki Black ; Barbara Selley, Dt.P. pour l'analyse nutritionnelle des plats ; Katherine Younker pour le Système d'équivalents de l'Association canadienne du diabète ; Nancy Williams, pour avoir tenu mon bureau ; Michael Levine, mon avocat ; Angus Reid pour avoir mené un sondage sur les questions d'ordre nutritionnel que vous posez à votre médecin ; les photographes Doug Bradshaw et Josef Teschl, la styliste des plats Olga Truchan et la styliste des accessoires Janet Wakenshaw, pour les magnifiques photos.

Et, comme toujours, un gros merci à mon merveilleux mari Bob, mon expert dégustateur, pour son soutien, ses lumières, son enthousiasme et son amour.

Introduction

Chaque jour, de nouvelles recherches viennent confirmer le fait que ce que nous mangeons a un effet sur notre santé. Réduire notre consommation de matières grasses diminue le risque de maladies cardiaques ; boire davantage de lait nous protège de l'ostéoporose et ainsi de suite...

Cela fait des années que je m'efforce de trouver des façons de présenter des aliments sains qui sont à la fois délicieux, satisfaisants et faciles à préparer. J'ai donc été ravie quand l'Association médicale canadienne, l'organisation médicale la plus en vue au pays, m'a demandé de collaborer à la création d'un nouveau livre de recettes qui proposerait davantage de recettes savoureuses et d'information nutritionnelle pertinente, compréhensible pour le commun des mortels. Ensemble, nous nous proposions de produire un livre qui aurait des assises solides sur le plan scientifique mais qui dissiperait le mythe selon lequel les aliments bons pour la santé sont obligatoirement insipides et ennuyeux.

Le présent livre est le fruit de cette collaboration. Il renferme un trésor d'information et de résultats de recherches en nutrition colligés par la diététiste diplômée Denise Beatty et présentés en capsules faciles à lire, dispersées un peu partout dans l'ouvrage. Ses choix ont été en partie motivés par une enquête conduite par l'AMC, et les 43 000 médecins qu'elle représente, qui s'est intéressée aux questions d'ordre nutritionnel les plus souvent posées par les patients.

Qu'est-ce qui vous touche le plus ? L'AMC a constaté que les questions les plus pressantes concernent la perte de poids et le cholestérol. Les suppléments alimentaires et l'alimentation des enfants suscitent également de l'intérêt. Dans notre livre, vous trouverez donc non seulement les plus récentes découvertes sur ces sujets, mais également des recettes délicieuses qui vous aideront à atteindre vos objectifs et à satisfaire vos besoins, que vous désiriez perdre du poids ou surveiller votre consommation de sel.

Dans un autre sondage, mené par Angus Reid, on a demandé aux Canadiens quelles questions d'ordre nutritionnel ils avaient posées à leur médecin au cours de l'année écoulée. Encore là, c'est le cholestérol qui a volé la vedette. Les autres sujets populaires étaient les matières grasses, les régimes alimentaires et la perte de poids, les vitamines et les minéraux, les fibres alimentaires et le diabète. Vous trouverez de l'information sur ces sujets dans le livre.

Prévenir la maladie n'est pas notre seul objectif. Manger ne fait pas qu'apporter du combustible à l'organisme ; cette activité est associée à une dimension de plaisir, de convivialité, et elle nous apporte les délices de nouvelles expériences. Tout le monde me demande comment je fais pour trouver sans cesse de nouvelles recettes. Je réponds bien simplement que c'est ce qui me plaît. J'adore créer de nouveaux plats sains pour ma famille et mes amis. Parfois, je ne fais que prendre un mets classique, comme le gâteau au chocolat, et je cherche des moyens d'en réduire la teneur en gras ; je remplace le beurre par de l'huile ou du babeurre et je compense la perte de saveur en mettant davantage de cacao. C'est ainsi que j'ai inventé la recette de Gâteau au chocolat avec glaçage au babeurre et au chocolat présentée à la page 300. Il m'arrive aussi de partir d'une combinaison de saveurs qui me plaît, comme le citron, la coriandre et le lait de coco, puis d'essayer de la présenter d'une façon nouvelle. La recette de Cari de poulet au lait de coco à la thaïlandaise à la page 184 est le résultat d'une telle démarche. Également, afin de répondre à l'intérêt croissant pour la cuisine végétarienne, j'ai fait de nombreuses expériences avec les caris, les ragoûts, les plats de pâtes et les hamburgers sans viande.

Après toutes ces expérimentations, les plats bien reçus et bien testés se retrouvent finalement dans mes ouvrages. Mais d'abord, on en vérifie la valeur nutritionnelle. Ce type d'information accompagne toutes les recettes. Et dans le présent livre, pour une première fois, les recettes sont présentées quant à leur conformité avec les recommandations du *Guide alimentaire canadien pour manger sainement*. Ainsi, chaque évaluation de la valeur nutritive est accompagnée de symboles qui indiquent combien la recette apporte de portions des différents groupes d'aliments fixés par le *Guide alimentaire canadien (voir les pages 5 et 333 pour de plus amples renseignements)*.

Les recettes de ce livre, comme celles de mes livres précédents, sont faciles et rapides à préparer et exigent des ingrédients qu'on trouve aisément dans tous les supermarchés. J'espère que vous les apprécierez autant que ma famille et moi, et que l'information nutritionnelle accompagnant les recettes vous permettra de découvrir les plaisirs de la santé et de la bonne table.

Anne Lindsay

Qu'est-ce qu'une saine alimentation?

Dans tout le livre, nous parlons de saine alimentation et de saines habitudes alimentaires. C'est le point de départ de tous les conseils en matière d'alimentation donnés ici. Quel que soit l'objectif que vous poursuiviez – vivre une grossesse en santé, élever des enfants en santé, atteindre un âge avancé, réduire vos risques de cancer du côlon ou abaisser votre tension artérielle – vous devez analyser vos habitudes alimentaires afin de procéder aux ajustements qui vous permettront d'atteindre vos buts particuliers.

Avoir des habitudes alimentaires saines, c'est élaborer des repas et des collations avec des aliments faibles en gras mais riches en sucres complexes (glucides lents, amidons), fibres, vitamines, minéraux et substances phytochimiques naturelles salutaires.

Les principes de base d'une saine alimentation

Manger sainement signifie :

- manger davantage de légumes et de fruits ;
- manger davantage d'aliments amylacés (féculents) tels que les légumineuses (lentilles, pois et haricots), les céréales, le pain, les pâtes alimentaires et le riz ;
- dans la mesure du possible, choisir des aliments préparés à partir de grains entiers comme le pain brun et le riz entier ;
- réduire ses portions de viande et de volaille, et manger du poisson plus souvent ;
- choisir autant que possible des produits laitiers faibles en matières grasses ;
- réduire sa consommation d'aliments riches en matières grasses, c'est-à-dire le beurre, la margarine, les aliments de restauration rapide (le *fast food*), les grignotines, les biscuits et les pâtisseries, de même que les sauces riches ;
- s'en tenir à des quantités modérées d'alcool, de boissons caféinées et d'aliments très salés.

En plus de consommer ces aliments, avoir des habitudes alimentaires saines signifie le fait d'établir une relation saine avec la nourriture. Manger devrait être une activité associée au plaisir, et non à la crainte ou à la culpabilité. Manger sainement signifie aussi manger modérément, se tenir à l'écart des modes, ne pas se laisser influencer par les allégations sans fondement des fabricants, savoir quand et comment faire de la place aux aliments favoris et aux friandises, sans exagérer et sans se sentir coupable.

Le *Guide alimentaire canadien pour manger sainement* nous simplifie la vie

Le *Guide alimentaire canadien pour manger sainement* (*voir les pages suivantes*) simplifie les principes qui régissent la saine alimentation en regroupant les aliments selon quatre groupes alimentaires et en recommandant le nombre et la taille des portions de chaque groupe dont une personne a besoin quotidiennement.

Le nombre maximum de portions recommandé en produits céréaliers, légumes et fruits en étonne plus d'un. Ne paniquez pas à la perspective de devoir manger 12 portions de produits céréaliers ou 10 portions de légumes et fruits par jour. Ces valeurs maximales ne visent pas tout le monde. Le nombre de portions qui vous convient dépend de plusieurs facteurs : âge, sexe, masse corporelle, niveau d'activité physique et besoins caloriques. Les femmes et les enfants auront des besoins moindres que les adolescents ou les personnes qui travaillent dur physiquement.

Il est cependant difficile de dire dans quelle mesure un plat donné répond aux besoins nutritionnels tels que définis dans le *Guide alimentaire canadien pour manger sainement*. Pour vous aider, chaque recette du livre est accompagnée d'une série de symboles qui indiquent le groupe alimentaire et le nombre de portions (selon le guide) qu'apporte la recette. Ainsi, si une recette est accompagnée des symboles

2   1

Portions du *Guide alimentaire canadien*

cela signifie qu'une portion de cette recette apporte 2 portions de produits céréaliers et 1 portion de viandes et substituts à votre bilan quotidien.

La nutrition dans les médias

Nous vivons une époque stimulante dans le domaine toujours en expansion des sciences de la nutrition. Le simple volume d'information que nous recevons quotidiennement suffit à affoler même la personne la plus consciente des questions de santé. Cependant, aussi prometteuse que soit chaque nouvelle découverte, il importe de prendre un certain recul quand on envisage d'appliquer ces découvertes à notre propre vie. Les travaux scientifiques sont évolutifs, ils ne détiennent pas de vérité absolue. Les constatations des recherches demeurent des hypothèses jusqu'à ce que les faits s'imposent à un point tel qu'ils deviennent généralement acceptés. Il est donc préférable d'attendre avant de procéder à des changements sur la foi d'une seule étude.

Ce livre contient de l'information et des conseils qui s'appuient sur bon nombre de découvertes récentes en matière de nutrition. Cependant l'importance d'une saine alimentation comme base d'une bonne santé et des plaisirs qu'elle procure est l'élément essentiel. Nous sommes certains que la nourriture est la seule chose qui fournit en toute sécurité et sans risque indu les éléments nutritifs et autres substances alimentaires essentiels à la santé.

Le *Guide alimentaire canadien pour manger sainement*

Groupe d'aliments	Nombre de portions à consommer quotidiennement
Produits céréaliers	5 à 12
Légumes et fruits	5 à 10
Produits laitiers	2 à 4 (chez l'adulte)
Viandes et substituts	2 à 3

Symbole des groupes alimentaires

1 portion de produits céréaliers

1 portion de légumes et fruits

1 portion de produits laitiers

1 portion de viandes et substituts

Guide alimentaire canadien
pour manger sainement

Santé et Bien-être social
Canada

Health and Welfare
Canada

Savourez chaque jour
une variété d'aliments
choisis dans chacun
de ces groupes.

Choisissez de
préférence des
aliments
moins gras.

Produits céréaliers
Choisissez de préfé-
rence des produits à
grains entiers ou
enrichis.

Légumes et fruits
Choisissez plus souvent
des légumes vert foncé
ou orange et des fruits
orange.

Produits laitiers
Choisissez de préfé-
rence des produits
laitiers moins gras.

Viandes et substituts
Choisissez de préférence
viandes, volailles et
poissons plus maigres
et légumineuses.

Canada

Guide alimentaire canadien
pour manger sainement

Des quantités différentes pour des personnes différentes

La quantité que vous devez choisir chaque jour dans les quatre groupes alimentaires et parmi les autres aliments varie selon l'âge, la taille, le sexe, le niveau d'activité; elle augmente durant la grossesse et l'allaitement. Le guide alimentaire propose un nombre plus ou moins grand de portions pour chaque groupe d'aliments. Ainsi, les enfants peuvent choisir les quantités les plus petites et les adolescents, les plus grandes. La plupart des gens peuvent choisir entre les deux.

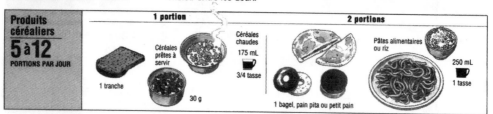

Produits céréaliers
5 à 12
PORTIONS PAR JOUR

1 portion — Céréales prêtes à servir — 1 tranche — 30 g — Céréales chaudes 175 mL — 3/4 tasse

2 portions — 1 bagel, pain pita ou petit pain — Pâtes alimentaires ou riz — 250 mL — 1 tasse

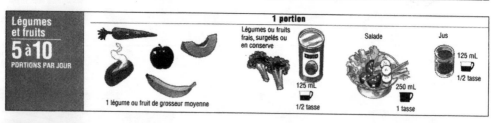

Légumes et fruits
5 à 10
PORTIONS PAR JOUR

1 portion — 1 légume ou fruit de grosseur moyenne — Légumes ou fruits frais, surgelés ou en conserve — 125 mL — 1/2 tasse — Salade — 250 mL — 1 tasse — Jus — 125 mL — 1/2 tasse

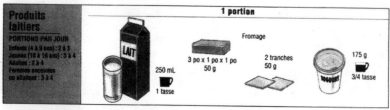

Produits laitiers
PORTIONS PAR JOUR
Enfants (4 à 9 ans) : 2 à 3
Jeunes (10 à 16 ans) : 3 à 4
Adultes : 2 à 4
Femmes enceintes ou allaitant : 3 à 4

1 portion — LAIT — 250 mL — 1 tasse — Fromage — 3 po x 1 po x 1 po 50 g — 2 tranches 50 g — 175 g — 3/4 tasse

Autres aliments

D'autres aliments et boissons qui ne font pas partie des quatre groupes peuvent aussi apporter saveur et plaisir. Certains de ces aliments ont une teneur plus élevée en gras ou en énergie. Consommez-les avec modération.

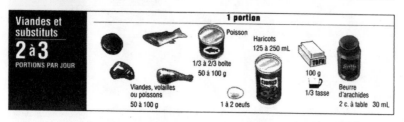

Viandes et substituts
2 à 3
PORTIONS PAR JOUR

1 portion — Viandes, volailles ou poissons 50 à 100 g — Poisson — 1/3 à 2/3 boîte 50 à 100 g — 1 à 2 oeufs — Haricots 125 à 250 mL — TOFU 100 g — 1/3 tasse — Beurre d'arachides 2 c. à table 30 mL

Mangez bon, mangez bien. Bougez. Soyez bien dans votre peau. C'est ça la VITALITÉ

Changer à son avantage

Nous sommes tous confrontés, à un moment ou à un autre, à certains aspects de notre vie que nous aimerions modifier : cesser de fumer, avoir une alimentation saine, par exemple. Ces changements sont difficiles à faire, mais savoir comment d'autres y sont parvenus peut nous aider.

Selon les recherches de trois psychologues cliniciens*, la réalisation d'un changement passe par des étapes prévisibles, chacune exigeant une approche, des techniques et une capacité d'adaptation différentes. Chaque étape est cruciale à la réussite de la démarche. Ainsi, les personnes qui se lancent dans la quatrième étape (L'action) sans avoir réfléchi courent à l'échec, faute de préparation.

Les étapes du changement

Première étape - La précontemplation À cette étape, vous n'envisagez même pas encore le changement. Le plus souvent, c'est un événement important, par exemple le quarantième anniversaire de naissance, une réunion d'anciens de votre école secondaire ou un problème de santé, qui vous amène à l'étape suivante.

Deuxième étape - La contemplation Vous reconnaissez qu'il y a un problème mais vous remettez à plus tard toute action. Si vous faites de l'embonpoint, vous parlez peut-être de votre poids, vous vous renseignez sur la perte de poids, vous achetez des livres sur les régimes amaigrissants, mais vous n'agissez pas encore.

Troisième étape - La préparation Vous arrivez à cette étape quand vous commencez à envisager sérieusement le changement. Votre attention passe du problème aux solutions. En prenant l'exemple de la perte de poids, vous cherchez peut-être un programme de perte pondérale, vous parlez du problème à votre médecin ou vous vous procurez un livre de recettes, comme celui que vous tenez entre les mains, dans le but d'apprendre à cuisiner de manière plus saine.

Quatrième étape - L'action Vous entreprenez de changer votre vie et remplacez les mauvaises habitudes par de bonnes. Vous vous inscrivez à un programme d'amaigrissement, vous lisez les étiquettes des aliments, vous achetez des aliments moins riches en calories, vous mangez moins, vous suivez des recettes comme celles proposées ici et vous commencez à mener une vie plus active.

Cinquième étape - Le maintien Vous entrez dans la phase de maintien une fois effectué le changement que vous vous proposiez, quand, par exemple, vous avez perdu tout le poids désiré. À partir de ce moment, le défi consiste à continuer de gérer vos habitudes alimentaires et vos activités de manière à ne pas reprendre le poids perdu.

Sixième étape - La rechute Une rechute survient quand on abandonne une nouvelle habitude. Il est assez courant d'avancer et de reculer de manière cyclique à travers

* Prochaska, J.O., Norcross, J.C., DiClemente, C.C., *Changing for Good: A Revolutionary Six-stage Program for Overcoming Bad Habits and Moving Your Life Positively Forward*, New York, Avon Books, 1994.

les étapes. Ainsi, il se peut que vous vous tiriez bien d'affaires à l'étape de L'action. Survient alors une crise dans un autre domaine de votre vie qui vous ramène à l'étape de la contemplation. La solution pour sortir de la rechute consiste à examiner les tentatives de changement qui ont échoué pour en tirer les leçons et se reprendre.

Les hors-d'œuvre et entrées

NOTES SUR LA NUTRITION

Quesadillas grillées

| 1 1/2 | 1/2 | 1/4 |

Portions du *Guide alimentaire canadien*

Ces quesadillas sont fameuses à la collation, au dîner ou en guise de souper léger. Vous pouvez remplacer le cheddar par de la mozzarella. Servez-les accompagnées de salsa.

1	petit avocat	1
1	tomate coupée en dés	1
125 ml	maïs en grains	1/2 tasse
50 ml	piments verts en conserve hachés ou oignons verts	1/4 tasse
1 ml	sel	1/4 c. à thé
pincée	poivre	pincée
8	tortillas de blé de 20 cm (8 po) de diamètre	8
250 ml	mozzarella écrémée ou partiellement écrémée râpée	1 tasse
75 ml	coriandre fraîche hachée ou persil frais haché	1/3 tasse

APPORT NUTRITIONNEL PAR PORTION	
calories	217
protéines	8 g
gras total	8 g
gras saturés	2 g
cholestérol	8 mg
glucides	28 g
fibres alimentaires	2 g
sodium	424 mg

AQR : Vit. A 6 %, E 4 %, C 13 %, acide folique 10 %, Ca 11 % (124 mg), fer 13 %, zinc 10 %.

~ ON PREND DE L'AVANCE ~

On peut préparer les quesadillas à l'avance jusqu'à la deuxième étape inclusivement et les conserver jusqu'à quatre heures au réfrigérateur.

1 Peler et dénoyauter l'avocat ; mettre une moitié dans un bol et la réduire en une purée homogène. Hacher l'autre moitié, la mettre dans le bol, puis incorporer la tomate, le maïs, les piments verts, le sel et le poivre.

2 Étendre ce mélange sur la moitié de chaque tortilla. Mettre le fromage et la coriandre sur le mélange. Rabattre la moitié non garnie sur la garniture, puis presser les bords délicatement l'un contre l'autre.

3 Dans une poêle antiadhésive ou sur un gril à feu moyen, cuire les quesadillas 1 1/2 minute jusqu'à ce que le dessous soit légèrement doré. Retourner et cuire 1 1/2 minute ou jusqu'à ce que la garniture soit très chaude et que le fromage ait fondu.

Donne 8 portions.

Version faible en gras

Remplacer l'avocat par un poivron vert ou jaune, haché. On réduit ainsi la quantié de matières grasses à 5 grammes par portion.

Quesadillas aux crevettes

~ ON PREND DE L'AVANCE ~

On peut préparer les quesadillas à l'avance jusqu'à la deuxième étape inclusivement et les conserver jusqu'à quatre heures au réfrigérateur.

~ CONSEIL POUR LE SERVICE ~

Servez-vous d'un couteau à pizza ou d'un long couteau de cuisinier pour couper les quesadillas en pointes.

1/2   1/4

Portions du *Guide alimentaire canadien*

J'adore le goût frais de l'aneth dans ces quesadillas; cependant, le basilic frais ou la coriandre fraîche donnent des résultats tout aussi intéressants. Ajoutez quelques cuillerées de piments verts doux hachés si vous en trouvez. Servez le midi, en entrée ou en guise de hors-d'œuvre.

250 ml	mozzarella écrémée (7 % M.G.) ou partiellement écrémée (15 % M.G.) râpée	1 tasse
8	tortillas de blé de 20 cm (8 po) de diamètre	8
125 ml	tomate coupée en dés	1/2 tasse
125 ml	crevettes à salade, soit 60 g (2 oz)	1/2 tasse
125 ml	feta ou fromage de chèvre ferme, émietté	1/2 tasse
75 ml	aneth frais haché	1/3 tasse
50 ml	oignon rouge ou vert haché	1/4 tasse
1 ml	sauce piquante au piment	1/4 c. à thé

1 Étendre uniformément la moitié de la mozzarella sur une moitié de chaque tortilla.

2 Dans un petit bol, mélanger la tomate, les crevettes, le feta, l'aneth, l'oignon et la sauce piquante au piment ; étendre uniformément ce mélange sur la mozzarella. Garnir du reste de la mozzarella. Rabattre la moitié non garnie sur la garniture, puis presser les bords délicatement l'un contre l'autre.

3 Dans une grande poêle antiadhésive, cuire les quesadillas à feu moyen, deux par deux, 3 à 5 minutes ou jusqu'à ce que le dessous soit légèrement doré. Les retourner et cuire jusqu'à ce que le fromage ait fondu et que l'autre face soit légèrement dorée également. Couper en trois pointes.

Donne 24 pointes.

Tartelettes de pâte phyllo

Ces tartelettes de pâte phyllo sont très faciles à faire, elles se conservent des semaines et donnent des hors-d'œuvre magnifiques une fois farcies. Les tartelettes sont faites de quatre feuilles de pâte phyllo empilées les unes sur les autres, chacune badigeonnée de beurre fondu, puis coupées en carrés de 5 cm (2 po). Vous pouvez les farcir de Salade de fruits de mer (page 264), de Salsa à la mangue (page suivante) ou de saumon fumé (page suivante).

APPORT NUTRITIONNEL PAR TARTELETTE	
calories	10
protéines	0 g
gras total	1 g
gras saturés	traces
cholestérol	1 mg
glucides	1 g
sodium	14 mg

AQR : fer 1 %.

3	feuilles de pâte phyllo	3
20 ml	beurre fondu	4 c. à thé

1 Disposer une feuille de pâte phyllo sur la surface de travail, en gardant les autres à couvert afin de les empêcher de sécher. Badigeonner de beurre et replier de manière à obtenir un rectangle de 30 cm sur 20 cm (12 po sur 8 po). Badigeonner le dessus de beurre, puis découper en carrés de 5 cm (2 po).

2 Empiler les carrés de biais les uns sur les autres de manière à obtenir une pâte à quatre étages ; en foncer de petits moules à tartelette de 4 cm (1 1/2 po) de diamètre.

3 Cuire au four à 190 °C (375 °F) 5 minutes ou jusqu'à ce que la pâte soit dorée. Laisser refroidir.

Donne 36 tartelettes.

~ ON PREND DE L'AVANCE ~
Les tartelettes se conservent 1 mois dans un endroit sec et dans une boîte à biscuits en métal ou en carton.

Tartelettes de pâte phyllo garnies de salsa à la mangue

Cette combinaison gagnante de tartelettes beurrées, légères comme du papier, et d'une garniture moelleuse et parfumée est un de mes hors-d'œuvre préférés.

1	mangue pelée, coupée en petits dés	1
125 ml	oignon rouge coupé en petits dés	1/2 tasse
125 ml	poivron vert haché finement	1/2 tasse
25 ml	jus de citron ou de lime fraîchement pressé	2 c. à table
25 ml	coriandre ou menthe fraîche hachée finement	2 c. à table
1 ml	de chacun : cumin et poivre moulu	1/4 c. à thé
30	Tartelettes de pâte phyllo (page précédente)	30

1 Dans un petit bol, mélanger la mangue, l'oignon, le poivron vert, le jus de citron, la coriandre, le cumin et le poivre.

2 Déposer la préparation dans les tartelettes. Servir sans attendre.

Donne 375 ml (1 1/2 tasse) de salsa, de quoi farcir 30 bouchées.

Tartelettes de pâte phyllo farcies de saumon fumé et de mayonnaise à la lime et au gingembre

Farcir les tartelettes de 2 ml (1/2 c. à thé) de Mayonnaise à la lime et au gingembre (page 232). Garnir de 5 ml (1 c. à thé) de petits morceaux de saumon fumé et décorer d'une feuille de coriandre fraîche.

Hoummos piquant

1/2

Portion du *Guide alimentaire canadien*

Servez ce hoummos en guise de trempette avec des légumes frais ou des pointes de pita ou comme tartinade dans les sandwiches, sur les bagels ou sur les pitas.

540 ml	pois chiches, égouttés et rincés	19 oz
50 ml	de chacun : jus de citron et eau	3 c. à table
2	gousses d'ail émincées	2
15 ml	huile de sésame ou 25 ml (2 c. à table) de tahini ou de beurre d'arachide	1 c. à table
7 ml	cumin moulu	1 1/2 c. à thé
2 ml	sauce piquante au piment ou piment de Cayenne	1/2 c. à thé
50 ml	persil frais haché ou coriandre fraîche hachée	3 c. à table
25 ml	piment jalapeño en pot, haché	2 c. à table

Dans un robot culinaire, réduire tous les ingrédients en purée. Si la préparation est trop épaisse, ajouter davantage d'eau, à raison de 15 ml (1 c. à table) à la fois, jusqu'à ce que le hoummos se tartine aisément. Mettre dans un bol de service. Garnir de persil et ajouter le jalapeño (si on en utilise).

Donne environ 500 ml (2 tasses).

Hoummos au citron et à l'aneth

Augmenter la quantité de jus de citron à 50 ml (1/4 tasse). Omettre l'huile de sésame, le cumin, le persil et le jalapeño. Ajouter 25 ml (2 c. à table) d'huile d'olive et 50 ml (1/4 tasse) d'aneth frais haché, bien tassé. Réduire en purée avec les pois chiches.

Hoummos aux tomates séchées

Verser 125 ml (1/2 tasse) d'eau bouillante sur 125 ml (1/2 tasse) de tomates séchées et déshydratées ; laisser reposer 10 à 15 minutes ou jusqu'à ce qu'elles aient ramolli. Égoutter en récupérant le liquide. Préparer du hoummos piquant, en remplaçant 50 ml (1/4 tasse) d'eau par de l'eau de trempage des tomates. Mettre la moitié des tomates dans le robot culinaire avec les pois chiches. Si la préparation est trop consistante, y verser le reste de l'eau de trempage. Hacher grossièrement les tomates restantes et les incorporer au hoummos.

APPORT NUTRITIONNEL PAR QUANTITÉ DE 25 ML (2 C. À TABLE)	
calories	41
protéines	2 g
gras total	1 g
cholestérol	0 mg
glucides	6 g
fibres alimentaires	1 g
sodium	53 mg

AQR : Vit. C 3 %, acide folique 6 %, Ca 1 % (9 mg), fer 3 %, zinc 2 %.

~ ON PREND DE L'AVANCE ~

Le hoummos se conserve 1 semaine au réfrigérateur si on le place dans un contenant bien fermé.

~ CONSEIL NUTRITIONNEL ~

Les pois chiches et autres légumineuses séchées sont une des meilleures sources de fibres alimentaires qui soient et ils apportent un peu de calcium.

Trempette à l'oignon caramélisé et au basilic

~ ON PREND DE L'AVANCE ~

Dans un contenant bien fermé, la trempette se conserve 2 jours au réfrigérateur.

~ NOTE SUR LE SEL ~

La quantité de sodium contenue dans le sel que vous ajoutez «au goût» n'est pas comptabilisée dans le nombre de milligrammes de sodium donné dans l'information nutritionnelle. Si vous mettez 2 ml (1/2 c. à thé) de sel, vous ajoutez 1300 mg de sodium au plat. Pour déterminer la quantité de sodium par portion, divisez la quantité de sodium ajoutée par le nombre de portions.

1/4

Portion du *Guide alimentaire canadien*

Les oignons cuits longuement ajoutent une richesse qui complète magnifiquement la saveur du basilic frais. Cette trempette polyvalente peut également être utilisée comme sauce ou comme tartinade, sur les sandwiches ou les bagels.

10 ml	huile d'olive ou huile végétale	2 c. à thé
2	gros oignons tranchés, soit 1 l (4 tasses)	2
15 ml	vinaigre balsamique	1 c. à table
7 ml	sucre granulé	1 1/2 c. à thé
250 ml	crème sure allégée (5 %)	1 tasse
125 ml	yogourt nature à 2 %	1/2 tasse
50 ml	basilic frais haché*	1/4 tasse
1 ml	de chacun : sel et poivre	1/4 c. à thé

1 Chauffer l'huile à feu mi-vif dans une poêle antiadhésive. Y mettre les oignons et cuire en remuant 5 minutes. Incorporer le vinaigre et 5 ml (1 c. à thé) de sucre. Réduire à feu doux, puis cuire à couvert en remuant de temps à autre, 20 à 30 minutes ou jusqu'à ce que les oignons soient bien caramélisés et bien bruns. Laisser refroidir complètement.

2 Hacher grossièrement les oignons cuits et mettre dans un bol. Incorporer la crème sure, le yogourt, le basilic, le sel, le poivre et le sucre restant. Ajouter davantage de sel au goût. Couvrir et réfrigérer 30 minutes avant de servir.

Donne environ (625 ml) 2 1/2 tasses.

Croustilles de tortilla maison

C'est facile de préparer ses propres croustilles de tortilla savoureuses et faibles en matières grasses. Découper les tortillas de blé molles en pointes, les étendre en une couche simple sur une plaque à biscuits et cuire au four à 190 ºC (375 ºF) 3 à 5 minutes ou jusqu'à ce que les pointes soient croustillantes.

Pour faire des croustilles assaisonnées, avant de les passer au four, les badigeonner légèrement de blanc d'œuf battu et saupoudrer d'origan ou de romarin frais haché ou séché ou d'un mélange de fines herbes, de graines de sésame, de graines de pavot ou encore de parmesan fraîchement râpé.

* Possibilité de substitution : au lieu du basilic frais, vous pouvez utiliser 50 ml (1/4 tasse) de persil frais haché avec 5 ml (1 c. à thé) de basilic séché.

Trempette crémeuse au crabe

Je trouve que la chair de crabe surgelée a plus de saveur et une meilleure texture que le crabe en conserve. Le substitut de crabe est bon également. Bien sûr, la palme revient au crabe canadien frais qu'on offre dans les grandes occasions. L'été, remplacez le persil par de la ciboulette fraîche hachée. On obtient ainsi une trempette savoureuse pour les légumes, avec de la baguette ou des croustilles faibles en matières grasses comme les croustilles de tortilla au four (ou les Croustilles de tortilla maison de la page 18).

375 ml	chair de crabe surgelée, décongelée et bien égouttée, soit 200 g (7 oz)	1 1/2 tasse
250 ml	crème sure allégée (5 %)	1 tasse
125 ml	yogourt nature à 2 %	1/2 tasse
125 ml	céleri haché finement	1/2 tasse
25 ml	persil ou aneth frais haché finement	2 c. à table
15 ml	raifort préparé	1 c. à table
2 ml	moutarde de Dijon	1/2 c. à thé
1 ml	de chacun : sel, poivre et sauce piquante au piment	1/4 c. à thé

Mélanger, dans un petit bol, la chair de crabe, la crème sure, le yogourt, le céleri, le persil, le raifort, la moutarde, le sel, le poivre et la sauce piquante au piment jusqu'à l'obtention d'une préparation homogène. Couvrir et garder 1 heure au réfrigérateur.

Donne 625 ml (2 1/2 tasses).

APPORT NUTRITIONNEL PAR QUANTITÉ DE 25 ML (2 C. A TABLE)	
calories	24
protéines	2 g
gras total	1 g
gras saturés	traces
cholestérol	5 mg
glucides	2 g
fibres alimentaires	0 g
sodium	103 mg

AQR : Vit. A 1 %, C 2 %, acide folique 1 %, Ca 4 % (40 mg), fer 2 %, zinc 1 %.

~ ON PREND DE L'AVANCE ~

Dans un contenant fermé, la trempette se conserve 2 jours au réfrigérateur..

Trempette aux haricots noirs garnie de légumes

APPORT NUTRITIONNEL PAR QUANTITÉ DE 25 ML (2 C. À TABLE)	
calories	39
protéines	2 g
gras total	traces
cholestérol	0 mg
glucides	7 g
fibres alimentaires	2 g
sodium	57 mg

AQR : Vit. A 1 %, E 1 %, C 12 %, acide folique 17 %, Ca 1 % (10 mg), fer 4 %, zinc 3 %.

~ ON PREND DE L'AVANCE ~

On peut préparer cette recette à l'avance jusqu'à la deuxième étape inclusivement ; la préparation se garde alors 3 jours au réfrigérateur.

1/4

Portion du *Guide alimentaire canadien*

Cette trempette plaît à tous les enfants. Quand Susie en prépare, elle cuit les oignons et les épices au four à micro-ondes (voir le texte en marge). Mes fils sautent parfois l'étape de la cuisson et se contentent de mélanger les ingrédients au robot culinaire. Servez avec des croustilles de tortilla au four ou des légumes.

5 ml	huile végétale	1 c. à thé
50 ml	oignon haché	1/4 tasse
1	grosse gousse d'ail émincée	1
1	poivron vert haché	1
2 ml	de chacun : coriandre moulue, cumin moulu et poudre de chili	1/2 c. à thé
1 ml	piment de Cayenne ou flocons de piment broyés	1/4 c. à thé
1	boîte de 540 ml (19 oz) de haricots noirs égouttés et rincés	1
25 ml	jus de lime ou de citron fraîchement pressé	2 c. à table
50 ml	coriandre fraîche hachée, bien tassée	3 c. à table
1	petite tomate hachée	1

1 Chauffer l'huile à feu moyen dans une grande poêle antiadhésive. Y cuire l'oignon, l'ail et la moitié du poivron vert jusqu'à ce que l'oignon ait ramolli, soit environ 5 minutes, en remuant de temps à autre. Ajouter la coriandre, le cumin, la poudre de chili et le piment de Cayenne. Cuire en remuant 30 secondes, puis retirer du feu.

2 Dans le robot culinaire, faire une purée des haricots et du jus de lime. Ajouter les oignons et la moitié de la coriandre fraîche ; actionner l'appareil jusqu'à l'obtention d'une pâte homogène. Si la préparation est trop épaisse, ajouter 50 ml (1/4 tasse) d'eau, à raison de 15 ml (1 c. à table) à la fois, tout en mélangeant, jusqu'à l'obtention d'une pâte de la consistance désirée. Couvrir et garder au moins 1 heure au réfrigérateur. Se conserve 3 jours au réfrigérateur.

3 Mettre dans un bol de service. Garnir du reste de poivron rouge, de coriandre et de tomate.

Donne 500 ml (2 tasses).

Trempette aux haricots pintos

Remplacer les haricots noirs par 1 boîte de 540 ml (19 oz) de haricots pintos égouttés et rincés. Si ce sont ces haricots qu'on utilise, l'ajout d'eau ne sera peut-être pas nécessaire.

Cuisson au micro-ondes

Dans un plat allant au micro-ondes, mélanger l'huile, l'oignon, l'ail, la moitié du poivron vert, la coriandre moulue, le cumin moulu, la poudre de chili et le piment de Cayenne. Couvrir d'une pellicule de plastique en prévoyant une petite ouverture pour laisser s'échapper l'air. Chauffer au micro-ondes 2 minutes à intensité élevée. Suivre ensuite la recette de Trempette aux haricots noirs à partir de la deuxième étape.

Perdre du poids, et non la santé

Quand l'Association médicale canadienne a demandé à ses membres quelles étaient les questions d'ordre nutritionnel qu'on leur posait le plus souvent, c'est celle de la perte de poids qui s'est retrouvée en tête de liste, et de loin. Cela n'a rien de surprenant. Les Canadiens sont de plus en plus gras même s'ils semblent constamment préoccupés par le poids et la perte de poids. Presque le tiers des adultes fait de l'embonpoint et, au cours de la dernière décennie, l'obésité a augmenté de 8 % chez les garçons et de 10 % chez les filles. *(Voir à la page 283 les conseils concernant les enfants obèses.)*

Ces chiffres ne sont pas synonymes de bonnes nouvelles. En plus des problèmes émotifs qu'elle entraîne, l'obésité augmente les risques d'hypertension, de cholestérol et de triglycérides élevés, de diabète, d'affections de la vésicule biliaire, d'arthrite et de problèmes articulatoires, de certains cancers, de troubles du sommeil et de problèmes menstruels et de fertilité.

La bonne nouvelle, c'est que perdre du poids, ne serait-ce que 5 à 10 kg (10 à 20 lb), peut contribuer à abaisser la tension artérielle, les taux de gras sanguins et à améliorer la tolérance au glucose.

Voulez-vous perdre du poids une fois pour toutes?

Selon le modèle du changement par étapes *(voir page 9)*, on fait parfois bien des tentatives de changement infructueuses avant de réussir. Le succès dépend de notre détermination et de notre préparation au changement.

Pour évaluer votre disposition à perdre du poids, posez-vous les questions suivantes :

♦ Êtes-vous vraiment décidé à perdre du poids?

♦ Êtes-vous convaincu que vous pouvez réussir?

♦ Est-ce que vous désirez perdre du poids pour vous ou pour quelqu'un d'autre?

♦ Acceptez-vous la responsabilité de votre embonpoint, sans chercher des excuses et sans jeter le blâme sur d'autres facteurs ou d'autres personnes?

♦ Avez-vous une vision réaliste de votre taille et de votre poids, ainsi que de ce que vous pouvez atteindre?

♦ Êtes-vous conscient que les modifications que vous devrez apporter à vos habitudes de vie seront permanentes et qu'elles se prolongeront au-delà de la période de perte de poids?

Vous aurez de meilleures chances de réussir à maigrir et à maintenir votre poids santé si vous avez répondu oui à toutes ces questions.

Êtes-vous né pour être gros?

L'obésité est un problème complexe, aux causes multiples. S'il est vrai que certaines personnes sont prédisposées à l'obésité en raison de traits héréditaires ou d'influences hormonales, la propension à l'embonpoint n'est pas pire qu'une prédisposition aux maladies cardiaques ou au diabète. Vous pouvez défier ou surmonter votre destinée génétique en modifiant vos habitudes de vie.

Quelle est la meilleure façon de perdre du poids ?

Quiconque a déjà tenté de perdre du poids sait qu'il ne s'agit pas d'une entreprise aisée. Ce qui est encore plus difficile, c'est de maintenir son poids-santé une fois que l'on a maigri. La clef du succès, c'est d'apprendre à manger et à adopter une attitude saine face à la nourriture.

Ce qui semble donner les meilleurs résultats à la longue c'est un engagement à manger sainement et à faire de l'exercice régulièrement. Cette méthode présuppose un travail difficile et des progrès lents, mais elle augmente vos chances de perdre du poids et de maintenir votre poids santé en permanence.

Plusieurs régimes alimentaires, comme le régime riche en protéines et faible en glucides, donnent peut-être des résultats rapides mais certains sont carrément dangereux. Qui plus est, peu de personnes réussissent à suivre ces régimes déséquilibrés longtemps. Ils permettent de perdre du poids, souvent même très rapidement, mais rarement de façon permanente. Nous vous conseillons de dire non aux régimes miracles et de régler votre problème en mangeant plus sainement et en étant plus actif.

Demeurer actif

Être plus actif est primordial dans toute démarche visant à perdre du poids et à mener une vie saine en général.

Choisissez une activité physique qui vous plaît et que vous pourrez pratiquer longtemps. Si vous êtes présentement sédentaire, n'allez pas vous exposer à l'échec en exigeant trop de vous dès le début. Commencez doucement et allez-y progressivement.

La marche est une des activités les plus faciles, les plus agréables et les moins coûteuses qui soit, notamment si vous êtes obèse et si vous n'êtes pas en forme. Il vous suffit d'avoir de bonnes chaussures et des vêtements confortables.

Une fois que vous aurez recommencé à être actif, visez des périodes d'exercice quotidiennes de 20 à 30 minutes. Essayez en outre de trouver d'autres façons de faire entrer l'activité physique dans votre vie quotidienne. Ainsi, pourquoi ne pas aller au dépanneur du coin à vélo ? Ou encore, une fois rendu au centre commercial, pourquoi ne pas garer votre automobile loin de l'entrée ? Aussi, chaque fois que c'est possible, empruntez les escaliers dans les édifices.

Conseils nutritionnels pour perdre du poids

Observez les principes de base d'une saine alimentation *(voir page 3)*.

- ◆ Réduisez votre apport calorique et votre consommation de matières grasses.
- ◆ Consommez des produits hypocaloriques et faibles en matières grasses comme la mayonnaise légère, le yogourt allégé et le fromage maigre.
- ◆ Évitez les grignotines grasses comme les croustilles, les craquelins et les biscuits.
- ◆ De temps en temps, offrez-vous vos aliments favoris et des petites gâteries afin d'éviter le sentiment de frustration et d'apprendre à intégrer ces aliments à vos habitudes alimentaires.

◆ Apprenez à manger en réaction à la faim et à cesser de manger une fois ce besoin satisfait.

◆ Ne vous exposez pas à la sensation de faim. Si vous avez une fringale entre les repas, mangez une banane, buvez du chocolat chaud ou du jus de tomate.

◆ Mangez au moins trois fois par jour, plus souvent si vous avez faim. Répartissez votre apport calorique à intervalles réguliers sur toute la journée de manière à consommer de 300 à 500 calories à la fois.

◆ Surveillez la taille des portions. Les gros bagels, les muffins géants et les salades César contiennent souvent deux ou trois fois plus de calories que vous ne le croyez.

◆ Faites un suivi de ce que vous mangez. Au début, peser et mesurer ses aliments est une bonne habitude à prendre et une bonne façon de faire face à la réalité, d'autant plus que les études montrent qu'on a tendance à sous-estimer ce qu'on consomme réellement.

Compter les calories

Le «bon» nombre de calories et la «bonne» quantité de matières grasses varient d'une personne à l'autre, en fonction du métabolisme, du niveau d'activité physique et de l'état de santé de chacun. Quand vous entreprenez un régime amaigrissant, consommez environ 1500 calories et entre 40 et 45 grammes de matières grasses par jour.

Si, après les deux premières semaines, vous perdez plus de 1 kg (2 lb) par semaine, ou si vous avez constamment faim, augmentez votre consommation de calories de manière à ne plus ressentir la faim et à perdre seulement 500 g à 1 kg (1 à 2 lb) par semaine. Si après deux semaines vous perdez moins de 500 g (1 lb) par semaine, réduisez à 1400 calories et intensifiez vos activités physiques.

Ne vous astreignez jamais à un régime de 1000 ou 1200 calories par jour. Ce niveau est trop bas; vous ressentiriez toujours la faim et en feriez une obsession. Les personnes qui mangent trop et qui se goinfrent le font parce qu'elles ont tendance à trop se priver.

Conseils nutritionnels pour maintenir son poids santé

Les personnes qui ont réussi à perdre du poids et à maintenir leur poids santé doivent faire attention à leur ligne toute leur vie durant. Pour maintenir leur poids, elles s'appuient sur les stratégies utilisées pour perdre du poids, à savoir une saine alimentation et l'activité physique. Pour ces personnes, la perte de poids n'est pas une fin en soi mais un moyen d'atteindre un objectif plus vaste qui comprend une amélioration de l'état de santé, une augmentation de la confiance en soi, une hausse de l'estime de soi et un renforcement de l'aptitude à entreprendre des choses dans la vie.

Pour maintenir votre poids santé, essayez ces stratégies :

◆ Pesez-vous au moins une fois par semaine afin de suivre l'évolution de votre poids.

◆ Si vous accusez une légère prise de poids, réagissez immédiatement. Les fluctuations pondérales sont normales, mais fixez-vous une limite supérieure à ne pas franchir. Dès que cette limite est atteinte, soyez prêt à mettre immédiatement en œuvre un plan d'amaigrissement. Ainsi, vous pourrez faire davantage d'exercice, vous priver de dessert pendant deux semaines ou réduire la taille de vos portions.

♦ Gardez le contact avec les amis, les membres de la famille et les programmes qui vous ont permis de perdre du poids.

♦ Apprenez à faire face aux problèmes sans vous tourner vers la nourriture. Il n'y a rien de mal à prendre une tasse de thé et quelques biscuits au moment de la pause ; toutefois, si vous constatez que vous avez l'habitude de vous empiffrer en réaction à l'anxiété, vous avez peut-être intérêt à consulter un professionnel.

♦ Ne laissez pas les petites rechutes, qui peuvent prendre la forme d'excès de table au temps des fêtes, vous décourager. Passez l'éponge et remettez-vous en selle aussi vite que possible.

Trempette crémeuse à la coriandre et à la menthe

~ ON PREND DE L'AVANCE ~

Dans un contenant fermé, la trempette se conserve 2 jours au réfrigérateur.

~ PIMENTS FORTS ~

Les plus doux: verts, poblanos
Moyens: jalapeños, piments bananes
Forts: serranos
Très forts: piments Scotch Bonnet
Les plus forts: habañeros

~ COMMENT UTILISER LES PIMENTS ~

Si vous avez la peau sensible, portez des gants de caoutchouc (on en trouve à bon prix dans les pharmacies). Évitez de porter les mains aux yeux et aux lèvres lorsque vous hachez les piments. Si vous travaillez sans gants, lavez-vous bien les mains à l'eau savonneuse. Pour obtenir un goût plus doux, enlevez les pépins et les membranes intérieures des piments.

~ LE SAVIEZ-VOUS ? ~

Les piments chipotles sont des jalapeños séchés et fumés.

Ce sont la coriandre et la menthe qui donnent vie à cette trempette. Elle peut servir de tartinade dans les sandwiches ou les pitas, de sauce avec les Croquettes de crabe (page 34), le poulet et le poisson grillé ou les Croquettes de pois chiches (page 133).

250 ml	crème sure allégée (5 %)	1 tasse
125 ml	yogourt nature à 2 %	1/2 tasse
1	jalapeño frais, vidé de ses pépins et de ses membranes, émincé, soit environ 15 ml (1 c. à table) ou 1 ml (1/4 c. à thé) de sauce piquante au piment	1
50 ml	coriandre fraîche hachée	1/4 tasse
25 ml	de chacune : menthe fraîche et ciboulette fraîche hachée	2 c. à table
2 ml	sel	1/2 c. à thé
pincée	poivre	pincée

Dans un bol, bien mélanger la crème sure, le yogourt, le jalapeño, la coriandre, la menthe, la ciboulette, le sel et le poivre. Si l'on utilise de la sauce piquante au piment, en ajouter davantage au goût.

Donne 400 ml (1 2/3 tasse).

Tartinade à la truite fumée

1/4

Portion du *Guide alimentaire canadien*

Cette tartinade facile à préparer a toujours été une de mes préférées. Vous pouvez l'étendre sur des craquelins ou de la baguette. Ou encore, utilisez-la sur des canapés faits à partir de minces tranches de pain de seigle de 5 cm (2 po) garnis d'une petite cuillerée de tartinade à la truite fumée et d'un petit brin d'aneth. Elle est excellente aussi pour farcir des tomates cerises ou pour garnir des rondelles de concombre. La truite fumée s'achète dans certaines épiceries spécialisées et dans plusieurs supermarchés.

	APPORT NUTRITIONNEL PAR QUANTITÉ DE 25 ML (2 C. A TABLE)	
calories		45
protéines		4 g
gras total		2 g
gras saturés		traces
cholestérol		11 mg
glucides		1 g
sodium		40 mg

AQR : Vit. A 1 %, C 2 %, acide folique 2 %, Ca 3 % (37 mg), fer 2 %, zinc 3 %.

~ ON PREND DE L'AVANCE ~

Se conserve 3 jours au réfrigérateur dans un contenant fermé. La tartinade est en fait meilleure le lendemain.

250 g	filet de truite fumée sans la peau	8 oz
125 ml	yogourt très épais (de type grec) ou yogourt nature égoutté	1/2 tasse
50 ml	mayonnaise allégée	3 c. à table
50 ml	aneth frais haché	3 c. à table
25 ml	jus de citron fraîchement pressé	2 c. à table
15 ml	oignon émincé ou oignon vert	1 c. à table
10 ml	raifort préparé	2 c. à thé
1 ml	poivre	1/4 c. à thé

Dans un robot culinaire, mélanger la truite, le yogourt, la mayonnaise, l'aneth, le jus de citron, l'oignon, le raifort et le poivre jusqu'à l'obtention d'une pâte homogène. Couvrir et garder au moins 1 heure au réfrigérateur.

Donne 400 ml (1 2/3 tasse).

Tartinade à la truite fumée et à la crème sure

La tartinade est également délicieuse faite à partir de 125 ml (1/2 tasse) de crème sure allégée (5 %) au lieu du yogourt et 50 ml (3 c. à table) de yogourt nature au lieu de la mayonnaise allégée.

Pour égoutter le yogourt

Mettre du yogourt nature, sans gélatine, dans un tamis doublé d'une mousseline placé au-dessus d'un bol ou dans un tamis à yogourt. Laisser environ 4 heures au réfrigérateur ou jusqu'à ce que le volume du yogourt ait réduit de moitié. Jeter le liquide récupéré ou l'utiliser dans une soupe. Ce liquide contient des vitamines du complexe B et des minéraux ; en outre, il est faible en matières grasses.

Fromage de yogourt aux fines herbes

APPORT NUTRITIONNEL PAR QUANTITÉ DE 25 ML (2 C. À TABLE)	
calories	29
protéines	3 g
gras total	1 g
gras saturés	traces
cholestérol	2 mg
glucides	3 g
sodium	99 mg

AQR : Vit. A 1 %, C 3 %, acide folique 4 %, Ca 9 % (97 mg), fer 1 %, zinc 5 %.

~ **ON PREND DE L'AVANCE** ~

Dans un contenant fermé, le fromage de yogourt se conserve 3 jours au réfrigérateur.

1/4

Portion du *Guide alimentaire canadien*

Je garde toujours en réserve au réfrigérateur de ce fromage de yogourt pour sa polyvalence. Je l'utilise pour garnir les pommes de terre au four, comme tartinade dans les sandwiches de pain pita ou pour faire des sandwiches au thon ou au poulet, mélangé à un peu de mayonnaise allégée. Allez-y doucement avec l'ail car son goût se renforce après quelques jours.

500 ml	yogourt nature à 2 % (style Balkans ou sans gélatine) ou 250 ml (1 tasse) de yogourt très épais	2 tasses
25 ml	oignons verts hachés ou ciboulette hachée	2 c. à table
25 ml	persil frais haché finement	2 c. à table
15 ml	aneth ou basilic frais haché finement	1 c. à table
moitié ou 1	gousse d'ail émincée	moitié ou 1
1 à 2 ml	de chacun : sel et poivre	1/4 à 1/2 c. à thé

1 Faire égoutter le yogourt nature dans un tamis doublé d'une mousseline placé au-dessus d'un bol ou d'un tamis à yogourt pendant 3 heures ou toute la nuit ou jusqu'à ce que le yogourt ait réduit à 250 ml (1 tasse).

2 Dans un bol, bien mélanger le yogourt égoutté, les oignons, le persil, l'aneth, l'ail, le sel et le poivre. Couvrir et garder au moins 4 heures au réfrigérateur.

Donne 250 ml (1 tasse).

Fromage à la crème allégé aux fines herbes

Remplacer le yogourt égoutté par 250 ml (1 tasse) ou 250 g (8 oz) de fromage à la crème allégé ou à 17 %. Ou encore, incorporer 2 ml (1/2 c. à thé) d'herbes de Provence et la même quantité de zeste de citron râpé au fromage à la crème allégé.

Bruschetta aux champignons

1/4   1/2

Portions du *Guide alimentaire canadien*

Vous pouvez mettre n'importe quels champignons savoureux sur cette savoureuse bruschetta: shiitakes, portobellos, pleurotes. Servez la bruschetta en entrée à l'occasion d'un brunch, comme collation ou en hors-d'œuvre, coupée en petits morceaux.

1	morceau de 15 cm (6 po) de baguette ou de pain italien	1
1	gousse d'ail coupée en deux	1
15 ml	beurre	1 c. à table
1,5 l	champignons tranchés, soit 500 g (1 lb)	6 tasses
50 ml	oignons verts hachés	1/4 tasse
50 ml	basilic frais haché ou 10 ml (2 c. à thé) de basilic séché	1/4 tasse
50 ml	persil frais haché grossièrement	1/4 tasse
125 ml	parmesan fraîchement râpé	1/2 tasse

APPORT NUTRITIONNEL PAR TRANCHE	
calories	57
protéines	3 g
gras total	3 g
gras saturés	1 g
cholestérol	6 mg
glucides	6 g
fibres alimentaires	1 g
sodium	136 mg

AQR : Vit. A 2 %, E 1 %, C 3 %, acide folique 4 %, Ca 6 % (69 mg), fer 6 %, zinc 5 %.

~ ON PREND DE L'AVANCE ~

On peut préparer cette recette à l'avance jusqu'à la deuxième étape inclusivement, couvrir et garder 1 journée au réfrigérateur. On peut faire une pause d'une heure après la troisième étape.

1 Découper le pain selon la diagonale en tranches de 1 cm (1/2 po). Mettre les tranches sur une plaque à biscuits ; faire griller 2 minutes en retournant une fois ou jusqu'à ce qu'elles soient dorées. Frotter le dessus des tranches avec la gousse d'ail ; jeter l'ail.

2 Faire fondre le beurre à feu mi-vif dans une grande poêle antiadhésive. Y mettre les champignons ; cuire en secouant la poêle et en remuant souvent, environ 8 minutes ou jusqu'à ce que les champignons soient dorés et que le liquide ait été absorbé. Incorporer les oignons, le basilic et le persil ; cuire 1 minute.

3 Déposer la préparation sur le côté du pain frotté d'ail ; saupoudrer de fromage.

4 Passer sous le grill du four 3 minutes environ ou jusqu'à ce que le fromage ait fondu. Servir chaud ou froid.

Donne 12 morceaux.

Bruschetta aux tomates et au basilic

Dans un bol, mélanger 2 grosses tomates coupées en dés, 50 ml (1/4 tasse) de basilic frais haché (légèrement tassé) et 1 gousse d'ail hachée finement. Saler et poivrer au goût, puis laisser reposer 15 minutes. Frotter le pain d'ail selon les instructions. Badigeonner légèrement d'huile d'olive et garnir du mélange de tomates.

Moules marinées

Les succulentes moules marinées donnent des hors-d'œuvre exquis. Elles sont également parfaites en guise d'entrée lors d'une réception entre amis ou comme élément d'une assiette d'antipasti.
Voir photo page 52.

~ ON PREND DE L'AVANCE ~

On peut faire cette recette à l'avance jusqu'à la quatrième étape inclusivement; couvrir et conserver 6 heures au réfrigérateur.

1 kg	moules (45 à 50)	2 lb
1/2	de chacun : petit poivron jaune et rouge, coupés en dés	1/2
50 ml	coriandre fraîche hachée	1/4 tasse
50 ml	oignons verts hachés	1/4 tasse
25 ml	jus de lime ou de citron fraîchement pressé	2 c. à table
25 ml	de chacune : sauce soja et huile de sésame	2 c. à table
15 ml	gingembre émincé	1 c. à table
2 ml	pâte de piments ou sauce piquante au piment	1/2 c. à thé

1 Laver les moules et les débarrasser de leurs filaments. Jeter les moules brisées, ouvertes ou qui ne se referment pas lorsqu'on les frappe.

2 Mettre les moules dans une grande casserole et ajouter 125 ml (1/2 tasse) d'eau. Couvrir et cuire à feu mi-vif jusqu'à ce que les coquilles s'ouvrent, soit environ 5 minutes. Égoutter et refroidir. Jeter toutes les moules qui ne se seraient pas ouvertes.

3 Entre-temps, dans un grand bol, mélanger les poivrons, la coriandre, les oignons verts, le jus de lime, la sauce soja, l'huile de sésame, le gingembre et la pâte de piments.

4 Retirer les moules des coquilles en réservant ces dernières. Mettre les moules dans le bol ; couvrir et laisser mariner au moins 30 minutes.

5 Mettre la moitié des coquilles de moule dans une grande assiette ; remplir chaque coquille de chair de moule et d'un peu de marinade.

Donne environ 45 coquilles ou 6 portions en guise d'entrée.

Les maladies cardiaques et l'alimentation

Au cours des deux dernières décennies, nous avons beaucoup appris sur les causes des maladies cardiaques et sur la façon d'en diminuer les risques. Une saine alimentation joue évidemment un rôle important dans la prévention des maladies cardiaques et des accidents vasculaires cérébraux ainsi que dans le maintien d'une bonne santé en général. L'alimentation est aussi une des pierres angulaires permettant de corriger certains troubles reliés aux problèmes cardiaques comme le cholestérol élevé.

Les autres façons de protéger son cœur

En plus des stratégies alimentaires de base, qui mettent l'accent sur la perte de poids, la réduction du gras alimentaire, l'augmentation des sucres complexes (glucides lents) et des fibres, d'autres thérapeutiques nutritionnelles peuvent venir en aide aux personnes exposées à des risques élevés de maladies cardiaques. Cependant, vu que certains suppléments vitaminiques peuvent être nocifs et qu'ils risquent d'entraver l'absorption et le métabolisme des autres éléments nutritifs ou de certains médicaments, ces thérapeutiques ne devraient être adoptées qu'avec l'accord de votre médecin et appliquées seulement dans le cadre d'un programme global de réduction des risques.

♦ **Vitamines antioxydantes** Les vitamines antioxydantes C, E et le bêta-carotène sont prometteuses sur le plan thérapeutique, bien que leurs avantages n'aient pas encore été prouvés et qu'elles ne soient pas encore largement recommandées par les médecins. La meilleure attitude consiste à en augmenter la consommation dans notre alimentation *(voir page 243)*. Si vous décidez de prendre des suppléments, tenez-vous-en aux quantités quotidiennes suivantes :

> vitamine C : 250 à 500 mg
> vitamine E : 100 à 800 UI
> bêta-carotène : 6 à 15 mg

Il subsiste des doutes quant à l'innocuité des suppléments de bêta-carotène chez les fumeurs. Une étude menée en Finlande et publiée en 1994 a permis de constater contre toute attente une augmentation du risque de cancer du poumon chez les fumeurs qui prenaient des suppléments de bêta-carotène ; cette constatation continue de faire l'objet d'un débat.

♦ **Niacine** Un supplément de 1,5 à 3 grammes de niacine ou d'acide nicotinique, une vitamine du complexe B, abaisse les taux de cholestérol des LDL (le mauvais cholestérol) et des triglycérides et élève celui du cholestérol des HDL (le bon cholestérol). Cependant, vu que la niacine peut avoir des effets secondaires désagréables (entre autres des rougeurs cutanées) et qu'elle risque d'être nocive, on ne devrait en prendre que sous suivi médical.

♦ **Acides gras oméga-3** L'acide éicosapentanoïque (AEP) et l'acide docosahexaoïque (ADH) sont des acides gras oméga-3 qui diminuent la viscosité du sang, abaissent les taux de triglycérides et sont susceptibles de réduire la tension artérielle. Les suppléments ne sont pas largement recommandés, car les effets du traitement à long terme demeurent inconnus ; toutefois, on conseille de manger davantage de poisson pour obtenir un supplément d'acides gras oméga-3.

♦ **Acide folique et autres vitamines du groupe B** Les preuves s'accumulent comme quoi l'acide folique et, dans une moindre mesure, les vitamines B_6 et B_{12}, peuvent protéger des maladies cardiaques en maintenant les niveaux d'homocystéine bas. Des taux élevés d'homocystéine, un sous-produit du métabolisme des acides aminés, ont été associés à l'athérosclérose, qui obstrue les artères, et à des infarctus. Pour s'assurer un apport convenable d'acide folique, il faut manger davantage de légumes vert foncé, d'agrumes, de céréales entières, de son, de légumineuses (lentilles, pois et haricots) et d'aliments additionnés d'acide folique, tels que les pâtes, le riz et le maïs. Consultez l'analyse nutritionnelle qui suit les recettes afin de savoir combien d'acide folique votre assiette contient.

♦ **Ail** Il peut être utile de manger une ou deux gousses d'ail crus par jour ou de prendre 600 mg de supplément. L'allicine, le principe actif de l'ail, peut entraîner des réductions du taux de cholestérol atteignant les 9 %.

Les facteurs de risque de maladies cardiovasculaires

- ♦ le tabagisme
- ♦ l'hypertension artérielle *(voir page 236)*
- ♦ une alimentation riche en matières grasses *(voir page 73)*
- ♦ des taux de cholestérol des LDL (lipoprotéines de basse densité) élevés *(voir page 188)*
- ♦ des taux de cholestérol des HDL (lipoprotéines de haute densité) faibles *(voir page 188)*
- ♦ des taux de triglycérides élevés *(voir page 188)*
- ♦ le diabète *(voir page 303)*
- ♦ l'obésité *(voir page 22)*
- ♦ un mode de vie sédentaire

Le cancer
et une saine alimentation

L'apparition de certaines formes de cancer peut être reliée à des facteurs nutritionnels, comme la consommation de matières grasses, de fibres alimentaires, de vitamines antioxydantes et d'alcool. En plus de protéger des maladies cardiaques, une saine nutrition est la clef de la réduction des risques de cancer associés à l'alimentation.

Conseils nutritionnels pour réduire les risques de cancer

♦ Réduisez votre consommation de matières grasses. Les régimes riches en matières grasses sont associés à plusieurs cancers, dont le cancer recto-colique, du sein, des ovaires, de la prostate et des reins.

♦ Mangez davantage de fibres alimentaires. Les régimes riches en fibres insolubles (qu'on trouve dans le son de blé, le pain de blé entier et les céréales entières, les légumes et les fruits) ont été associés à un risque réduit de cancer recto-colique et, plus récemment, à une diminution du risque de cancer du sein *(voir page 258)*.

♦ Mangez beaucoup de légumes et de fruits. Ces aliments contiennent différentes vitamines antioxydantes, des minéraux et des substances phytochimiques qu'on associe à une diminution des taux de cancer *(voir page 165)*.

♦ Perdez du poids. L'embonpoint, notamment chez la femme, semble accroître le risque de certains cancers comme le cancer du sein ou de l'utérus *(voir page 22)*.

♦ Limitez votre consommation d'alcool. On a établi un lien entre la consommation excessive d'alcool et les cancers de la bouche et de la gorge, particulièrement quand cette habitude est accompagnée de tabagisme. Il y aurait également un lien entre la consommation d'alcool et le cancer du sein *(voir page 42)*.

Croquettes de crabe

~ ON PREND DE L'AVANCE ~

On peut faire cette recette à l'avance jusqu'à la deuxième étape inclusivement, couvrir et réfrigérer 4 heures.

1/2   1 1/2

Portions du *Guide alimentaire canadien*

Servez ces croquettes en guise d'entrée élégante accompagnées de Trempette crémeuse à la coriandre et à la menthe (page 26). Ou encore, servez-les accompagnées de salsa mélangée à un peu de mayonnaise, et garnies de brins de ciboulette ou de cresson de fontaine. Le midi, servez-les avec une Salade d'épinards (page 47) ou une Salade de carottes et de radicchio (page 48) et des Asperges à l'espagnole (page 153).

50 ml	oignons verts hachés finement	1/4 tasse
50 ml	mayonnaise allégée	1/4 tasse
25 ml	de chacun : persil, aneth et céleri frais haché	2 c. à table
1	œuf légèrement battu	1
5 ml	zeste de citron râpé finement	1 c. à thé
5 ml	de chacune : moutarde de Dijon et sauce piquante au piment	1 c. à thé
1 ml	de chacun : sel et poivre	1/4 c. à thé
250 ml	chapelure sèche fine	1 tasse
500 g	chair de crabe (fraîche, décongelée ou substitut*)	1 lb
15 ml	huile végétale	1 c. à table

1 Dans un bol, mélanger les oignons verts, la mayonnaise, le persil, l'aneth, le céleri, l'œuf, le zeste de citron, la moutarde, la sauce piquante au piment, le sel et le poivre. Incorporer 50 ml (1/4 tasse) de chapelure et de crabe ; mélanger en remuant. Façonner 6 croquettes à partir de la préparation.

2 Mettre le reste de la chapelure dans une assiette. Enrober chaque croquette des deux côtés, en se servant d'une spatule pour les retourner, car elles seront molles.

3 Verser de l'huile sur une plaque allant au four et à bords élevés. Mettre au four à 200 °C (400 °F) 2 à 3 minutes ou jusqu'à ce que l'huile soit très chaude. Déposer délicatement les croquettes de crabe sur la plaque chaude. Cuire 15 minutes ou jusqu'à ce que les croquettes soient dorées de toute part, en les retournant après 7 minutes.

Donne 6 portions.

Boulettes de crabe

Elles sont parfaites pour les cocktails. Façonner, à partir de la préparation, 48 boulettes de 2,5 cm (1 po) de diamètre. Cuire les boulettes selon les indications de la recette 10 à 12 minutes ou jusqu'à ce qu'elles soient bien dorées. Servir accompagnées de la Trempette crémeuse à la coriandre et à la menthe (page 26) où l'on aura, si désiré, remplacé la coriandre par de l'estragon frais ou séché. Donne 48 boulettes.

Croquettes de crabe au gingembre et à la coriandre

Remplacer l'aneth par de la coriandre fraîche hachée. Ajouter 5 ml (1 c. à thé) de gingembre et 5 à 10 ml (1 à 2 c. à thé) de jalapeño frais émincé.

* Possibilité de substitution : Utiliser 400 g de goberge et la hacher avant de traiter. Le mélange sera grumeleux mais ferme une fois cuit.

Crevettes piquantes

APPORT NUTRITIONNEL PAR PORTION DE TROIS CREVETTES	
calories	48
protéines	7 g
gras total	2 g
cholestérol	52 mg
glucides	1 g
sodium	137 mg

AQR : Vit. A 3 %, E 2 %, C 2 %, acide folique 1 %, Ca 1 % (11 mg), fer 6 %, zinc 4 %.

1/2

Portion du *Guide alimentaire canadien*

Au moment des hors-d'œuvre, offrez à vos invités ces crevettes piquantes et épicées piquées d'un cure-dent.

5 ml	de chacun : paprika, cumin moulu et cassonade bien tassée	1 c. à thé
2 ml	de chacun : sel, moutarde sèche et origan séché	1/2 c. à thé
1 ml	poudre de chili	1/4 c. à thé
pincée	piment de Cayenne	pincée
500 g	grosses crevettes ou crevettes géantes décortiquées, crues ou cuites	1 lb
15 ml	huile végétale	1 c. à table
	quartiers de lime (facultatif)	

1 Dans un petit bol, mélanger le paprika, le cumin, la cassonade, le sel, la moutarde, l'origan, la poudre de chili et le piment de Cayenne. Saupoudrer les crevettes de ce mélange et les retourner pour bien les enrober. Garder jusqu'à 3 heures au réfrigérateur.

2 Dans une grande poêle antiadhésive, chauffer l'huile à feu mi-vif. Faire sauter les crevettes jusqu'à ce qu'elles soient roses et qu'elles aient perdu leur opacité, ce qui devrait prendre 3 ou 4 minutes dans le cas de crevettes crues et 2 ou 3 minutes pour des crevettes cuites. Servir chaud avec des quartiers de lime si on le désire.

Donne 40 bouchées.

Assiette d'antipasti

Pour une entrée fabuleuse ou en guise de dîner léger, disposer dans une grande assiette un choix de légumes rôtis ou marinés, de salades, de fromages, de poisson et de viandes. Servir accompagné de pain croûté, de focaccia ou de bruschetta. Présenter aux invités de petites assiettes et les laisser se servir eux-mêmes.

Monter une assiette haute en couleurs à partir des éléments suivants : Moules marinées (page 30), Hoummos piquant (page 17), Crevettes piquantes (ci-dessus), sardines, artichauts marinés, poivrons grillés ou rôtis, courgettes ou aubergines arrosées d'huile d'olive ou de fines herbes italiennes (page 177), tomates cerises, tranches de betteraves cuites mouillées de vinaigre balsamique, olives vertes et noires, prosciutto tranché finement, pointes d'asiago, de parmigiano-reggiano ou rondelles de bocconcini, quartiers de melon frais et figues fraîches, pois chiches ou haricots blancs humectés de vinaigrette. Décorer le tout de feuilles de basilic frais, de roquette ou de cresson de fontaine.

Spirales à la dinde fumée, sauce hoisin

1/4

Portion du *Guide alimentaire canadien*

Cette entrée est simple et vite faite. Pourtant, vos invités auront l'impression que vous avez consacré des heures à sa réalisation.

APPORT NUTRITIONNEL PAR SPIRALE	
calories	35
protéines	2 g
gras total	1 g
cholestérol	4 mg
glucides	0 g
sodium	83 mg

AQR : acide folique 1 %, Ca 0 % (5 mg), fer 3 %, zinc 1 %.

4	tortillas de blé de 25 cm (10 po) de diamètre	4
125 ml	sauce hoisin	1/2 tasse
75 ml	oignons verts hachés finement	1/3 tasse
500 ml	dinde fumée tranchée finement ou hachée, soit 250 g (8 oz)	2 tasses
4	grandes feuilles de laitue ou suffisamment d'épinards pour couvrir les tortillas	4

~ ON PREND DE L'AVANCE ~

On peut préparer cette recette à l'avance jusqu'à la deuxième étape inclusivement, puis garder au maximum 6 heures au réfrigérateur.

1 Badigeonner les tortillas de sauce hoisin et y étendre l'oignon vert haché. Disposer la dinde en une couche simple, sans faire se chevaucher les tranches, en laissant une marge de 2,5 cm (1 po). Couvrir la dinde de laitue. Rouler serré à la manière d'un gâteau.

2 Envelopper les tortillas bien serré d'une pellicule de plastique et les laisser au moins 1 heure (6 au maximum) au réfrigérateur.

3 Découper chaque tortilla selon la diagonale en 12 tranches. Jeter les extrémités ou les manger immédiatement.

Donne 40 bouchées.

Roulades de tortilla

Toutes les spirales présentées ici peuvent être découpées en tranches plus épaisses et servies en guise de sandwiches. Ajouter des pointes d'asperges cuites et refroidies aux Spirales à la dinde fumée, sauce hoisin, et de la dinde ou du jambon fumé tranché finement aux Spirales aux graines de sésame et au wasabi.

Spirales aux graines de sésame et au wasabi

1/4

Portion du *Guide alimentaire canadien*

Une touche de wasabi, ce qui donne le piquant dans les sushis, fait de ces spirales mes préférées.

4	tortillas de farine de 25 cm (10 po) de diamètre	4
75 ml	mayonnaise allégée ou Fromage de yogourt aux fines herbes (page 28)	1/3 tasse
20 ml	poudre de wasabi	4 c. à thé
4	lanières de concombre pelé et épépiné de 20 cm sur 1 cm (8 po sur 1/2 po)	4
50 ml	graines de sésame rôties	1/4 tasse
50 ml	feuilles de coriandre ou 4 feuilles de laitue	1/4 tasse

1 Tartiner les tortillas de mayonnaise, en laissant une marge de 2,5 cm (1 po). Mélanger la poudre de wasabi avec 15 ml (1 c. à table) d'eau ; tartiner les tortillas de ce mélange, sauf le quart le plus proche de soi. Disposer une rangée de concombre à côté du wasabi. Saupoudrer la mayonnaise de graines de sésame et garnir de coriandre. Rouler la tortilla serré en commençant par le côté tartiné de wasabi et appuyer sur les bords pour sceller.

2 Suivre les étapes 2 et 3 de la recette précédente.

Donne 40 bouchées.

Pour faire griller des graines de sésame

Chauffer les graines de sésame à feu moyen dans une petite poêle 5 minutes ou jusqu'à ce qu'elles soient dorées, en remuant de temps à autre.

Spirales au poivron rouge rôti et à la roquette

1/4   **1/4**

Portions du *Guide alimentaire canadien*

Vous pouvez rôtir les poivrons ou en acheter en bocaux dans le commerce. Au lieu du Fromage à la crème allégé aux fines herbes (page 28), vous pouvez utiliser du fromage à la crème allégé ordinaire à 17 % mélangé à 50 ml (1/4 tasse) de coriandre fraîche ou de basilic frais haché. Ou encore, mélangez du fromage de chèvre mou avec la moitié de son volume de crème sure allégée (pour le rendre tartinable) et du basilic ou de la coriandre.

4	tortillas de farine de 25 cm (10 po) de diamètre	4
125 ml	Fromage à la crème allégé aux fines herbes (page 28) ou fromage de chèvre mou	1/2 tasse
4	poivrons rouges rôtis, bien égouttés	4
1/2	botte de roquette ou suffisamment de cresson ou de laitue pour recouvrir les tortillas	1/2

1 Tartiner les tortillas de fromage à la crème. Découper les poivrons rouges en lanières de 2,5 cm (1 po) de large et les disposer en une couche simple sur le fromage à la crème. Couvrir de roquette, en laissant une marge de 2,5 cm (1 po).

2 Suivre les étapes 2 et 3 de la recette précédente.

Donne 40 bouchées.

APPORT NUTRITIONNEL PAR SPIRALE	
calories	29
protéines	1 g
gras total	1 g
cholestérol	3 mg
glucides	4 g
fibres alimentaires	traces
sodium	41 mg

AQR : Vit. A 5 %, C 33 %, acide folique 1 %, Ca 1 % (8 mg), fer 2 %, zinc 1 %.

~ CONSEIL CULINAIRE ~

Pour rôtir des poivrons, les placer sous le grilloir du four à 200 °C (400 °F) ou sur un gril. Les retourner fréquemment et cuire jusqu'à ce que la peau fasse des cloques. Il suffit ensuite de peler les poivrons.

Spirales au saumon fumé et au fromage à la crème

1/4

Portion du *Guide alimentaire canadien*

Cette recette de spirales est une version allégée de l'originale, un classique chez les traiteurs.

4	tortillas de blé de 25 cm (10 po)	4
250 ml	Fromage de yogourt aux fines herbes (page 28) ou 150 ml (2/3 tasse) de Fromage à la crème allégé aux fines herbes (page 28)	1 tasse
300 g	saumon fumé tranché finement	10 oz
250 ml	feuilles de cresson ou de coriandre légèrement tassées	1 tasse

1 Tartiner les tortillas de fromage de yogourt. Étendre le saumon en une couche simple sur le fromage en laissant une marge de 2,5 cm (1 po). Garnir de cresson.

2 Suivre les étapes 2 et 3 de la recette précédente.

Donne 40 bouchées.

Bouchées au poulet, sauce teriyaki

1/4

Portion du *Guide alimentaire canadien*

Même si je suis une inconditionnelle de la coriandre fraîche, j'aime bien ces bouchées avec du basilic frais ou même sans aucun aromate. La marinade peut aussi être utilisée pour faire mariner du poulet avant de le cuire au four ou sur le gril. Les quantités données ici suffisent pour faire mariner 1 kg (2 lb) de poulet.

500 g	poitrines de poulet désossées, sans la peau	1 lb
1	gros poivron vert ou rouge	1
50 ml	sauce soja	1/4 tasse
25 ml	miel liquide	2 c. à table
15 ml	vinaigre de riz	1 c. à table
15 ml	gingembre râpé	1 c. à table
1	gousse d'ail émincée	1
1 ml	sauce piquante au piment ou pâte de piments	1/4 c. à thé
24	feuilles de coriandre fraîche	24

1 Découper le poulet en morceaux de 2,5 cm (1 po) sur 1 cm (1/2 po) d'épaisseur et les mettre dans un bol. Découper le poivron vert en morceaux de 2,5 cm (1 po) et réserver.

2 Dans un petit bol, mélanger la sauce soja, le miel, le vinaigre, le gingembre, l'ail et la sauce piquante au piment. Verser sur le poulet et retourner pour enrober. Couvrir et garder au moins 1 heure au réfrigérateur (24 heures au maximum).

3 Faire tremper des brochettes de bois ou des cure-dents 20 minutes dans l'eau froide. Enfiler 2 morceaux de poulet sur la brochette en intercalant 1 morceau de poivron vert et 1 feuille de coriandre.

4 Mettre les morceaux sur une plaque à biscuits. Cuire au four à 180 °C (350 °F) 10 à 12 minutes ou mettre sous le grilloir pendant 5 minutes ou jusqu'à ce que le poulet ait perdu sa couleur rosée à l'intérieur.

Donne 24 morceaux.

Bouchées de poulet teriyaki au basilic

Remplacer les feuilles de coriandre fraîche par des feuilles de basilic frais.

APPORT NUTRITIONNEL PAR BOUCHÉE	
calories	26
protéines	4 g
gras total	traces
cholestérol	11 mg
glucides	1 g
sodium	96 mg

AQR : Vit. C 7 %, acide folique 1 %, Ca 0 % (2 mg), fer 1 %, zinc 2 %.

~ ON PREND DE L'AVANCE ~

On peut préparer cette recette une journée à l'avance jusqu'à la deuxième étape inclusivement et 3 heures à l'avance jusqu'à la troisième étape.

~ CONSEIL CULINAIRE ~

Pour doubler la recette, utiliser la même quantité de marinade, mais doubler les quantités de poulet, de poivron et de coriandre.

Alcool, vin et santé

Les médias ont beaucoup parlé du soi-disant paradoxe français ces dernières années. Ce paradoxe consiste en ceci : les Français, malgré leurs sauces à la crème, leurs pâtisseries et fromages gras, affichent le taux de maladies cardiaques le plus bas de tous les pays, sauf le Japon. Plusieurs chercheurs ont attribué cette situation surprenante à leur forte consommation de vin. En effet, il s'avère que de petites quantités d'alcool sous toutes ses formes, pas seulement le vin rouge, permettent de réduire les risques de décès par maladie cardiaque, sans doute en augmentant les concentrations du cholestérol des HDL, c'est-à-dire le bon cholestérol, et en diminuant le risque de formation de caillots sanguins.

Ne courez pas vous ouvrir une bouteille pour autant ! Il n'y a pas que des bons côtés à la consommation d'alcool. S'il est vrai que les Français meurent moins de maladies cardiaques, ils sont plus souvent atteints de cirrhose du foie et de cancer. La plupart des experts en santé s'entendent pour dire que les inconvénients de l'alcool l'emportent de beaucoup sur les avantages.

Boire ou ne pas boire ?

Faites-vous partie des personnes qui auraient intérêt à faire une certaine consommation d'alcool ? Tout dépend. Les personnes âgées présentant un taux de cholestérol des HDL faible, des triglycérides normaux, une tension artérielle normale, qui sont minces et qui n'ont pas de troubles hémostatiques ont peut-être intérêt à prendre une ou deux consommations par jour. Mais les personnes, quel que soit leur âge, qui ont tendance à abuser de l'alcool, qui ont une tension artérielle et des triglycérides élevés ou qui souffrent de pancréatite, qui sont obèses ou qui envisagent une grossesse devraient s'abstenir d'alcool. Même des quantités modérées d'alcool risquent d'être néfastes pour certaines femmes, car on sait que l'alcool augmente le risque de cancer du sein.

Conseils santé : Quoi et comment boire

♦ Si vous décidez de prendre de l'alcool, limitez-vous à une consommation par jour, si vous êtes une femme et à deux, si vous êtes un homme. Ne mettez pas de consommations « en banque » pendant la semaine afin de pouvoir boire davantage la fin de semaine. Les études montrent que passé deux consommations par jour, les bienfaits de l'alcool sur le cœur sont annihilés et que le risque de dommages augmente.

♦ Essayez ces cocktails non alcoolisés :
  • panachés aux fruits faits de jus de fruit, d'eau gazéifiée (Club soda) et d'une torsade de lime ou de citron ;
  • Bloody Mary ou Bloody Caesar sans alcool, relevé de sauce piquante au piment et de sauce Worcestershire, garni de citron ou de lime ;
  • Daiquiri glacé sans alcool ;
  • eau gazéifiée (Club soda) avec un trait d'angustura et une tranche de citron ou de lime.

À quoi correspond une consommation ?

Une consommation correspond à :

♦ un verre de 142 ml (5 oz) de vin à 12 % ;

♦ une bouteille de 341 ml (12 oz) de bière à 5 % ;

♦ un petit verre de 45 ml (1,5 oz) de boisson forte à 40 % ;

♦ un verre de 90 ml (3 oz) de xérès ou de porto (18 %).

Thé glacé à la menthe et aux agrumes

Servez ce rafraîchissement quand vous recevez ou prenez-en quand vous relaxez sur la terrasse. J'ai déjà servi ce thé à l'occasion d'une réception-cadeau pour bébé.

APPORT NUTRITIONNEL PAR PORTION	
calories	59
protéines	traces
gras total	0 g
cholestérol	0 mg
glucides	15 g
fibres alimentaires	traces
sodium	4 mg

AQR : Vit. A 2 %, C 33 %, acide folique 6 %, Ca 1 % (7 mg), fer 1 %, zinc 1 %.

~ **ON PREND DE L'AVANCE** ~

On peut préparer cette recette une journée à l'avance jusqu'à la deuxième étape inclusivement.

150 ml	eau	2/3 tasse
75 ml	sucre granulé	1/3 tasse
50 ml	feuilles de menthe fraîche hachées finement	1/4 tasse
500 ml	thé frais	2 tasses
150 ml	jus de pamplemousse (facultatif)	2/3 tasse
150 ml	jus d'orange fraîchement pressé	2/3 tasse
50 ml	jus de citron fraîchement pressé brins de menthe	1/4 tasse

1 Porter l'eau et le sucre à ébullition dans une casserole. Faire bouillir 1 minute. Ajouter les feuilles de menthe et laisser reposer 30 minutes.

2 Filtrer le liquide et le récupérer dans un grand bol en écrasant les feuilles de menthe avec le dos de la cuillère. Ajouter le thé à la menthe, le jus de pamplemousse (si on en utilise), le jus d'orange et le jus de citron ; bien mélanger.

3 Servir sur de la glace. Garnir de menthe.

Donne 1 l (4 tasses), soit environ 6 portions.

Délice aux fruits

Dans un mélangeur ou un robot culinaire, mélanger jus de fruit, yogourt et morceaux de fruits frais au choix (melon, petits fruits, pêches, ananas, banane). Pour obtenir une boisson plus consistante, utiliser des morceaux de fruits surgelés.

Panachés aux fruits

Pour créer une boisson rafraîchissante, mélanger de l'eau gazéifiée avec du jus ou du nectar de fruit. La combinaison de jus de canneberges, d'eau gazéifiée (Club soda) et de soda au gingembre (Ginger Ale) est particulièrement intéressante.

Les salades

NOTES SUR LA NUTRITION

Salade d'épinards avec vinaigrette à l'huile de noix de Grenoble

1/2

Portion du *Guide alimentaire canadien*

Cette salade simple de légumes verts en feuilles s'intègre à la plupart des menus. Vous pouvez remplacer l'huile de noix de Grenoble par de l'huile d'olive extra vierge ou un mélange de 10 ml (2 c. à thé) d'huile de sésame et de 25 ml (2 c. à table) d'huile de canola. Si vous retournez la salade comme il faut, ce qui se fait aisément dans un grand bol, vous serez surpris de voir la faible quantité de vinaigrette nécessaire.

1/2	paquet de 284 g (10 oz) d'épinards frais, parés*	1/2
1	petite laitue Boston*	1
1	gousse d'ail hachée	1
1 ml	de chacun : sel (approx.) et moutarde de Dijon	1/4 c. à thé
15 ml	vinaigre balsamique ou de vin rouge	1 c. à table
50 ml	huile de noix de Grenoble	3 c. à table
	poivre	

1 Laver, sécher et déchiqueter les épinards et la laitue de manière à obtenir environ 2,5 l (10 tasses) de salade.

2 Dans un bol à salade, écraser l'ail et le sel à l'aide d'un pilon ou d'une fourchette de manière à obtenir une pâte ; y incorporer au fouet la moutarde, le vinaigre et l'huile.

3 Ajouter la laitue et les épinards ; retourner le tout pour enrober. Saler et poivrer au goût.

Donne 8 portions.

* Possibilité de substitution : On peut utiliser n'importe quelle combinaison de légumes verts en feuilles ; plus leur vert est foncé, plus leur teneur en vitamines et en fibres est élevée. Ajouter à la salade du basilic frais haché, de l'aneth, de la coriandre ou de la ciboulette, des carottes râpées, des tranches de pomme ou de mangue, des quartiers d'orange, de la luzerne, des radis ou des germes de haricots, des canneberges séchées, des pois chiches ou des crevettes.

APPORT NUTRITIONNEL PAR PORTION	
calories	53
protéines	1 g
gras total	5 g
cholestérol	0 mg
glucides	2 g
fibres alimentaires	1 g
sodium	88 mg

AQR : Vit. A 13 %, E 5 %, C 10 %, acide folique 20 %, Ca 2 % (22 mg), fer 4 %, zinc 1 %.

~ ON PREND DE L'AVANCE ~

On peut préparer cette recette à l'avance jusqu'à la première étape inclusivement. Envelopper dans des essuie-tout, placer dans un sac de plastique et garder au réfrigérateur 1 journée. Faire la recette 2 heures à l'avance jusqu'à la deuxième étape inclusivement.

~ CONSEIL CULINAIRE ~

Conserver l'huile de noix de Grenoble au réfrigérateur.

Salade de carottes et de radicchio

~ ON PREND DE L'AVANCE ~

On peut préparer cette recette à l'avance jusqu'à la première étape, couvrir et garder au réfrigérateur pendant 6 heures.

~ CONSEIL CULINAIRE ~

Faire sauter les graines de tournesol dans une poêle à feu moyen 3 à 6 minutes ou jusqu'à ce qu'un arôme agréable s'en dégage.

~ CONSEIL NUTRITIONNEL ~

Les graines de tournesol sont riches en vitamine E.

1

Portion du *Guide alimentaire canadien*

Cette salade facile à faire fournit non seulement un plat d'accompagnement croquant avec de la viande ou du poulet, mais elle peut servir à garnir des pitas, avec des tranches de viande ou des pois chiches.

500 ml	carottes râpées grossièrement	2 tasses
250 ml	radicchio ou chou rouge, haché finement	1 tasse
50 ml	oignons verts hachés	1/4 tasse
25 ml	graines de tournesol rôties	2 c. à table

Vinaigrette balsamique

25 ml	vinaigre balsamique ou de vin	2 c. à table
15 ml	huile d'olive	1 c. à table
5 ml	de chacun : moutarde de Dijon et sucre	1 c. à thé
1 ml	de chacun : sel et poivre	1/4 c. à thé

1 Battre au fouet, dans un bol, le vinaigre, 25 ml (2 c. à table) d'eau, l'huile, la moutarde, le sucre, le sel et le poivre. Ajouter les carottes, le radicchio et les oignons verts ; retourner pour bien enrober.

2 Jeter les graines de tournesol sur la salade.

Donne 4 portions.

Produits de substitution du vinaigre

Les variétés de vinaigre diffèrent beaucoup les unes des autres. Certains sont plus amers, d'autres plus sucrés. Cependant, il est facile de trouver des substituts aux différents vinaigres, même aux plus fins :

♦ Remplacer les vinaigres aromatisés aux fruits par du vinaigre balsamique ou du vinaigre de vin rouge.

♦ Si une recette exige du vinaigre de vin de riz, prendre à la place une plus petite quantité de vinaigre de cidre, additionné d'une pincée de sucre granulé.

♦ Le jus de citron frais constitue également un bon substitut au vinaigre. En fait, il est même préférable au vinaigre blanc pur, notamment dans les vinaigrettes.

Haricots verts à l'ail et à l'huile aromatisée

11/2

Portion du *Guide alimentaire canadien*

Quand j'ai rendu visite à Wendy Bowle-Evans chez elle dans le minuscule village de Régusse, en Provence, elle a préparé cette salade avec de la délicieuse huile de noix de Grenoble et les haricots verts fins qu'on trouve partout en France. Au centre de l'assiette, elle avait placé des champignons sauvages marinés, que son mari, Jean-Jacques Virgros, avait cueillis.

750 g	haricots verts	1 1/2 lb
1	gousse d'ail hachée	1
5 ml	sel	1 c. à thé
15 ml	vinaigre balsamique	1 c. à table
	ou vinaigre de vin rouge	
15 ml	huile de noix de Grenoble	1 c. à table
	ou de sésame	

Garniture

1	tomate coupée en quartiers ou 50 ml (1/4 tasse) de chou rouge tranché finement	1

1 Enlever les extrémités des haricots verts. Les cuire dans une grande casserole d'eau bouillante 4 à 5 minutes ou jusqu'à ce qu'ils soient tendres. Les égoutter et les rafraîchir à l'eau froide. Bien égoutter.

2 Réduire l'ail et le sel en purée dans une assiette de service à l'aide d'un pilon ou du dos d'une fourchette ; y incorporer le vinaigre et l'huile.

3 Ajouter les haricots verts ; retourner pour bien enrober du mélange d'ail. Laisser reposer 15 minutes.

4 Garnir de tomates ou de chou rouge.

Donne 8 portions.

Pour servir chaud

Égoutter les haricots mais ne pas les rincer. Ajouter les haricots chauds à la troisième étape, garnir et servir sans attendre.

APPORT NUTRITIONNEL PAR PORTION

calories	46
protéines	2 g
gras total	2 g
gras saturés	traces
cholestérol	0 mg
glucides	7 g
fibres alimentaires	2 g
sodium	290 mg

AQR : Vit. A 6 %, E 2 %, C 17 %, acide folique 12 %, Ca 3 % (35 mg), fer 7 %, zinc 3 %.

~ ON PREND DE L'AVANCE ~

On peut préparer cette recette à l'avance jusqu'à la première étape, envelopper dans de l'essuie-tout, mettre dans un sac de plastique et garder 24 heures au réfrigérateur. On peut préparer cette recette 2 heures à l'avance jusqu'à la deuxième étape inclusivement.

Salade de betteraves fraîches et d'oignon

~ ON PREND DE L'AVANCE ~

On peut préparer cette recette à l'avance jusqu'à la deuxième étape inclusivement et garder 6 heures au réfrigérateur. Faire la recette jusqu'à la troisième étape et laisser reposer 30 minutes.

~ CONSEIL POUR LE SERVICE ~

Trancher, couper en dés ou râper grossièrement des betteraves cuites froides et les mouiller de vinaigre balsamique ou de la Vinaigrette au gingembre et aux fines herbes (page 66).

~ CONSEIL CULINAIRE ~

On trouvera davantage d'information sur les betteraves à la page 159.

~ CONSEIL NUTRITIONNEL ~

Les betteraves sont riches en acide folique, en potassium et en fibres. Les feuilles de betterave sont très riches en bêta-carotène (vitamine A) et en potassium, et elles sont une bonne source de vitamine C et d'acide folique.

11/2

Portion du *Guide alimentaire canadien*

Cette salade espagnole simple mais savoureuse peut accompagner n'importe quel poisson, viande ou volaille. L'huile d'olive vierge extra et du poivre du moulin s'imposent dans cette recette.

4	betteraves de taille moyenne, soit 500 g (1 lb)	4
25 ml	vinaigre de vin rouge	2 c. à table
15 ml	huile d'olive vierge extra	1 c. à table
1 ml	de chacun : sucre granulé, sel et poivre du moulin	1/4 c. à thé
	feuilles de laitue ou de cresson (facultatif)	
250 ml	oignon espagnol tranché finement	1 tasse

1 Parer les betteraves, en laissant 2,5 cm (1 po) de tige. Cuire les betteraves à l'eau bouillante dans une casserole couverte jusqu'à ce qu'elles soient tendres sous les dents de la fourchette, environ 40 minutes. Égoutter et refroidir. Peler les betteraves et les couper en tranches de 5 mm (1/4 po) d'épaisseur.

2 Mélanger le vinaigre, l'huile, le sucre, le sel et le poivre.

3 Garnir une assiette de service peu profonde de laitue (si on en utilise). Disposer la moitié des betteraves dans l'assiette, et recouvrir de la moitié de l'oignon. Arroser de la moitié de la vinaigrette. Répéter avec le restes des ingrédients. Laisser reposer 30 minutes.

Donne 4 portions.

Salade de cresson de fontaine, d'orange et de pois chiches

1	1

Portions du *Guide alimentaire canadien*

La menthe fraîche, l'orange juteuse et l'oignon croustillant créent un contraste agréable avec les tendres pois chiches et le délicat cresson (ou la roquette).

1	orange	1
250 ml	pois chiches égouttés et rincés	1 tasse
50 ml	oignon rouge haché	1/4 tasse
25 ml	menthe fraîche hachée	2 c. à table
50 ml	jus d'orange frais	1/4 tasse
5 ml	vinaigre de vin rouge	1 c. à thé
5 ml	huile de sésame	1 c. à thé
2 ml	gingembre râpé	1/2 c. à thé
1	botte de cresson de fontaine ou de roquette	1

1 Peler à vif l'orange, et en la tenant au-dessus d'un bol afin d'en récupérer le jus, la couper en quartiers. Mettre les quartiers dans le bol avec les pois chiches, l'oignon rouge et la menthe.

2 Battre ensemble au fouet le jus d'orange, le vinaigre, l'huile et le gingembre. Verser sur le mélange de pois chiches et mélanger.

3 Enlever les parties dures du cresson de fontaine et disposer les feuilles dans une petite assiette de service ou dans des assiettes individuelles. Y déposer le mélange de pois chiches.

Donne 4 portions.

APPORT NUTRITIONNEL PAR PORTION	
calories	105
protéines	5 g
gras total	2 g
gras saturés	traces
cholestérol	0 mg
glucides	18 g
fibres alimentaires	3 g
sodium	117 mg

AQR : Vit. A 14 %, E 4 %, C 63 %, acide folique 20 %, Ca 6 % (61 mg), fer 5 %, zinc 5 %.

~ ON PREND DE L'AVANCE ~

On peut préparer cette recette à l'avance jusqu'à la troisième étape inclusivement. Elle se conserve 6 heures dans un contenant hermétique au réfrigérateur.

~ CONSEIL NUTRITIONNEL ~

Les oranges sont riches en vitamine C, un antioxydant, et sont une bonne source d'acide folique, une vitamine du groupe B.

Salade de chou à l'indonésienne

1 1/4
Portion du *Guide alimentaire canadien*

Cette salade colorée et croquante, création de Daphna Rabinovitch, directrice adjointe de la section alimentation de la revue Canadian Living, est rafraîchissante à l'année. Cependant, elle est particulièrement savoureuse en août et en septembre, alors que les choux arrivent sur le marché.

1 l	chou haché finement	4 tasses
1	petit poivron rouge coupé en fines lanières	1
2	carottes de taille moyenne râpées	2
4	oignons verts hachés	4
250 ml	germes de haricots	1 tasse
50 ml	coriandre fraîche hachée	1/4 tasse
50 ml	arachides hachées	1/4 tasse
Vinaigrette		
50 ml	de chacun : vinaigre de riz et sauce hoisin	3 c. à table
10 ml	de chacune : huile de sésame et au gingembre émincé	2 c. à thé
5 ml	de chacun : sauce soja et sucre	1 c. à thé
1	gousse d'ail émincée	1

1 Dans un grand bol, mélanger le chou, le poivron rouge, les carottes, les oignons verts et les germes de haricots.

2 Préparation de la vinaigrette : Dans un autre bol, battre au fouet le vinaigre, la sauce hoisin, l'huile de sésame, le gingembre, la sauce soja, le sucre et l'ail.

3 Verser la vinaigrette sur la salade. Ajouter la coriandre et les arachides et bien mélanger.

Donne 8 portions.

Salade grecque

Pendant la saison des tomates, je fais au moins une salade grecque par semaine. Dans un bol creux, mélanger 3 grosses tomates coupées en cubes, 2 concombres de taille moyenne pelés et coupés en cubes et 125 à 190 g (4 à 6 oz) de feta émietté. Saupoudrer d'origan, de sel, de poivre et ajouter un trait de jus de citron frais et un soupçon d'huile d'olive vierge extra. Décorer de quelques olives grecques.

Salade végétarienne à la thaïlandaise

1   1/2

Portions du *Guide alimentaire canadien*

La combinaison de menthe et de coriandre fraîches confère à cette salade une touche délicieusement piquante. Vous pouvez y ajouter du concombre, des radis ou du chou, coupés en dés.

250 ml	tofu ferme coupé en dés, soit 140 g (3 oz)	1 tasse
50 ml	oignon rouge tranché finement	1/4 tasse
1/2	poivron vert coupé en lanières	1/2
2	carottes hachées grossièrement	2
50 ml	de chacune : menthe fraîche et coriandre fraîche, hachées grossièrement	1/4 tasse
25 ml	arachides hachées	2 c. à table

Vinaigrette

50 ml	jus de citron ou de lime fraîchement pressé	1/4 tasse
15 ml	sucre	1 c. à table
15 ml	sauce de poisson ou sauce soja	1 c. à table
pincée	flocons de poivre rouge	pincée

1 Dans un bol, mélanger le tofu, l'oignon rouge, le poivron vert et les carottes.

2 Préparation de la vinaigrette : Mélanger le jus de lime, le sucre, la sauce de poisson et les flocons de piment. Verser sur la salade et bien mélanger.

3 Incorporer la menthe et la coriandre. Parsemer d'arachides.

Donne 4 portions.

La sauce de poisson

Ingrédient de base dans la cuisine thaïlandaise, la sauce de poisson ajoute aux mets un goût salé et maritime. L'odeur brute de cette sauce risque d'être repoussante, mais elle s'adoucit à la cuisson. Elle se conserve indéfiniment dans une armoire. Elle est riche en sodium.

APPORT NUTRITIONNEL PAR PORTION

calories	121
protéines	8 g
gras total	6 g
gras saturés	1 mg
cholestérol	0 mg
glucides	13 g
fibres alimentaires	2 g
sodium	215 mg

AQR : Vit. A 117 %, E 6 %, C 38 %, acide folique 14 %, Ca 9 % (99 mg), fer 31 %, zinc 11 %.

~ **ON PREND DE L'AVANCE** ~

On peut préparer cette recette à l'avance jusqu'à la deuxième étape inclusivement. Couvrir et garder au réfrigérateur 2 heures au maximum.

~ **CONSEIL NUTRITIONNEL** ~

Le tofu est une bonne source de protéines et peut constituer une source intéressante de calcium s'il est préparé à partir d'un composé de calcium (voir la liste des ingrédients). Vérifiez les quantités de calcium sur l'étiquette.
Les carottes sont extrêmement riches en bêta-carotène, un antioxydant que l'organisme convertit en vitamine A.

◄— *Salade de roquette et de chèvre chaud (page 58)*

Salade de haricots noirs et de maïs

3/4   1/2

Portions du *Guide alimentaire canadien*

Les haricots noirs, le maïs jaune, le poivron rouge et la coriandre verte composent cette salade colorée, une des préférées de mon fils Jeff. Pour en faire un repas substantiel, ajoutez-y du feta coupé en cubes. Si vous ne pouvez trouver de coriandre, prenez du persil ou du basilic frais.

1	boîte de 540 ml (19 oz) de haricots noirs ou rouges égouttés et rincés	1
1	poivron rouge haché	1
500 ml	maïs en grains cuit	2 tasses
125 ml	céleri haché	1/2 tasse
50 ml	oignons verts hachés	1/4 tasse
25 ml	coriandre fraîche hachée	2 c. à table

Vinaigrette

50 ml	vinaigre de riz ou de cidre	3 c. à table
7 ml	moutarde de Dijon	1 1/2 c. à thé
1 ml	de chacun : sucre, sel et poivre	1/4 c. à thé
15 ml	de chacune : eau et huile végétale	1 c. à table

1 Dans un bol, mélanger les haricots, le poivron rouge, le maïs, le céleri, les oignons verts et la coriandre.

2 Préparation de la vinaigrette : Dans un petit bol, battre au fouet le vinaigre, la moutarde, le sucre, le sel et le poivre ; incorporer l'eau et l'huile. Verser sur la salade et mélanger.

Donne 8 portions.

Salade de lentilles et de maïs

Remplacer les haricots par une boîte de 540 ml (19 oz) de lentilles égouttées et rincées. Les lentilles de taille normale se prêtent mieux aux salades que les lentilles miniatures.

L'acide folique
pour une grossesse en santé

S i vous planifiez une grossesse, envisagez de prendre des suppléments d'acide folique dès maintenant et durant les premiers mois de votre grossesse afin de réduire le risque de malformations du tube neural du fœtus. Ces troubles entraînent des maladies congénitales graves comme le spina-bifida et des malformations du cerveau.

Pour réduire le risque de telles malformations, on conseille habituellement aux femmes de prendre un supplément de 0,4 mg d'acide folique et d'adopter une alimentation riche en cette vitamine.

Les sources d'acide folique dans l'alimentation

Une alimentation équilibrée est censée apporter 0,2 mg d'acide folique environ. Pour enrichir votre apport, intégrez ces aliments à votre régime alimentaire :

Excellentes sources d'acide folique (0,05 mg ou davantage par portion)

- 90 g (3 oz) de foie cuit*
- 150 ml (2/3 tasse) de ces légumes cuits : épinards, brocoli, asperges, petits pois, choux de Bruxelles, betteraves
- 60 g (3 oz) de laitue vert foncé
- 250 ml (1 tasse) de jus d'orange ou d'ananas
- 50 ml (1/4 tasse) de graines de tournesol
- 175 ml (3/4 tasse) de pois chiches, de lentilles ou de haricots séchés
- * Le foie est à consommer avec précaution pendant la grossesse en raison de sa forte teneur en vitamine A. L'excès de vitamine A est associé à des anomalies congénitales.

Bonnes sources d'acide folique (0,03 mg ou davantage par portion)

- 175 ml (3/4 tasse) de haricots de Lima cuits
- 150 ml (2/3 tasse) de maïs en grains ou de germes de haricots
- un demi cantaloup, une orange
- 2 œufs
- 25 ml (2 c. à table) de germe de blé
- 175 ml (3/4 tasse) de céréales All-Bran enrichies de vitamines

Aliments enrichis en acide folique (données de 1998)

- farine blanche : pain, craquelins, pâtisseries
- pâtes alimentaires, riz instantané et produits à base de farine de maïs portant la mention «enrichi»

Salade de crevettes marinées et de mangues

~ CUISINE FAIBLE EN GRAS ~

Cette préparation à base de chutney permet de remplacer une certaine partie de l'huile utilisée normalement dans une salade. Tout en ajoutant de la saveur elle aide à émulsionner et à épaissir les vinaigrettes.

~ CONSEIL CULINAIRE ~

Utilisez les brins de cresson de fontaine et de coriandre en entier mais prenez soin d'enlever les tiges les plus dures. On peut aussi prendre un mélange moitié-moitié de roquette et de cresson de fontaine.

~ ON PREND DE L'AVANCE ~

On peut préparer cette recette à l'avance jusqu'à la troisième étape inclusivement. La préparation se conserve 1 journée à couvert et au réfrigérateur.

21/4   2

Portions du *Guide alimentaire canadien*

J'ai fait partie pendant des années d'un groupe de femmes gastronomes. Cette recette était une de nos préférées pour les salades servies en entrée. Elle peut également constituer un repas complet spectaculaire.

1 kg	grosses crevettes crues décortiquées (ou décongelées et complètement séchées)	2 lb
5 ml	huile végétale	1 c. à thé
2	bottes de cresson de fontaine, soit 2 l (8 tasses), légèrement tassées	2
250 ml	coriandre fraîche bien tassée	1 tasse
2	poivrons rouges coupés en lanières	2
2	grosses mangues bien mûres, pelées et coupées en fines lanières	2

Marinade pour crevettes

10 ml	de chacun : cumin, coriandre et paprika, moulus	2 c. à thé
150 ml	yogourt nature à 2 %	2/3 tasse
25 ml	gingembre émincé	2 c. à table
15 ml	ail émincé	1 c. à table
2	piments jalapeños frais épépinés et hachés ou 15 ml (1 c. à table) de piments hachés en pot zeste râpé de 1 lime	2

Vinaigrette

125 ml	chutney à la mangue	1/2 tasse
75 ml	jus de lime fraîchement pressé	1/3 tasse
50 ml	huile végétale	3 c. à table
trait	sauce piquante au piment	trait

1 Préparation de la marinade pour crevettes : Dans une petite poêle antiadhésive, faire sauter à sec le cumin, la coriandre, le paprika à feu moyen, en remuant de temps en temps pendant 2 minutes ou jusqu'à ce que les épices aient légèrement noirci et qu'elles dégagent un arôme agréable. Laisser refroidir.

2 Dans un grand bol, mélanger le yogourt, le gingembre, l'ail, les piments jalapeños, le zeste de lime, les épices, le sel et le poivre au goût. Ajouter les crevettes et les enrober de ce mélange. Couvrir et garder 1 heure au réfrigérateur (elles s'y garderont au maximum 24 heures).

3 Préparation de la vinaigrette : Réduire le chutney en purée dans un robot culinaire. Ajouter le jus de lime, l'huile et la sauce piquante au piment ; mélanger en actionnant l'appareil. Réserver.

4 Dans une grande poêle antiadhésive, chauffer l'huile à feu mi-vif ; cuire les crevettes et la marinade en remuant une fois 3 à 4 minutes ou jusqu'à ce qu'elles soient rosées et opaques.

5 Dans un grand bol, mélanger le cresson de fontaine, la coriandre, les poivrons rouges, les mangues, les crevettes et la vinaigrette. Disposer dans des assiettes à salade individuelles.

Donne 12 portions en guise d'entrée ou 6 portions comme plat de résistance.

Les huiles et leurs usages

◆ Ne vous laissez pas tromper par les bouteilles d'huile d'olive qui indiquent « légère » ou « allégée ». Ce terme s'applique à la couleur et à la saveur de l'huile, et non à la quantité de matières grasses ou au nombre de calories qu'elle contient.

◆ Quand la saveur de l'huile compte, comme dans les vinaigrettes, prenez de l'huile d'olive vierge extra pressée à froid pour sa saveur supérieure. La couleur, jaune ou verte, dépend de la variété d'olive utilisée. L'huile d'olive pure, qui subit un autre traitement, est plus pâle et moins savoureuse.

◆ Quand le goût de l'huile ne compte pas dans la recette (plats sautés, muffins) l'huile de canola constitue un bon choix.

Salade de roquette et de chèvre chaud

1   1/2

Portions du *Guide alimentaire canadien*

La roquette et le fromage de chèvre sont mes ingrédients préférés. Réunis dans un même plat, ils sont tout simplement divins. Cette salade fait une entrée formidable pour une réception.
Voir photo page 53.

250 g	bûche de fromage de chèvre à 15 % M.G. un peu froid	8 oz
1	œuf battu	1
250 ml	chapelure de pain de blé entier maison	1 tasse
750 ml	roquette débarrassée des tiges dures et déchiqueté	3 tasses
2 l	laitue à feuilles rouges ou Boston, déchiquetée	8 tasses
15 ml	huile d'olive	1 c. à table

Vinaigrette

50 ml	yogourt nature à 1 % ou à 2 %	1/4 tasse
15 ml	vinaigre de vin blanc	1 c. à table
15 ml	huile d'olive	1 c. à table
5 ml	estragon frais haché ou 1 ml (1/4 c. à thé) d'estragon séché	1 c. à thé
2 ml	de chacun : moutarde de Dijon, sel et poivre	1/2 c. à thé

1 Préparation de la vinaigrette : Dans un bol, battre ensemble au fouet le yogourt, le vinaigre, l'huile, l'estragon, la moutarde, le sel et le poivre.

2 Découper le fromage en 8 rondelles ; tremper les rondelles dans l'œuf et bien les enrober de chapelure.

3 Retourner la roquette et la laitue dans la vinaigrette ; répartir entre 8 assiettes à salade.

4 Chauffer l'huile dans une poêle antiadhésive à feu moyen. Cuire le fromage, en le retournant une fois, de 3 à 5 minutes, ou jusqu'à ce que l'extérieur soit croustillant et que l'intérieur soit légèrement moelleux. Déposer les rondelles sur la laitue.

Salade de lentilles, de riz sauvage et d'orzo au cari

3/4   3/4   1/2

Portions du *Guide alimentaire canadien*

Elizabeth Baird, directrice de la section alimentation du magazine Canadian Living, *a servi cette salade au mariage de sa nièce. Elle constitue également un bon choix pour les buffets et les pique-niques et s'avère un délicieux repas végétarien. Je me suis permise de l'adapter légèrement en remplaçant une partie de l'huile par de l'eau.*

125 ml	riz sauvage	1/2 tasse
150 ml	lentilles vertes ou brunes	2/3 tasse
125 ml	pâtes orzo	1/2 tasse
125 ml	raisins de Corinthe secs	1/2 tasse
50 ml	oignon rouge haché	1/4 tasse
75 ml	amandes effilées, rôties	1/3 tasse

Vinaigrette

50 ml	vinaigre de vin blanc	1/4 tasse
25 ml	eau	2 c. à table
5 ml	cumin moulu	1 c. à thé
5 ml	moutarde de Dijon	1 c. à thé
2 ml	de chacun : sucre, sel et coriandre moulue	1/2 c. à thé
1 ml	de chacun : curcuma, muscade et cardamome, moulues	1/4 c. à thé
pincée	de chacun : cannelle, clou de girofle et piment de Cayenne	pincée
50 ml	huile végétale	1/4 tasse

APPORT NUTRITIONNEL PAR PORTION	
calories	251
protéines	9 g
gras total	10 g
gras saturés	1 g
cholestérol	0 mg
glucides	34 g
fibres alimentaires	4 g
sodium	156 mg

AQR : Vit. A 1 %, E 31 %, C 3 %, acide folique 45 %, Ca 4 % (39 mg), fer 19 %, zinc 16 %.

~ ON PREND DE L'AVANCE ~

Couvert, cette recette se garde 2 jours au réfrigérateur.

~ CONSEIL CULINAIRE ~

Pour faire rôtir les amandes, les placer sur une plaque à biscuits et les cuire au four à 180 ºC (350 ºF) 5 à 10 minutes ou jusqu'à ce qu'elles soient dorées.

1 Dans trois casseroles d'eau bouillante distinctes, faire cuire le riz sauvage 35 à 40 minutes, les lentilles 25 à 30 minutes et l'orzo 5 minutes ou jusqu'à ce que ces ingrédients soient tendres sans être pâteux. Bien égoutter et mettre dans un grand bol. Ajouter les raisins secs et l'oignon. Réserver.

2 Préparation de la vinaigrette : Dans un petit bol, battre ensemble au fouet le vinaigre, l'eau, le cumin, la moutarde, le sucre, le sel, la coriandre, le curcuma, le paprika, la muscade, la cardamome, la cannelle, le clou de girofle et le piment de Cayenne; incorporer l'huile. Verser le mélange sur le riz et retourner délicatement. Laisser refroidir complètement, couvrir et laisser au réfrigérateur au moins 4 heures.

3 Servir parsemé d'amandes.

Donne 8 portions.

Salade de penne au poulet avec sauce thaïlandaise

~ ON PREND DE L'AVANCE ~

On peut préparer cette recette à l'avance jusqu'à la troisième étape inclusivement (sauce) ; elle se garde à couvert 3 jours au réfrigérateur. On peut aussi faire la recette 4 heures à l'avance jusqu'à la deuxième étape inclusivement, et jusqu'à la quatrième, 1 heure à l'avance.

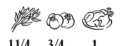

11/4   3/4   1

Portions du *Guide alimentaire canadien*

J'ai déjà servi cette salade à mes invités pour le dîner et à l'occasion d'un souper estival. C'est une excellente façon de passer des restes de poulet ou de dinde cuits. Servez-la accompagnée d'une salade verte et de pain français de grain entier.

250 g	penne ou petites pâtes, soit 625 ml (2 1/2 tasses)	8 oz
750 ml	dinde ou poulet cuit coupé en cubes	3 tasses
500 ml	épinards parés et hachés grossièrement, bien tassés	2 tasses
250 ml	carottes coupées en julienne	1 tasse
250 ml	chou rouge haché grossièrement	1 tasse
50 ml	coriandre fraîche ou persil frais haché	1/4 tasse

Sauce thaïlandaise

50 ml	arachides non salées	1/4 tasse
50 ml	gingembre haché grossièrement	3 c. à table
50 ml	de chacun : jus de citron et eau	1/4 tasse
25 ml	sauce soja hyposodique	2 c. à table
15 ml	sucre granulé	1 c. à table
15 ml	huile de sésame (non légère)	1 c. à table
1 ml	de chacun : sel, poivre et sauce piquante au piment	1/4 c. à thé

1 Cuire les penne dans une grande casserole d'eau bouillante 8 à 10 minutes ou jusqu'à ce qu'elles soient tendres mais encore fermes sous la dent. Égoutter, puis rincer sous l'eau froide. Égoutter de nouveau et mettre dans un bol à salade.

2 Ajouter le poulet, les épinards, les carottes, le chou rouge et la coriandre ; mélanger.

3 Préparation de la sauce thaïlandaise : Dans un robot culinaire ou un mélangeur, hacher finement les arachides et le gingembre. Ajouter le jus de citron, l'eau, la sauce soja, le sucre, l'huile de sésame, le sel, le poivre et la sauce piquante au piment. Bien mélanger.

4 Verser sur les pâtes et mélanger en retournant.

Donne 6 portions.

Des repas simples
pour les jeunes enfants

É tant donné qu'il est pratiquement impossible de remporter la bataille de la nourriture avec un enfant, il vaut mieux laisser tomber. Prenez plutôt conseil auprès d'experts sur la façon de lui inculquer de bonnes habitudes alimentaires et une bonne attitude.

Conseils nutritionnels : L'alimentation des enfants

♦ Présentez aux enfants des repas simples et savoureux et faites-vous un point d'honneur de manger avec eux.

♦ Offrez une grande variété d'aliments sains. Laissez ensuite votre enfant décider de ce qu'il veut manger et de la quantité qui lui convient. Ne le forcez pas à manger.

♦ Si l'enfant refuse de manger, restez calme ! Ne prenez pas l'habitude de le pousser à manger en le suppliant ou en le menaçant. Dès que le repas est servi, votre travail est terminé.

♦ Servez de petites portions, en laissant votre enfant libre d'en redemander. Laissez les choses suivre leur cours normal.

♦ Si l'enfant repousse son assiette, enlevez le plat et demandez-lui de sortir de table. Surtout, ne lui offrez pas un de ses aliments favoris pour remplacer le mets refusé.

♦ Quand l'enfant refuse systématiquement de manger, vérifiez les quantités de nourriture et de boissons consommées entre les repas ou en dehors des collations prévues. Assurez-vous que les collations sont prises 2 heures avant le repas. Boire beaucoup de jus peut nuire à l'appétit de l'enfant. Limitez la consommation de jus aux collations et offrez de l'eau aux autres moments.

♦ Proposez des aliments nouveaux, mais respectez la décision de l'enfant de s'y intéresser ou non. Mais n'abandonnez pas. Le fait qu'un enfant refuse un nouvel aliment une première fois ne signifie pas qu'il ne sera pas disposé à en faire l'essai la troisième ou la quatrième fois. Pour rendre les aliments plus attrayants, essayez ces trucs :

• Présentez la nouveauté avec les aliments préférés de l'enfant et quand il a faim.

• Incitez l'enfant à participer à la préparation des aliments. Ainsi, laissez l'enfant garnir ses tacos (tomate, laitue et fromage).

• Donnez un aspect attrayant aux aliments. Servez des portions découpées en bouchées ou de la taille d'un doigt. Faites appel à votre sens esthétique pour associer les aliments. Mettez quelques brisures de chocolat sur un dessert aux fruits ; laissez flotter quelques croûtons dans une soupe.

• Ne transformez pas l'heure du souper en séance de réprimande. Faites-en un moment agréable de la journée, une occasion de détente.

Salade de pâtes, de tomates et de maïs

APPORT NUTRITIONNEL PAR PORTION

calories	382
protéines	15 g
gras total	9 g
gras saturés	3 g
cholestérol	14 mg
glucides	63 g
fibres alimentaires	8 g
sodium	632 mg

AQR : Vit. A 13 %, E 10 %, C 55 %, acide folique 33 %, Ca 11 % (117 mg), fer 18 %, zinc 20 %.

~ ON PREND DE L'AVANCE ~

À couvert, la préparation se garde 4 heures au réfrigérateur.

~ CONSEIL NUTRITIONNEL ~

Le feta est plus faible en matières grasses que bien des variétés de fromage. On en trouve souvent à 15 % M.G., ce qui correspond à la teneur en matières grasses de la mozzarella partiellement écrémée.

~ DAVANTAGE DE FIBRES ~

Avec plus de 6 grammes de fibres par portion, les légumineuses (haricots, lentilles et pois) peuvent aider à augmenter votre consommation quotidienne de fibres alimentaires. Soupe aux lentilles, minestrone, soupe aux pois cassés, haricots au four, salade de haricots, hoummos (tartinade de pois chiches), voilà des options très savoureuses.

2	11/4	1/4	1/2

Portions du *Guide alimentaire canadien*

Les haricots, les tomates et le maïs fournissent de bonnes quantités de fibres à ce plat de pâtes rafraîchissant, qui est parfait pour un buffet, un dîner, un barbecue, un souper léger ou même comme lunch.

500 g	penne, soit environ 1,25 l (5 tasses)	1 lb
1 kg	tomates épépinées et coupées en morceaux, soit environ 5	2 lb
25 ml	de chacun : huile d'olive et jus de citron frais	2 c. à table
2	gousses d'ail émincées	2
5 ml	sel	1 c. à thé
1 ml	poivre	1/4 c. à thé
250 ml	maïs en grains	1 tasse
250 ml	feta émietté	1 tasse
250 ml	persil frais haché grossièrement	1 tasse
1	boîte de 540 ml (19 oz) de haricots rouges ou noirs, égouttés et rincés	1
125 ml	coriandre fraîche hachée finement	1/2 tasse

1 Cuire les penne dans une grande casserole d'eau bouillante 8 à 10 minutes ou jusqu'à ce qu'elles soient tendres mais encore fermes sous la dent. Égoutter. Rincer sous l'eau froide et égoutter de nouveau.

2 Entre-temps, dans un grand bol, mélanger les tomates, l'huile, le jus de citron, 50 ml (1/4 tasse) d'eau, l'ail, le sel et le poivre. Laisser reposer 5 minutes.

3 Ajouter les pâtes, le maïs, le fromage, le persil, les haricots et la coriandre. Mélanger en remuant.

Donne 8 portions.

Salade de pâtes au pesto avec poulet et tomates sécheés

3   1/2   1

Portions du *Guide alimentaire canadien*

Voici une version allégée de la salade la plus populaire du Hannah's Kitchen, un restaurant de Toronto.

16	tomates séchées conditionnées à sec	16
500 g	poitrines de poulet désossées sans la peau	1 lb
5 ml	huile d'olive	1 c. à thé
500 g	penne ou radiatore	1 lb
	pesto (page 94) ou 250 ml (1 tasse) de pesto commercial	
25 ml	pignons rôtis (facultatif)	2 c. à table

1 Couvrir les tomates d'eau bouillante et laisser reposer jusqu'à ce qu'elles aient ramolli, soit 3 à 5 minutes. Égoutter et hacher grossièrement.

2 Couper le poulet en lanières de 5 mm (1/4 po) d'épaisseur et de 5 cm (2 po) de longueur. Chauffer l'huile dans une poêle antiadhésive à feu mi-vif. Y faire sauter le poulet jusqu'à ce qu'il ait perdu sa teinte rosée au centre.

3 Cuire les penne à l'eau bouillante dans une grande casserole 8 à 10 minutes ou jusqu'à ce qu'elles soient tendres mais encore fermes sous la dent. Égoutter en réservant 50 ml (1/4 tasse) d'eau de cuisson. Rincer sous l'eau froide puis égoutter de nouveau.

4 Dans un grand bol, mélanger les penne, les tomates, le poulet et le pesto en ajoutant au besoin un peu d'eau de cuisson réservée pour humidifier. Saler et poivrer au goût. Garnir de pignons si désiré.

Donne 6 portions de 500 ml (2 tasses) chacune.

Menu du souper
Panachés aux fruits (page 44)
Salade de pâtes au pesto avec poulet et tomates séchées (ci-dessus)
Salade d'épinards avec vinaigrette à l'huile de noix de Grenoble (page 47)
Pain aux figues et au fromage cottage (page 278)
Yogourt glacé aux agrumes et à la mangue (page 305)
Biscuits aux deux chocolats (page 284)

APPORT NUTRITIONNEL PAR PORTION	
calories	465
protéines	30 g
gras total	9 g
gras saturés	2 g
cholestérol	48 mg
glucides	63 g
fibres alimentaires	4 g
sodium	436 mg

AQR : Vit. A 1 %, E 9 %, C 3 %, acide folique 13 %, Ca 10 % (107 mg), fer 12 %, zinc 22 %.

~ **ON PREND DE L'AVANCE** ~
À couvert, la salade se garde 1 journée au réfrigérateur.

CONSEIL CULINAIRE
Les pestos vendus dans le commerce diffèrent les uns des autres quant à la saveur et à la quantité d'huile. À employer au goût.

Salade de couscous avec oranges et carottes

11/4 11/4

Portions du *Guide alimentaire canadien*

L'été, servez cette salade, qui marie des saveurs et des textures particulièrement agréables, accompagnée de tranches de tomate et de viandes ou de légumes grillés.

425 ml	eau ou bouillon de poulet	1 3/4 tasse
300 ml	couscous	1 1/4 tasse
2	oranges sectionnées et hachées	2
250 ml	carottes râpées grossièrement	1 tasse
125 ml	raisins secs ou raisins de Corinthe	1/2 tasse
50 ml	coriandre, menthe ou persil frais hachés	1/4 tasse

Vinaigrette au gingembre

25 ml	de chacun : vinaigre balsamique et jus de citron frais	2 c. à table
25 ml	de chacune : huile d'olive ou huile végétale et eau	2 c. à table
15 ml	de chacun : sucre granulé et gingembre haché	1 c. à table
1 ml	de chacun : sel, poivre et cumin moulu	1/4 c. à thé

1 Porter l'eau à ébullition dans une casserole ; y jeter le couscous et remuer rapidement. Couvrir et retirer du feu. Laisser reposer 10 minutes jusqu'à ce que le liquide soit absorbé. Ameublir le couscous à la fourchette puis laisser refroidir.

2 Dans un bol à salade, mélanger les oranges, les carottes, les raisins secs, la coriandre puis le couscous.

3 Préparation de la vinaigrette au gingembre : Dans un petit bol, battre ensemble au fouet le vinaigre, le jus de citron, l'huile, l'eau, le sucre, le gingembre, le sel, le poivre et le cumin.

4 Verser la vinaigrette sur la salade et remuer.

Donne 6 portions.

Sauce au yogourt et au persil

Cette délicieuse sauce peut accommoder presque toutes les salades, ainsi que les fruits de mer, les pommes de terre, les légumes cuits ou la laitue. Le persil est essentiel à sa composition, car il apporte une note rafraîchissante. J'aime quand même y ajouter d'autres fines herbes fraîches.

250 ml	yogourt nature à 1 % ou 2 %	1 tasse
125 ml	mayonnaise allégée	1/2 tasse
125 ml	persil frais haché	1/2 tasse
25 ml	jus de citron fraîchement pressé	2 c. à table
1	petite gousse d'ail émincée	1
5 ml	de chacun : moutarde de Dijon et sel	1 c. à thé
1 ml	poivre	1/4 c. à thé

Dans un petit bol, mélanger le yogourt, la mayonnaise, le persil, le jus de citron, l'ail, la moutarde, le sel et le poivre. Couvrir et réfrigérer.

Donne 400 ml (1 2/3 tasse).

Sauce au babeurre et à l'aneth

Remplacer le yogourt par du babeurre. Ajouter 75 ml (1/3 tasse) ou plus (au goût) d'aneth frais haché ou 5 ml (1 c. à thé) d'aneth séché.

Sauce au yogourt et au basilic

Ajouter 75 ml (1/3 tasse) de basilic frais haché.

Sauce au yogourt et à l'estragon

Ajouter 50 ml (1/4 tasse) d'estragon frais haché ou 10 ml (2 c. à thé) d'estragon séché.

Sauce César crémeuse au yogourt

Ajouter une autre gousse d'ail émincée et 50 ml (1/4 tasse) de parmesan fraîchement râpé.

APPORT NUTRITIONNEL PAR QUANTITÉ DE 15 ML (1 C. À TABLE)	
calories	20
protéines	1 g
gras total	1 g
cholestérol	0 mg
glucides	1 g
sodium	125 mg

AQR : Vit. A 1 %, C 3 %, acide folique 1 %, Ca 2 % (18 mg), fer 1 %, zinc 1 %.

~ ON PREND DE L'AVANCE ~
Dans un contenant hermétique, la sauce se conserve 1 semaine au réfrigérateur.

Vinaigrette au gingembre et aux fines herbes

Vous adorerez cette vinaigrette de fines herbes, de gingembre et d'ail pour accompagner les légumes frais ou pour arroser une assiette de tomates en quartiers. Si vous ne pouvez trouver de coriandre fraîche ou de basilic frais, remplacez-les par 50 ml (1/4 tasse) de persil frais haché et une pincée de basilic séché et de coriandre séchée, émiettés.

APPORT NUTRITIONNEL PAR QUANTITÉ DE 15 ML (1 C. À TABLE)	
calories	26
protéines	0 g
gras total	2 g
gras saturés	traces
cholestérol	0 mg
glucides	3 g
sodium	130 mg

AQR : Vit. E 2 %, C 2 %, Ca 0 % (3 mg), fer 1 %.

25 ml	vinaigre de riz ou vinaigre balsamique	2 c. à table
15 ml	de chacun : sauce soja, jus de citron frais et huile d'olive	1 c. à table
10 ml	sucre	2 c. à thé
5 ml	gingembre émincé	1 c. à thé
1	gousse d'ail émincée	1
25 ml	de chacun : basilic frais haché et coriandre fraîche hachée	2 c. à table

1 Dans un petit bol, battre ensemble au fouet le vinaigre, la sauce soja, le jus de citron, l'huile, le sucre, le gingembre et l'ail. Incorporer le basilic et la coriandre. Saler et poivrer au goût.

Donne environ 125 ml (1/2 tasse), soit de quoi accommoder 8 portions de salade verte.

Salade de tomates, roquette et oignon rouge

Dans un bol à salade ou une assiette, mélanger 4 tomates en quartiers, 1 botte de roquette et quelques tranches d'oignon rouge fines comme du papier en rondelles. Mouiller de beaucoup de vinaigrette. Donne 4 portions.

Pour remplacer les herbes fraîches par des herbes séchées

En règle générale, on prendra une quantité d'herbe séchée équivalant au tiers de la quantité d'herbe fraîche mentionnée dans la recette. Ainsi, si la recette exige 15 ml (1 c. à table) de romarin frais, on utilisera 5 ml (1 c. à thé) de romarin séché. Dans le cas des herbes au goût fin, comme le persil, l'aneth et le basilic, vu que je préconise de fortes quantités d'herbe fraîche, je prends moins du tiers d'herbe séchée, habituellement 5 ml (1 c. à thé) environ. On ne devrait pas remplacer la coriandre fraîche par des graines de coriandre séchées. Dans certains cas on peut y substituer quelques feuilles de coriandre séchée.

Ajouter les herbes fraîches vers la fin de la cuisson ou juste avant de servir. Les herbes séchées se mettent habituellement au début de la cuisson.

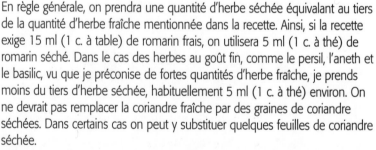

Les soupes

NOTES SUR LA NUTRITION

Soupe aux tortellini et aux légumes

11/2   3/4   1/4

Portions du *Guide alimentaire canadien*

Je conserve une paquet de tortellini surgelés dans mon congélateur et une boîte de bouillon de poulet dans mon armoire pour un repas vite fait. Il suffira d'ajouter les légumes que j'aurai sous la main. J'ajoute parfois des germes de haricot, du céleri, des épinards, du pesto, des herbes fraîches, de l'aneth, du basilic, de l'ail, des crevettes, du jambon, du jus de citron ou de la sauce soja.

3	gousses d'ail émincées	3
5 ml	assaisonnement à l'italienne	1 c. à thé
1	paquet de 250 g (8 oz) de tortellini au fromage	1
1	boîte de 284 ml (10 oz) de bouillon de poulet* (non dilué)	1
250 ml	légumes assortis, maïs ou petits pois surgelés	1 tasse
3	oignons verts hachés, soit 125 ml (1/2 tasse)	3
250 ml	champignons tranchés	1 tasse
25 ml	persil frais haché	2 c. à table
50 ml	parmesan fraîchement râpé	1/4 tasse

APPORT NUTRITIONNEL PAR PORTION

calories	247
protéines	15 g
gras total	6 g
gras saturés	3 g
cholestérol	43 mg
glucides	33 g
fibres alimentaires	4 g
sodium	793 mg

AQR : Vit. A 23 %, E 3 %, C 10 %, acide folique 14 %, Ca 18 % (197 mg), fer 15 %, zinc 17 %.

~ ON PREND DE L'AVANCE ~

On peut préparer cette recette à l'avance jusqu'à la deuxième étape inclusivement. À couvert, la soupe se conserve 1 journée au réfrigérateur.

1 Dans une grande casserole, porter à ébullition à feu vif 1 l (4 tasses) d'eau avec l'ail et l'assaisonnement à l'italienne. Ajouter les tortellini et remuer afin de les empêcher de coller. Porter de nouveau à ébullition. Réduire le feu et poursuivre la cuisson à feu doux, à couvert, 5 minutes.

2 Ajouter le bouillon non dilué, les légumes surgelés, les oignons verts et les champignons. Laisser mijoter environ 5 minutes ou jusqu'à ce que les tortellini soient tendres et que les légumes soient bien chauds. Incorporer le persil et le poivre au goût.

3 Verser la soupe dans des bols et parsemer de parmesan.

Donne 4 portions d'environ 375 ml (1 1/2 tasse) chacune.

* Possibilité de substitution : Je préfère la saveur du bouillon en conserve à celle des bouillons reconstitués à partir de cubes ou de poudres. Cependant, au lieu de l'eau ou du bouillon en conserve, vous pouvez utiliser 1,25 l (5 tasses) de bouillon de poulet maison, ce qui est évidemment la meilleure des solutions. Vous pourriez avoir à ajouter davantage de bouillon que la recette ne l'exige en fonction de la quantité absorbée par les tortellini.

Bon mais fade   Ajouter un blanc ? curcuma ?

Soupe portugaise aux pois chiches et aux épinards

~ ON PREND DE L'AVANCE ~

À couvert, la soupe se garde 2 jours au réfrigérateur.

~ RÉDUIRE SA CONSOMMATION DE SEL ~

Pour réduire le sodium, remplacer les pois en conserve par des pois cuits, séchés ou surgelés. Faire son propre bouillon sans y ajouter de sel.

1   1

Portions du *Guide alimentaire canadien*

Les cuisiniers portugais savent créer de magnifiques soupes, épaisses, consistantes et savoureuses. Cette soupe populaire se fait à partir de pois chiches en conserve (garbanzos).

15 ml	huile d'olive ou huile végétale	1 c. à table
4	gousses d'ail hachées	4
2	oignons hachés	2
1	pomme de terre pelée et coupée en morceaux	1
1 l	bouillon de poulet ou de légumes	4 tasses
25 ml	de chacun : persil frais émincé et coriandre fraîche émincée	2 c. à table
5 ml	marjolaine séchée émiettée	1 c. à thé
1	boîte de 540 ml (19 oz) de pois chiches* égouttés et rincés	1
1/2	paquet de 284 g (10 oz) d'épinards frais parés et hachés	1/2

1   Chauffer l'huile dans une grande casserole à fond épais à feu mi-vif. Y cuire l'ail et les oignons en remuant de temps en temps jusqu'à ce qu'ils aient ramolli, environ 5 minutes.

2   Ajouter la pomme de terre : remuer pendant 1 minute. Ajouter le bouillon, le persil, la coriandre et la marjolaine ; couvrir et laisser mijoter jusqu'à ce que les pommes de terre soient très tendres, soit environ 15 minutes.

3   Ajouter les pois chiches. Dans un robot culinaire ou à l'aide d'un mélangeur à main, (verser alors la préparation dans un bol) mettre les pois chiches en une purée grossière puis remettre dans la casserole. Ajouter les épinards et laisser mijoter 5 minutes.

Donne 6 portions de 300 ml de (1 1/4 tasse).

*   Possibilités de substitution : Prendre 250 ml (1 tasse) de pois chiches séchés qui donneront 500 ml (2 tasse) une fois cuits. Laisser tremper les pois toute la nuit. Égoutter et faire bouillir dans de l'eau fraîche 10 minutes, puis poursuivre la cuisson à feu doux 1 heure ou 2, jusqu'à ce que les pois soient tendres. Égoutter.

Soupe au pistou

1/4   2   3/4

Portions du *Guide alimentaire canadien*

Le pistou est la version provençale du pesto. En France, cette soupe se mange en général à la fin de l'été, quand les jardins regorgent de basilic et de légumes. Elle contient habituellement des haricots frais tels que des haricots blancs, des haricots de Lima ou des flageolets.

15 ml	huile d'olive	1 c. à table
2	oignons ou poireaux, hachés	2
2 ml	de chacun : thym séché et poivre	1/2 c. à thé
2	de chacun : carottes et branches de céleri, hachées	2
750 ml	de chacun : bouillon de légumes ou de poulet et eau	3 tasses
500 ml	tomates fraîches hachées ou 1 boîte de 540 ml (19 oz)	2 tasses
125 ml	petites pâtes alimentaires (comme des macaroni ou des coquillettes)	1/2 tasse
540 ml	haricots cannellini ou blancs, égouttés et rincés	19 oz
250 ml	feuilles de basilic frais haché	1 tasse
6	grosses gousses d'ail émincées	6
125 ml	parmesan ou gruyère fraîchement râpé	1/2 tasse

APPORT NUTRITIONNEL PAR PORTION

calories	242
protéines	15 g
gras total	6 g
gras saturés	2 g
cholestérol	7 mg
glucides	33 g
fibres alimentaires	7 g
sodium	868 mg

AQR : Vit. A 69 %, E 8 %, C 22 %, acide folique 29 %, Ca 18 % (195 mg), fer 17 %, zinc 15 %.

~ ON PREND DE L'AVANCE ~
À couvert, la soupe se conserve 3 jours au réfrigérateur.

~ CONSEIL CULINAIRE ~
Ne pas prendre de haricots blancs en conserve, car ils sont trop mous et seraient réduits en bouillie à la cuisson.

1 Chauffer l'huile à feu moyen dans une grande casserole. Y cuire les oignons en remuant souvent pendant 5 minutes. Ajouter le thym, le poivre, les carottes et le céleri ; réduire le feu, couvrir et laisser mijoter 5 minutes en remuant de temps à autre.

2 Incorporer le bouillon, l'eau, les tomates, les pâtes et les haricots ; laisser mijoter à découvert 15 minutes ou jusqu'à ce que les pâtes soient tendres.

3 Ajouter le basilic frais, l'ail et le sel au goût. Laisser mijoter 3 minutes. Servir dans des bols et garnir de fromage.

Donne 6 portions d'environ 375 ml (1 1/2 tasse).

Menu hivernal

Crudités avec Trempette crémeuse au crabe (page 19)
Soupe au pistou (ci-dessus)
Pain aux figues et au fromage cottage (page 278) ou Focaccia (page 280)
Croustillant aux pommes et aux petits fruits (page 306)

Soupe hivernale aux légumes

~ ON PREND DE L'AVANCE ~

On peut préparer cette recette à l'avance jusqu'à la troisième étape inclusivement. À couvert, la soupe se garde 1 journée au réfrigérateur.

~ RÉDUIRE SA CONSOMMATION DE SEL ~

Pour réduire de moitié la quantité de sodium, prendre du bouillon maison préparé sans sel.

~ DAVANTAGE DE FIBRES ~

Pour augmenter la quantité de fibres, ajouter des petits pois aux soupes, aux plats sautés et au riz. Mettre des pois chiches dans les salades. Utiliser une boîte de haricots rouges de plus dans un chili.

3

Portion du *Guide alimentaire canadien*

Cette soupe permet que l'on improvise. Servez-vous de la recette comme base et ajoutez-y les légumes que vous aurez sous la main - épinards, brocoli, chou-fleur - ou enrichissez-la d'un peu de riz, de lentilles ou de haricots cuits.

10 ml	huile végétale	2 c. à thé
125 ml	oignon haché	1/2 tasse
500 ml	pommes de terre coupées en dés	2 tasses
125 ml	de chacun : carottes et céleri hachés	1/2 tasse
500 ml	bouillon de légumes ou de poulet	2 tasses
250 ml	chou haché	1 tasse
5 ml	basilic séché ou 25 ml (2 c. à table) de basilic frais haché	1 c. à thé
1	feuille de laurier	1
1	boîte de 540 ml (19 oz) de tomates	1
125 ml	petits pois surgelés ou pois mange-tout coupés	1/2 tasse
50 ml	persil frais haché	1/4 tasse
75 ml	parmesan fraîchement râpé	1/3 tasse

1 Chauffer l'huile à feu moyen dans une casserole. Y cuire l'oignon 2 minutes. Ajouter les pommes de terre, les carottes et le céleri ; cuire en remuant 3 minutes ou jusqu'à ce que les oignons aient ramolli.

2 Ajouter le bouillon, le chou, le basilic et la feuille de laurier, puis porter à ébullition. Réduire le feu, couvrir et laisser mijoter 15 à 20 minutes ou jusqu'à ce que les légumes soient tendres.

3 Incorporer les tomates, les pois et le persil. Cuire jusqu'à ce que les pois soient tendres. Saler et poivrer au goût. Jeter la feuille de laurier.

4 Servir dans des bols et saupoudrer de parmesan.

Donne 4 portions de 375 ml (1 1/2 tasse).

Manger moins gras
pour une saine alimentation

Les Canadiens ont en général une alimentation trop riche en matières grasses. En moyenne, les Canadiens tirent 36 % de leurs calories des matières grasses, alors que selon les recommandations, ce pourcentage ne devrait être que de 30 % ou moins. En outre, chez les personnes dont le taux de cholestérol sanguin ou de triglycérides est trop élevé, l'apport de matières grasses devrait être encore plus faible *(voir page 188)*.

Conseils nutritionnels pour manger moins gras

S'il est vrai que certaines personnes doivent repenser leur alimentation de fond en comble afin de réduire leur consommation de gras, la plupart des gens peuvent se contenter d'y apporter quelques petits changements :

♦ Consacrez davantage de temps à faire vos courses, à la planification des repas et à l'essai de nouvelles recettes. Bientôt vous saurez acheter les aliments moins riches en matières grasses et préparer des repas moins gras aussi rapidement que vous le faites maintenant.

♦ Accordez beaucoup d'attention à la préparation des aliments, car c'est souvent là qu'on ajoute beaucoup de gras. Les recettes et conseils donnés dans ce livre vous aideront à préparer des plats délicieux mais moins gras grâce à des trucs permettant d'éviter le gras. Par exemple, pour abaisser la teneur en gras des préparations rapides pour pain et pour muffins, pourquoi ne pas remplacer une partie du gras par de la compote de pommes ou du yogourt maigre ?

♦ Comparez l'information nutritionnelle des produits emballés et choisissez ceux dont la teneur en matières grasses est la plus faible *(voir la page suivante)*.

♦ Réduisez le nombre de portions de produits contenant des gras saturés et des gras trans (gras partiellement hydrogénés). Voir en annexe la définition des termes. Pour ce faire, achetez les coupes de viande les plus maigres. Mangez des portions de viande plus petites. Optez pour des produits laitiers à faible teneur en matières grasses. Évitez les aliments contenant de l'huile partiellement hydrogénée ou frits dans le shortening comme les biscuits, les craquelins, les pâtisseries, les plats de restauration rapide et les grignotines.

♦ Efforcez-vous de suivre un régime faible en matières grasses, mais ne paniquez pas si vous mangez à l'occasion un aliment ou un repas riche en gras. Sachez apprécier cette brève incartade mais revenez vite en piste.

À partir de quelle quantité parle-t-on d'abus ?

À quoi correspond ce chiffre de 30 % des calories qu'on doit tirer quotidiennement des matières grasses ? Pour un adulte sain, cela signifie :

♦ 90 grammes ou moins de gras pour la plupart des hommes

♦ 65 grammes ou moins de gras pour la plupart des femmes

En moyenne, la plupart des hommes devraient réduire leur consommation de matières grasses d'environ 20 grammes par jour et les femmes de 15 grammes.

Comparons ces deux marques de lasagne sauce à la viande, le produit 1 étant de toute évidence le meilleur choix.

INFORMATION NUTRITIONNELLE
Par portion de 298 g

Produit 1		Produit 2	
Énergie	272 cal/ 1140 kj	Énergie	353 cal/ 1470 kj
Protéines	19 g	Protéines	27 g
Gras total	4,1 g	Gras total	12 g
Glucides	40 g	Glucides	34 g

Tous les gras ne sont pas égaux

Réduire la consommation de matières grasses ne signifie pas ne pas manger de gras du tout. Non seulement un régime alimentaire exempt de toute matière grasse serait-il pratiquement impossible, mais il serait en plus malsain, car certains acides gras sont essentiels à la vie. Cependant, tous les gras ne sont pas égaux. En général, on conseille de choisir des aliments contenant principalement des gras monoinsaturés ou polyinsaturés (huiles végétales, margarines molles, céréales entières, poisson, noix et graines oléagineuses) de préférence aux aliments riches en gras saturés ou trans (beurre, viande, produits laitiers entiers, pâtisseries faites à partir de shortening ou d'huiles végétales hydrogénées ou partiellement hydrogénées). On trouvera en annexe la description détaillée des principaux types de gras contenus dans les aliments et les effets possibles de ces gras sur la santé.

Les enfants et les régimes faibles en matières grasses

Dès les premières années de la vie, on devrait adopter de bonnes habitudes alimentaires. Cependant les besoins de l'enfant diffèrent de ceux de l'adulte, notamment au chapitre des matières grasses. Un comité mis sur pied par la Société canadienne de pédiatrie et Santé Canada a établi que les enfants ne devraient pas être soumis à un régime hypolipidique pensé pour un adulte. Pour croître et se développer, les enfants ont besoin des calories et des éléments nutritifs fournis par les aliments riches en matières grasses.

L'enfance constitue la période entre l'état de nourrisson, alors que 50 % des calories devraient provenir des gras, et l'âge adulte, où 30 % ou moins de nos calories devraient être apportées par les matières grasses. Pendant leur croissance, les enfants peuvent apprendre à manger et à apprécier des aliments et des repas faibles en matières grasses, mais les aliments plus gras, comme le fromage, le beurre d'arachide, les noix, les graines oléagineuses et la crème glacée peuvent être intégrés à leur régime alimentaire. Une fois la croissance presque terminée, soit vers l'âge de 14 ou 15 ans pour les filles et de 17 ou 18 ans pour les garçons, on aura tout intérêt à remplacer les aliments riches en matières grasses par des nourritures plus maigres.

Pourquoi parle-t-on tellement du cholestérol ?

Le cholestérol est un composé apparenté aux matières grasses ; il est fabriqué par l'organisme et on le trouve aussi dans les aliments. Contrairement à la croyance populaire, le cholestérol contenu dans les aliments, dans les œufs par exemple, n'est pas un facteur important dans la hausse du taux de cholestérol. L'organisme compense l'apport de cholestérol alimentaire en réduisant l'absorption du cholestérol et sa propre production. Pour cette raison, les personnes ayant un taux de cholestérol normal n'ont pas à se faire du souci inutilement quand elles mangent des aliments renfermant des quantités modérées de cholestérol. L'essentiel est plutôt de réduire la consommation de matières grasses. En adoptant cette attitude, la consommation de cholestérol chutera par le fait même, car le cholestérol se trouve naturellement associé aux aliments riches en gras saturés.

Soupe aux patates douces et au gingembre

~ CONSEIL NUTRITIONNEL ~

Les patates douces sont très riches en bêta-carotène et sont une bonne source de vitamine C, deux antioxydants. Elles sont aussi riches en fibres alimentaires.

~ CONSEIL CULINAIRE ~

Faire rôtir les amandes dans une poêle à feu mi-vif 3 à 5 minutes ou jusqu'à ce qu'elles soient dorées.

3/4

Portion du *Guide alimentaire canadien*

Le gingembre, le jus de lime et le lait de coco complètent la saveur suave des patates douces. Si la soupe est trop épaisse, on peut la diluer avec un peu de bouillon de poulet.

1,5 l	patates douces pelées et coupées en cubes (environ 3 grosses)	6 tasses
875 ml	bouillon de poulet	3 1/2 tasses
15 ml	gingembre haché	1 c. à table
125 ml	lait de coco non sucré	1/2 tasse
50 ml	jus de lime fraîchement pressé	3 c. à table
2 ml	sel	1/2 c. à thé
1 ml	poivre	1/4 c. à thé
50 ml	amandes effilées rôties	1/4 tasse
50 ml	coriandre fraîche hachée	1/4 tasse

1 Dans une casserole, mélanger les patates douces, le bouillon et le gingembre ; porter à ébullition. Réduire le feu, couvrir et laisser mijoter environ 10 minutes ou jusqu'à ce que les patates soient tendres.

2 Mettre les ingrédients dans le robot culinaire et réduire en une purée homogène.

3 Remettre la purée dans la casserole. Incorporer au fouet le lait de coco, le jus de lime, le sel et le poivre. Réchauffer à feu doux.

4 Servir la soupe dans des bols, garnie d'amandes et de coriandre.

Donne 8 portions d'environ 175 ml (3/4 tasse).

Soupe de carottes et de gingembre au cari

1   1/4

Portions du *Guide alimentaire canadien*

Les carottes donnent à cette soupe de la consistance et sa riche saveur. Vous pouvez remplacer une partie du lait par du yogourt et du lait de coco. Pour enrichir la soupe de calcium, remplacer une partie du bouillon par du lait.

10 ml	huile végétale	2 c. à thé
2	gousses d'ail émincées	2
1	oignon haché	1
25 ml	gingembre émincé	2 c. à table
5 ml	coriandre moulue	1 c. à thé
2 ml	cumin moulu	1/2 c. à thé
1 ml	de chacun : poudre de cari, sel et poivre	1/4 c. à thé
1 l	carottes pelées coupées en tranches épaisses, soit environ 750 g (1 1/2 lb)	4 tasses
750 ml	bouillon de légumes ou de poulet	3 tasses
500 ml	lait à 2 % (ou un tiers de lait, de yogourt nature à 2 % et de lait de coco)	2 tasses
50 ml	coriandre fraîche hachée ou persil frais haché	1/4 tasse

APPORT NUTRITIONNEL PAR PORTION

calories	108
protéines	4 g
gras total	4 g
gras saturés	1 g
cholestérol	6 mg
glucides	15 g
fibres alimentaires	2 g
sodium	504 mg

AQR : Vit. A 188 %, D 17 %, E 7 %, C 7 %, acide folique 7 %, Ca 12 % (133 mg), fer 5 %, zinc 7 %.

~ ON PREND DE L'AVANCE ~

On peut préparer cette recette à l'avance jusqu'à la troisième étape inclusivement. Dans un contenant fermé, la soupe se conservera 3 jours au réfrigérateur et 1 mois au congélateur.

~ CONSEIL CULINAIRE ~

Les crèmes de légumes et les potages sont beaucoup plus onctueux quand on les prépare au mélangeur plutôt qu'au robot culinaire.

1 Chauffer l'huile à feu moyen dans une grande casserole. Y cuire l'ail, l'oignon, le gingembre, la coriandre, le cumin, la poudre de cari, le sel et le poivre, en remuant de temps à autre, pendant 5 minutes ou jusqu'à ce que l'oignon ait ramolli.

2 Incorporer les carottes, verser le bouillon et porter à ébullition. Réduire le feu et laisser mijoter à couvert 30 minutes ou jusqu'à ce que les carottes soient très tendres.

3 Réduire le mélange en purée, par petites quantités, à l'aide du mélangeur ou du robot culinaire. Remettre dans la casserole, incorporer au fouet le lait (le yogourt et le lait de coco si désiré). Réchauffer. Saler et poivrer au goût.

4 Servir la soupe dans des bols, garnie de coriandre.

Donne 6 portions d'environ 250 ml (1 tasse).

Soupe orientale aux nouilles, aux carottes et aux champignons

~ **ON PREND DE L'AVANCE** ~

Dans un contenant fermé, la soupe se conserve 1 journée au réfrigérateur.

1/4   3/4   1/4

Portions du *Guide alimentaire canadien*

Légère et rafraîchissante, et pourtant consistante grâce aux nouilles et au poulet, cette soupe peut être servie comme plat principal ou en guise d'entrée.
Voir photo page 84.

5 ml	huile végétale	1 c. à thé
2	gousses d'ail émincées	2
15 ml	gingembre haché	1 c. à table
3	oignons verts hachés	3
0,5 ml	flocons de poivron rouge	1/8 c. à thé
250 ml	champignons tranchés finement	1 tasse
175 ml	carottes tranchées finement	3/4 tasse
500 ml	de chacun : bouillon de poulet et eau	2 tasses
15 ml	jus de lime ou de citron	1 c. à table
10 ml	de chacune : sauce de poisson, sauce soja hyposodique et huile de sésame	2 c. à thé
60 g	pâtes aux œufs fines, soit environ 175 ml (3/4 tasse)	2 oz
175 g	poitrine de poulet désossée sans la peau (environ 1) coupée en fines lanières	6 oz
175 ml	pois mange-tout coupés en deux	3/4 tasse
50 ml	coriandre fraîche hachée	3 c. à table

1 Chauffer l'huile à feu moyen dans une casserole. Y cuire l'ail, le gingembre, les oignons et les flocons de piment rouge, en remuant, 2 minutes.

2 Ajouter les champignons et les carottes. Cuire en remuant environ 5 minutes ou jusqu'à ce que le liquide se soit évaporé.

3 Verser le bouillon, l'eau, le jus de lime, la sauce de poisson, la sauce soja et l'huile de sésame, puis porter à ébullition. Réduire le feu et laisser mijoter à découvert 10 minutes.

4 Incorporer les pâtes et le poulet. Porter à ébullition. Réduire le feu et laisser mijoter 5 minutes.

Donne 5 portions d'environ 250 ml (1 tasse).

Soupe piquante au poulet et aux nouilles à la thaïlandaise

1/4   1/2   1/2

Portions du *Guide alimentaire canadien*

Revigorez vos vieux plats favoris en ajoutant des assaisonnements thaïlandais. Vous apprécierez la fraîcheur du jus et du zeste de la lime. Prenez des vermicelles de riz droits qu'on trouve dans bien des supermarchés. Pour les mesurer, brisez-les d'abord en morceaux de 8 cm (3 po). Si vous préférez une soupe encore plus épicée, ajoutez davantage de pâte de piments avant de servir.

5 ml	huile végétale	1 c. à thé
3	gousses d'ail émincées	3
15 ml	cumin moulu	1 c. à table
2 ml	curcuma	1/2 c. à thé
250 g	poitrine de poulet désossée et sans la peau, tranchée finement	8 oz
1,25 l	bouillon de poulet	5 tasses
10 ml	de chacun : gingembre et sucre granulé	2 c. à thé
5 ml	pâte de piments	1 c. à thé
2 ml	zeste de lime râpé	1/2 c. à thé
25 ml	jus de lime fraîchement pressé	2 c. à table
500 ml	vermicelles de riz brisés, soit 100 g (3 1/2 oz)	2 tasses
250 ml	de chacun : germes de haricots et laitue romaine hachée grossièrement	1 tasse
25 ml	coriandre fraîche hachée	2 c. à table

1   Chauffer l'huile à feu moyen dans une casserole. Y cuire l'ail, le cumin et le curcuma en remuant constamment pendant 1 minute.

2   Ajouter le poulet, le bouillon de poulet, le gingembre, le sucre, la pâte de piments, le zeste et le jus de lime, puis porter à ébullition. Réduire le feu et laisser mijoter 5 minutes.

3   Ajouter les vermicelles de riz et laisser mijoter 3 minutes. Ajouter les germes de haricots et la laitue, puis laisser cuire 1 minute. Servir la soupe garnie de coriandre dans des bols.

Donne 6 portions d'environ 300 ml (1 1/4 tasse).

Soupe chinoise aux crevettes et aux pétoncles

~ ON PREND DE L'AVANCE ~

On peut préparer cette recette à l'avance jusqu'à la deuxième étape inclusivement. Dans un contenant fermé, la soupe se conservera 1 journée au réfrigérateur.

~ CONSEILS CULINAIRES ~

Pour obtenir une soupe plus consistante, ajouter au bouillon 125 ml (1/2 tasse) de pousses de bambou ou de céleri coupé en tranches épaisses.
Pour préparer une soupe plus épicée, ajouter davantage de sauce piquante au piment, au goût. Garnir de coriandre fraîche hachée.

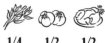

1/4	1/2	1/2

Portions du *Guide alimentaire canadien*

Cette soupe-repas offre des possibilités illimitées. Des portions petites en font une magnifique entrée. Dans la mesure du possible, prenez des crevettes crues: elles sont tellement plus savoureuses.

30 g	champignons chinois ou shiitake, soit environ 250 ml (1 tasse)	1 oz
125 g	vermicelles de riz ou nouilles fines aux œufs, brisées, soit environ 425 ml (1 3/4 tasse)	4 oz
15 ml	huile de sésame	1 c. à table
3	oignons verts (avec les têtes) hachés	3
2	grosses gousses d'ail émincées	2
15 ml	gingembre râpé	1 c. à table
875 ml	de chacun : bouillon de poulet et eau	3 1/2 tasses
50 ml	vinaigre de vin de riz	1/4 tasse
15 ml	sauce soja	1 c. à table
5 ml	sucre	1 c. à thé
1 ml	sauce piquante au piment ou pâte de piments	1/4 c. à thé
1 l	pak-choi haché grossièrement (feuilles et tiges)	4 tasses
250 g	grosses crevettes décortiquées et déveinées	8 oz
250 g	pétoncles géants coupés selon l'horizontale	8 oz

1 Couvrir les champignons d'eau très chaude dans un petit bol et laisser reposer 20 minutes. Égoutter. Jeter les tiges dures et hacher finement les têtes. Réserver. Entre-temps, si on utilise des vermicelles de riz, les couvrir d'eau très chaude et les laisser tremper 20 minutes. Égoutter et réserver.

Chauffer à feu moyen 5 ml (1 c. à thé) d'huile dans une grande casserole. Cuire les oignons, l'ail et le gingembre en remuant pendant 2 minutes. Ajouter les champignons. Verser le bouillon, l'eau, le vinaigre, la sauce soja, le reste de l'huile (10 ml ou 2 c. à thé), le sucre et la sauce piquante au piment. Porter à ébullition. Poursuivre la cuisson à feu doux et à découvert 15 minutes.

Incorporer les nouilles aux œufs si on en utilise. Cuire à découvert 4 à 5 minutes. Incorporer le pak-choi, les crevettes et les pétoncles ; laisser mijoter 2 minutes ou jusqu'à ce que les crevettes deviennent rosées et que le pak-choi se soit affaissé. Incorporer les vermicelles si on en utilise.

Donne 8 portions d'environ 250 ml (1 tasse).

Soupe au lait de coco, au gingembre et au poulet à la thaïlandaise (Gai Tom Ka)

1/4   1/4

Portions du *Guide alimentaire canadien*

Cette soupe unique et savoureuse a le don de plaire à tous. Après le pad thaï, c'est le plat le plus populaire dans les restaurants thaïlandais. Pour cette version canadienne, j'ai utilisé du zeste de lime râpé au lieu des feuilles de lime kaffir, du zeste de citron râpé à la place de la citronnelle et du gingembre frais au lieu du galanga. Toutefois, je ne recommanderais pas de remplacer la sauce de poisson par de la sauce soja. Cette version est passablement piquante. Pour obtenir une soupe moins épicée, mettez moins de flocons de piment rouge.

APPORT NUTRITIONNEL PAR PORTION	
calories	119
protéines	9 g
gras total	6 g
gras saturés	5 g
cholestérol	17 mg
glucides	8 g
sodium	627 mg

AQR : Vit. A 8 %, E 1 %, C 42 %, acide folique 4 %, Ca 1 % (12 mg), fer 3 %, zinc 4 %.

400 ml	lait de coco allégé non sucré (1 boîte de 398 ml)	1 2/3 tasse
250 ml	bouillon de poulet	1 tasse
	zeste d'une lime de taille moyenne	
	zeste d'un demi-citron de taille moyenne	
25 ml	gingembre haché	2 c. à table
1 ml	flocons de piment rouge	1/4 c. à thé
125 g	poitrines de poulet désossées sans la peau, tranchées finement en morceaux de 2,5 cm (1 po)	4 oz
250 ml	champignons de la paille de riz ou 4 champignons tranchés (facultatif)	1 tasse
1/4	poivron rouge coupé en fines lanières	1/4
25 ml	sauce de poisson	2 c. à table
25 ml	coriandre fraîche hachée	2 c. à table

1 Dans une casserole, chauffer à feu moyen le lait de coco, le bouillon, les zestes de lime et de citron, le gingembre et les flocons de piment rouge jusqu'à ce que le tout soit chaud mais non bouillant.

2 Ajouter le poulet, les champignons (si on en utilise) et le poivron rouge. Cuire en remuant souvent jusqu'à ce que le poulet ait perdu sa couleur rosée à l'intérieur, soit environ 5 minutes. Incorporer la sauce de poisson et la coriandre.

Donne 4 portions d'environ 175 ml (3/4 tasse).

Bisque de cèpes

APPORT NUTRITIONNEL PAR PORTION

calories	85
protéines	5 g
gras total	3 g
gras saturés	1 g
cholestérol	6 mg
glucides	11 g
fibres alimentaires	2 g
sodium	258 mg

AQR : Vit. A 5 %, D 17 %, E 2 %, C 10 %, acide folique 9 %, Ca 10 % (110 mg), fer 9 %, zinc 11 %.

~ ON PREND DE L'AVANCE ~

On peut préparer cette recette à l'avance jusqu'à la troisième étape inclusivement. Dans un contenant fermé, la soupe se garde 2 jours au réfrigérateur.

~ ÊTES-VOUS INTOLÉRANT AU LACTOSE ? ~

Suivez la recette de Bisque de cèpes mais remplacez le lait par du bouillon.

1   1/4

Portions du *Guide alimentaire canadien*

J'adore la saveur riche et boisée des cèpes et j'en double parfois la quantité dans cette recette. Cette entrée très élégante peut prendre la forme d'un bouillon clair, d'un velouté, d'une purée ou d'une soupe contenant de gros morceaux de champignons.

175 ml	cèpes (paquets de 10 g ou de 0,3 oz)	3/4 tasse
125 ml	eau bouillante	1/2 tasse
5 ml	huile d'olive	1 c. à thé
1	petit oignon haché finement	1
pincée	thym séché	pincée
500 g	champignons frais hachés grossièrement, soit environ 1,25 l (5 tasses)	1 lb
25 ml	farine tout usage	2 c. à table
500 ml	bouillon de légumes ou de poulet	2 tasses
500 ml	lait à 2 %	2 tasses
50 ml	persil frais haché ou oignons verts hachés (avec les têtes)	1/4 tasse

1 Rincer les cèpes à l'eau froide pour enlever la terre. Les mettre dans un petit bol et verser l'eau bouillante. Laisser reposer 30 minutes. Égoutter en réservant le liquide de trempage. Hacher les champignons et réserver.

2 Chauffer l'huile à feu moyen dans une casserole à fond épais ou antiadhésive. Y cuire l'oignon et le thym 3 minutes. Ajouter les champignons frais et les cèpes ; cuire en remuant souvent pendant 5 minutes. Saupoudrer de farine et mélanger. Cuire en remuant pendant 1 minute. Verser le bouillon et le liquide de trempage réservé, puis porter à ébullition. Réduire le feu, couvrir et laisser mijoter 20 minutes.

3 Réduire en purée la moitié du mélange au robot culinaire ou au mélangeur. Remettre la purée dans la casserole et incorporer au reste de la soupe. Verser le lait et chauffer à feu moyen en remuant jusqu'à ce que la soupe soit chaude.

4 Saler et poivrer au goût. Servir la soupe garnie de persil.

Donne 6 portions de 175 ml (3/4 tasse).

Soupe aux champignons

Suivre la recette de Bisque de cèpes mais omettre ces derniers et le liquide de trempage. Cuire le bouillon avec une feuille de laurier et l'enlever avant de réduire la soupe en purée.

L'alimentation des aînés

En vieillissant, nous avons plus de difficultés à satisfaire nos besoins alimentaires, et manger sainement devient donc encore plus important. En plus de subir une perte progressive de la fonction gastro-intestinale, de la masse musculaire et des mécanismes de défense immunitaire, la plupart de personnes vieillissantes sont aux prises avec d'autres stress et maladies invalidantes telles que l'arthrite, l'hypertension, l'hypercholestérolémie (taux de cholestérol sanguin trop élevé) ou le diabète. De plus, les médicaments pris en plus grande quantité, comme les diurétiques, les laxatifs, les médicaments contre les maladies cardiaques ou le cancer, risquent d'entraîner des pertes d'éléments nutritifs ou de supprimer l'appétit.

Conseils nutritionnels sur l'alimentation des aînés

♦ Suivez les principes de base d'une saine alimentation (page 3). Continuez d'éviter les matières grasses. Augmentez votre consommation de glucides lents (sucres complexes) et de fibres alimentaires en mangeant davantage de légumes, de fruits, de grains entiers et de légumineuses (haricots, pois et lentilles).

♦ Choisissez des aliments nutritifs. À mesure que ralentit votre métabolisme, vos besoins en calories chutent mais vos besoins en éléments nutritifs essentiels demeurent constants. Il se peut même que vous ayez besoin de plus d'éléments nutritifs, si votre tube digestif n'absorbe plus les nutriments aussi bien qu'avant.

♦ Les légumes, les fruits et les légumineuses (haricots, pois et lentilles) ainsi que les grains entiers acquièrent une importance encore plus grande, non seulement en raison des glucides lents et des fibres alimentaires qu'ils contiennent mais aussi comme source de vitamines antioxydantes et de minéraux. Les antioxydants contribuent à prévenir les maladies cardiaques et le cancer et à maintenir le système immunitaire en état.

♦ Consommez suffisamment de calcium et de vitamine D, notamment si vous ne vous exposez pas beaucoup au soleil *(voir les pages 103 à 105)*.

♦ Assurez-vous de boire suffisamment de liquide. Le déclin de la fonction rénale et une réaction inadéquate à la sensation de soif vous exposent au risque de déshydratation. La déshydratation entraîne à son tour de la confusion mentale.

♦ Finalement si, pour une raison ou pour une autre, votre consommation de nourriture est faible ou restreinte, envisagez la possibilité de prendre des multivitamines. Les préparations de multivitamines ne peuvent corriger un régime alimentaire déficient, mais elles peuvent contribuer à combler vos besoins en certains éléments nutritifs tels que le calcium et la vitamine D.

Soupes aux lentilles, à l'orge et aux patates douces

APPORT NUTRITIONNEL PAR PORTION

calories	161
protéines	9 g
gras total	3 g
gras saturés	0 g
cholestérol	0 mg
glucides	26 g
fibres alimentaires	4 g
sodium	611 mg

AQR : Vit. A 103 %, E 8 %, C 18 %, acide folique 38 %, Ca 4 % (43 mg), fer 18 %, zinc 12 %.

~ ON PREND DE L'AVANCE ~

On peut préparer cette recette à l'avance jusqu'à la quatrième étape inclusivement. Dans un contenant fermé, la soupe se conserve 2 jours au réfrigérateur ou 1 mois au congélateur. Après 4 heures, la soupe épaissira (car l'orge absorbera le liquide); ajouter 500 ml (2 tasses) de bouillon et réchauffer.

~ LES LENTILLES ~

Les lentilles sont une excellente source de fibres alimentaires, d'acide folique (une vitamine du groupe B) et de protéines végétales. Contrairement à la plupart des légumineuses séchées, elles ne nécessitent pas de trempage, elles sont donc plus pratiques et parfaites dans les soupes et les ragoûts.
Si l'on prend des lentilles en conserve, ajouter une boîte de 540 ml (19 oz) de lentilles égouttées et rincées 10 minutes avant la fin de la cuisson.

1/4   **1**   **1/4**

Portions du *Guide alimentaire canadien*

Je garde toujours quelques portions de cette soupe hivernale épaisse, réconfortante et pourtant légère, en prévision des jours où je n'ai pas le temps de cuisiner. Cette soupe doit son goût particulier à l'aneth et au persil frais. Si on ne dispose pas de ces herbes fraîches, il est préférable de les omettre carrément. Si la soupe semble trop consistante une fois la patate douce cuite, on peut ajouter du bouillon.

125 ml	lentilles vertes séchées	1/2 tasse
10 ml	huile végétale	2 c. à thé
2	gousses d'ail émincées	2
2	carottes hachées grossièrement, soit environ 250 ml (1 tasse)	2
2	branches de céleri hachées	2
1	oignon de taille moyenne haché	1
7 ml	thym séché	1 1/2 c. à thé
75 ml	orge perlé ou mondé	1/3 tasse
1,5 l	bouillon de poulet ou de légumes	6 tasses
2	feuilles de laurier	2
1	patate douce de 375 g (12 oz) pelée et coupée en dés, soit 500 ml (2 tasses)	1
50 ml	de chacun : aneth et persil frais, hachés	1/4 tasse

1 Rincer les lentilles et jeter celles qui paraissent flétries ou ratatinées. Réserver.

2 Chauffer l'huile dans une grande casserole à feu moyen. Y cuire l'ail, les carottes, le céleri, l'oignon et le thym, en remuant fréquemment pendant environ 5 minutes ou jusqu'à ce que les légumes soient tendres.

3 Incorporer les lentilles et l'orge, puis verser le bouillon. Ajouter les feuilles de laurier et porter à ébullition. Réduire le feu et laisser mijoter à couvert 50 minutes.

4 Incorporer la patate douce. Couvrir et laisser mijoter 20 minutes ou jusqu'à ce que l'orge et la patate soient tendres. Jeter les feuilles de laurier.

5 Incorporer l'aneth et le persil. Saler et poivrer au goût.

Donne 8 portions d'environ 250 ml (1 tasse).

Soupe aux lentilles, à l'orge, aux patates douces et au fenouil

Remplacer les carottes et le persil par 750 ml (3 tasses) de fenouil frais haché. Délicieux !

Mulligatawny

1 3/4

Portions du *Guide alimentaire canadien*

Le mariage d'ingrédients d'inspiration britannique et d'épices indiennes fait la popularité de cette soupe en Inde. Si vous disposez d'un reste de poulet ou de dinde, servez une version canadienne simplifiée du mulligatawny.

10 ml	huile végétale	2 c. à thé
4	gousses d'ail émincées	4
20 ml	gingembre frais haché ou 10 ml (2 c. à thé) de gingembre moulu	4 c. à thé
5 à 10 ml	poudre ou pâte de cari	1 à 2 c. à thé
2 ml	cannelle	1/2 c. à thé
1	pomme de terre pelée et hachée	1
1	pomme pelée et hachée	1
750 ml	bouillon de dinde ou de poulet	3 tasses
500 ml	macédoine de légumes frais ou surgelés	2 tasses
500 ml	poulet ou dinde cuit, en dés	2 tasses
2 ml	sel	1/2 c. à thé
25 ml	coriandre fraîche hachée ou persil frais haché	2 c. à table

APPORT NUTRITIONNEL PAR PORTION

calories	192
protéines	18 g
gras total	6 g
gras saturés	1 g
cholestérol	42 mg
glucides	17 g
fibres alimentaires	3 g
sodium	642 mg

AQR : Vit. A 25 %, E 7 %, C 8 %, acide folique 8 %, Ca 3 % (37 mg), fer 11 %, zinc 17 %.

~ ON PREND DE L'AVANCE ~

On peut préparer cette recette à l'avance jusqu'à la troisième étape inclusivement. Dans un contenant fermé, la soupe se garde 1 journée au réfrigérateur.

1 Chauffer l'huile à feu moyen dans une grande casserole antiadhésive. Y cuire l'ail, le gingembre, la poudre de cari et la cannelle en remuant pendant 1 minute.

2 Ajouter la pomme de terre, la pomme, le bouillon et la macédoine de légumes. Couvrir et laisser mijoter 20 minutes ou jusqu'à ce que les légumes soient tendres.

3 Réduire le mélange en une purée homogène, au robot culinaire ou au mélangeur. Remettre dans la casserole. Ajouter le poulet et le sel, puis bien réchauffer.

4 Servir la soupe garnie de coriandre dans des bols.

Donne 6 portions d'environ 250 ml (1 tasse).

Soupe minute aux haricots noirs, au maïs et aux tomates

~ ON PREND DE L'AVANCE ~

Dans un contenant fermé, la soupe se conserve 3 jours au réfrigérateur.

~ CONSEIL NUTRITIONNEL ~

Les haricots noirs sont très riches en acide folique (vitamine du groupe B), en fibres alimentaires et en fer. Ils contiennent également du calcium.

2   1/2

Portions du *Guide alimentaire canadien*

J'ai mis au point cette recette pour faciliter la tâche à mes enfants, étudiants à l'université, qui doivent se faire à manger. C'est une soupe maison faite à partir de conserves, qui donne un repas nutritif, vite préparé. On peut remplacer les haricots noirs par des haricots rouges.

10 ml	huile d'olive	2 c. à thé
2	oignons hachés	2
20 ml	poudre de chili	4 c. à thé
1	boîte de 796 ml (28 oz) de tomates étuvées	1
425 ml	bouillon de légumes ou de poulet	1 3/4 tasse
1	boîte de 540 ml (19 oz) de haricots noirs égouttés et rincés	1
375 ml	maïs en grains	1 1/2 tasse
25 ml	coriandre fraîche hachée grossièrement et bien tassée	2 c. à table

1 Chauffer l'huile à feu moyen dans une grande casserole à fond épais. Y cuire les oignons et la poudre de chili en remuant fréquemment pendant 5 à 8 minutes ou jusqu'à ce que l'oignon soit tendre.

2 Hacher grossièrement les tomates et les ajouter aux oignons avec le bouillon, les haricots noirs et le maïs. Laisser mijoter en remuant souvent pendant 5 à 10 minutes ou jusqu'à ce que la soupe ait épaissi légèrement. Incorporer la coriandre.

Donne 6 portions d'environ 325 ml (1 1/3 tasse).

Menu pour étudiant
Sandwich de pain de blé entier au fromage grillé
(ou fromage avec craquelins)
Soupe minute aux haricots noirs, au maïs et aux tomates (ci-haut)
Carottes crues
Orange

Soupe aux oignons et aux pommes de terre

1

Portion du *Guide alimentaire canadien*

J'ai improvisé cette soupe un soir où ma dépense ne contenait plus rien sauf un gros oignon espagnol, quelques pommes de terre et du parmesan. La deuxième fois que je l'ai préparée, j'y ai ajouté du chou afin d'en enrichir le goût. Servez-la accompagnée de rôties ou de croûtons.

~ ON PREND DE L'AVANCE ~

On peut préparer cette recette à l'avance jusqu'à la troisième étape. Dans un contenant fermé, la soupe se conserve 3 jours au réfrigérateur ou 1 mois au congélateur. Les pommes de terre congelées deviennent pâteuses à la congélation. Une fois décongelée, réduire la soupe en purée ou bien remuer.

15 ml	huile d'olive	1 c. à table
1	gros oignon espagnol haché grossièrement, soit 625 ml (2 1/2 tasses)	1
2	pommes de terre de taille moyenne-grosse, pelées et coupées en deux, soit 625 ml (2 1/2 tasses)	2
1	boîte de 284 ml (10 oz) de bouillon de poulet ou de légumes	1
1 l	eau	4 tasses
750 ml	chou haché finement	3 tasses
5 ml	de chacun : sel et sucre granulé	1 c. à thé
2 ml	poivre	1/2 c. à thé
125 ml	parmesan fraîchement râpé	1/2 tasse

1 Chauffer l'huile à feu mi-vif dans une grande casserole à fond épais. Y cuire l'oignon à couvert et en remuant de temps à autre pendant 10 à 15 minutes ou jusqu'à ce que l'oignon soit très tendre.

2 Ajouter les pommes de terre ; cuire à découvert en remuant fréquemment pendant 2 minutes. Verser le bouillon et l'eau, puis porter à ébullition. Couvrir, réduire le feu et laisser mijoter de 10 à 15 minutes ou jusqu'à ce que les pommes de terre soient tendres.

3 Ajouter le chou ; couvrir et laisser mijoter 5 minutes ou jusqu'à ce que le chou soit tendre. Ajouter le sel, le sucre et le poivre.

4 Servir la soupe parsemée de parmesan dans des bols.

Donne 8 portions de 250 ml (1 tasse).

Gaspacho

AQR : Vit. A 9 %, E 13 %, C 53 %, acide folique 14 %, Ca 2 % (20 mg), fer 6 %, zinc 3 %.

~ **ON PREND DE L'AVANCE** ~

Dans un contenant fermé, la soupe se conserve 2 jours au réfrigérateur.

2

Portion du Guide alimentaire canadien

Ma fille Susie a appris cette recette dans un restaurant en Espagne où elle travaillait. On lui a enseigné à mettre le vinaigre juste avant de servir. J'ai ajouté du jus de tomate et réduit la quantité d'huile d'olive.

2	gousses d'ail	2
1/2	oignon coupé en quatre	1/2
1	poivron vert ou rouge épépiné et coupé en quatre	1
4	tomates coupées en quartiers	4
1	concombre de 25 cm (10 po) pelé, coupé en quartiers et épépiné	1
500 ml	jus de tomate ou 1 boîte de 540 ml (19 oz) de tomates réduites en purée	2 tasses
50 ml	basilic, coriandre, persil ou aneth frais haché grossièrement et légèrement tassé	1/4 tasse
50 ml	vinaigre balsamique ou vinaigre de vin rouge	1/4 tasse
25 ml	huile d'olive vierge extra	2 c. à table
2 ml	de chacun : sel, poivre et sauce piquante au piment	1/2 c. à thé
250 ml	bouillon de légumes ou de poulet ou eau (facultatif)	1 tasse

1 Laisser tomber l'ail et l'oignon dans un robot culinaire ou un mélangeur en marche. Éteindre l'appareil. Ajouter le poivron vert, les tomates et le concombre ; actionner l'appareil jusqu'à ce que les légumes soient hachés finement. Mettre dans un grand bol.

2 Ajouter le jus de tomate, le basilic, le vinaigre, l'huile, le sel, le poivre et la sauce piquante au piment. Ajouter du bouillon si la soupe est trop épaisse. Couvrir et laisser 30 minutes au réfrigérateur. Servir froid.

Donne 8 portions de 250 ml (1 tasse).

Les pâtes alimentaires

NOTES SUR LA NUTRITION

Pâtes aux pois chiches et aux épinards

11/4 11/2 2

Portions du *Guide alimentaire canadien*

Ces pâtes sont tellement délicieuses que vous ne vous en lasserez pas. Servez-les comme plat de résistance ou en guise d'accompagnement.

125 g	coquilles de taille moyenne, soit 400 ml (1 2/3 tasse)	4 oz
1	paquet de 284 g (10 oz) d'épinards frais parés et hachés grossièrement	1
540 ml	pois chiches égouttés et rincés	19 oz
1	gousse d'ail hachée	1
125 ml	bouillon de légumes ou de poulet ou eau	1/2 tasse
5 ml	pâte d'anchois (facultatif)	1 c. à thé
1 ml	de chacun : poivre et sel	1/4 c. à thé
	zeste râpé d'un demi-citron	

APPORT NUTRITIONNEL PAR PORTION	
calories	331
protéines	16 g
gras total	3 g
gras saturés	traces
cholestérol	0 mg
glucides	61 g
fibres alimentaires	8 g
sodium	634 mg

AQR : Vit. A 68 %, E 8 %, C 22 %, acide folique 86 %, Ca 14 % (154 mg), fer 34 %, zinc 24 %.

~ CONSEIL NUTRITIONNEL ~

Les épinards et les pois chiches sont tous deux riches en acide folique (vitamine du groupe B), également appelée folacine.

1 Cuire les pâtes à l'eau bouillante dans une grande casserole jusqu'à ce qu'elles soient tendres mais encore fermes sous la dent. Ajouter les épinards et porter de nouveau à ébullition. Égoutter.

2 Entre-temps, réduire en purée homogène au robot culinaire la moitié des pois chiches avec l'ail, le bouillon et la pâte d'anchois (si on en utilise) ; incorporer la préparation aux pâtes cuites. Ajouter le reste des pois chiches, le sel, le poivre et le zeste de citron.

Donne 3 portions.

L'art d'apprêter les pâtes

La plupart des pâtes sont faites de farine de semoule fine obtenue en passant à la meule du blé dur auquel on a retiré le son et le germe, ce qui ne laisse que l'endosperme. Comme la majeure partie des vitamines et des minéraux se trouve dans le son et dans le germe, on enrichit la farine de semoule de niacine, de thiamine, de riboflavine, d'acide folique et de fer. Pour améliorer votre alimentation, achetez des pâtes enrichies de protéines et de fibres.

Pour accroître votre consommation de fibres alimentaires, prenez des pâtes faites de farine de blé entier qui contient, outre l'endosperme, le son et le germe du grain.

Pour relever la saveur et la valeur nutritionnelle des aliments sans recourir aux matières grasses, servez les pâtes avec des légumes cuits et un peu de viande, de poisson ou de fromage maigre plutôt qu'avec de la crème, du beurre ou du fromage ordinaire.

Fettuccine crémeux à la dinde

2 3/4   2   3/4   1 3/4

Portions du *Guide alimentaire canadien*

Voici une excellente façon de passer des restes de dinde, de poulet ou de jambon après les fêtes. Le lait concentré à 2 % possède une onctuosité qui rappelle celle de la crème et donne de très bons résultats avec les pâtes.

250 g	fettuccine ou spaghetti	8 oz
10 ml	huile d'olive	2 c. à thé
500 ml	champignons tranchés	2 tasses
250 ml	de chacun : oignon rouge et céleri, tranchés	1 tasse
3	gousses d'ail émincées	3
375 ml	lanières de dinde cuite*	1 1/2 tasse
250 ml	lait concentré à 2 %	1 tasse
50 ml	persil frais haché	1/4 tasse
50 ml	basilic frais haché bien tassé**	1/4 tasse
50 ml	parmesan fraîchement râpé	1/4 tasse

1 Cuire les fettuccine à l'eau bouillante dans une grande casserole jusqu'à ce qu'ils soient tendres mais encore fermes sous la dent. Égoutter.

2 Entre-temps, dans une grande casserole, chauffer l'huile à feu moyen. Y cuire les champignons, l'oignon, le céleri et l'ail, en remuant souvent, de 8 à 10 minutes ou jusqu'à ce que les légumes soient tendres.

3 Incorporer la dinde, le lait, le persil, le basilic, le fromage et les pâtes encore chaudes. Laisser mijoter 3 minutes en remuant délicatement. Saler et poivrer au goût.

Donne 3 portions.

Possibilités de substitution :

* Remplacer la dinde par du poulet, du jambon ou des crevettes cuites ou encore 1 boîte de 184 g (6 1/2 oz) de thon ou de saumon.

** Si on ne trouve pas de basilic frais, on peut le remplacer par 10 ml (2 c. à thé) de basilic séché et le faire cuire avec les oignons.

Pâtes estivales au maïs et aux tomates

3/4   1   1/4

Portions du *Guide alimentaire canadien*

Ces pâtes constituent un plat de résistance extraordinaire, elles peuvent aussi servir d'accompagnement lors d'un repas estival à la bonne franquette. Elles s'emportent également bien comme lunch ou en pique-nique. On peut utiliser n'importe quelle variété de haricots cuits, mais ce sont les haricots noirs qui donnent la meilleure impression visuelle. Pour faire changement, on peut remplacer les haricots par des crevettes ou du thon.

500 ml	maïs en grains frais ou surgelé	2 tasses
5	tomates de taille moyenne coupées en morceaux, soit 1,25 l (5 tasses)	5
250 ml	haricots noirs cuits ou en conserve, rincés et égouttés	1 tasse
125 ml	coriandre fraîche hachée ou basilic frais haché	1/2 tasse
15 ml	huile d'olive vierge extra	1 c. à table
1	piment jalapeño épépiné et émincé, ou 2 gousses d'ail émincées	1
4	oignons verts hachés finement	4
5 ml	de chacun : sel et poivre	1 c. à thé
250 g	penne, soit 750 ml (3 tasses) ou autres petites pâtes	8 oz
250 ml	feta émietté, soit 150 g (5 oz)	1 tasse

1 Mélanger le maïs, les tomates, les haricots, la coriandre, l'huile, le piment jalapeño, les oignons verts, le sel et le poivre. Laisser reposer à température ambiante 15 minutes (2 heures au maximum).

2 Dans une grande casserole, cuire les pâtes à l'eau bouillante 8 minutes ou jusqu'à ce qu'elles soient tendres mais encore fermes sous la dent. Égoutter puis remettre dans la casserole.

3 Ajouter le mélange à base de tomates. Réchauffer en remuant à feu moyen. Servir les pâtes parsemées de feta.

Donne 6 portions comme plat de résistance ou 10 portions comme accompagnement.

APPORT NUTRITIONNEL PAR PORTION (PLAT D'ACCOMPAGNEMENT)

calories	210
protéines	8 g
gras total	6 g
gras saturés	3 g
cholestérol	13 mg
glucides	34 g
fibres alimentaires	4 g
sodium	448 mg

AQR : Vit. A 9 %, E 6 %, C 38 %, acide folique 30 %, Ca 9 % (94 mg), fer 11 %, zinc 13 %.

~ ON PREND DE L'AVANCE ~

Pour servir froid, rincer les pâtes à l'eau froide et les ajouter au mélange à base de tomates. Dans un contenant fermé, les pâtes se gardent 1 journée au réfrigérateur.

Fettuccine au pesto

~ ON PREND DE L'AVANCE ~

On prend de l'avance : On peut préparer cette recette à l'avance jusqu'à la deuxième étape inclusivement (pesto). Dans un contenant fermé, le pesto se conserve 4 jours au réfrigérateur.

~ LA CONGÉLATION DU PESTO ~

C'est pratique d'avoir du pesto maison à portée de la main. Il suffit d'en congeler des portions dans un bac à glaçons puis de mettre les cubes dans un contenant hermétique. Se garde 6 mois au congélateur.

~ L'EMPLOI DU PESTO ~

Ajouter une grosse cuillerée de pesto aux soupes ou aux ragoûts. En tartiner la pizza au lieu de la sauce tomate. En glisser sous la peau du poulet ou en utiliser dans les Filets de saumon au pesto (page 233).

3 1/2   1/4
Portions du *Guide alimentaire canadien*

Le pesto le plus divin et le meilleur que j'ai mangé était celui de la région Cinque Terre sur la côte ligurienne en Italie. Je crois qu'on utilise là un basilic à petites feuilles qui, conjugué aux rayons ardents du soleil, à la brise méditerranéenne, au sol des collines et aux fromages de la région, donne un plat incroyablement parfumé. On trouve du pesto tout fait dans la plupart des épiceries; cependant, j'en cherche encore qui soit aussi bon que celui préparé à partir de basilic frais. Le pesto idéal ne suinte pas l'huile, a une saveur riche et est onctueux dans les pâtes. Dans cette version allégée, j'ai ajouté du pain blanc pour stabiliser la sauce et pour pouvoir ajouter de l'eau.

375 g	fettuccine ou spaghetti	12 oz
Pesto		
3	gousses d'ail	3
375 ml	basilic frais bien tassé	1 1/2 tasse
2	tranches de pain blanc, sans la croûte	2
25 ml	huile d'olive	2 c. à table
25 ml	pignons (facultatif)	2 c. à table
2 ml	sel	1/2 c. à thé
50 ml	parmesan fraîchement râpé	1/4 tasse

1 Cuire les pâtes dans une grande casserole d'eau bouillante 8 à 10 minutes ou jusqu'à ce qu'elles soient tendres mais encore fermes sous la dent. Égoutter en réservant 125 ml (1/2 tasse) de l'eau de cuisson. Mettre les pâtes dans un bol de service.

2 Préparation du pesto : Entre-temps, hacher l'ail au robot culinaire. Ajouter le basilic, le pain, l'huile, les pignons (si on en utilise) et le sel. Réduire en purée homogène en raclant les parois du bol vers le bas une fois ou deux. Verser 125 ml (1/2 tasse) du liquide de cuisson réservé (ou d'eau chaude) ; bien mélanger. Ajouter le fromage.

3 Étendre la sauce sur les pâtes chaudes et retourner, en ajoutant un peu de liquide de cuisson si les pâtes sont trop sèches.

Donne 4 portions.

Manger sainement au restaurant

En général, un repas pris au restaurant à l'occasion ne devrait pas constituer une entorse à vos saines habitudes alimentaires. Cependant, si vous mangez souvent au restaurant, vous courez le risque de consommer plus de gras qu'il n'est souhaitable.

Conseils nutritionnels pour manger au restaurant

◆ Faites connaître vos besoins. Les bons restaurants tiendront compte de vos requêtes. Si vous le souhaitez, on vous proposera un plat grillé plutôt que frit, des sauces à salade plus légères, on vous présentera la sauce à part ou encore on vous préparera un plat de pâtes aux tomates s'il ne figure pas au menu.

◆ Soyez aux aguets devant ces pièges fréquents : le beurre sur le pain, les entrées riches en matières grasses comme la salade César ou certains potages, les fritures et les desserts trop riches.

◆ Faites des compromis : si vous avez pris une salade César, poursuivez le repas avec des plats légers ; ou, inversement, si vous avez commencé par des plats très légers, vous pouvez vous offrir un dessert plus riche.

◆ Dans les restaurants de restauration rapide, il peut être difficile de trouver des mets faibles en gras. Les choix suivants sont les plus valables :

  • sandwich de poulet grillé plutôt que frit ;

  • hamburger nature avec laitue et tomates plutôt qu'un hamburger double avec fromage, bacon et sauce ;

  • pizza végétarienne plutôt que pizza garnie de pepperoni, de bacon et d'un supplément de fromage ;

  • lait faible en matières grasses ou jus de préférence à un lait frappé ;

  • sauces à salade allégées de préférence aux sauces ordinaires ;

  • céréales ou muffin faible en matières grasses plutôt qu'une assiette œufs-fromage-bacon et rôties ou croissant beurré ;

  • sous-marins ou sandwiches de pain de blé entier sans beurre ni mayonnaise ;

  • chili ou plats à base de haricots.

Linguine aux crevettes et au basilic frais

~ ON PREND DE L'AVANCE ~

On peut préparer cette recette à l'avance jusqu'à la première étape inclusivement. Dans un contenant fermé, les linguine se conservent 1 journée au réfrigérateur.

3   31/4   1

Portions du *Guide alimentaire canadien*

Avec des crevettes au congélateur et des tomates en conserve dans la dépense, vous pouvez préparer ce plat à tout moment de l'année. Vous pouvez également prendre de crevettes surgelées puis décongelées. Servez les linguine accompagnés d'une salade croquante.

1	boîte de 796 ml (28 oz) de tomates	1
1	boîte de 156 ml (5 1/2 oz) de pâte de tomates	1
125 ml	basilic frais haché bien tassé ou 15 ml (1 c. à table) de basilic séché	1/2 tasse
4	gousses d'ail émincées	4
1	oignon haché	1
15 ml	origan frais séché ou 5 ml (1 c. à thé) d'origan séché	1 c. à table
500 g	grosses crevettes décortiquées et déveinées	1 lb
375 g	linguine, fettuccine ou spaghetti	12 oz
50 ml	parmesan fraîchement râpé	1/4 tasse

1 Dans une casserole, broyer les tomates avec leur jus. Ajouter la pâte de tomates, la moitié du basilic frais (la totalité si on utilise de l'origan séché), l'ail, l'oignon et l'origan puis porter à ébullition. Réduire le feu et laisser mijoter en remuant de temps à autre pendant 20 minutes ou jusqu'à ce que l'oignon soit tendre et que la sauce ait épaissi légèrement.

2 Ajouter les crevettes. Couvrir et poursuivre la cuisson encore 3 minutes ou jusqu'à ce que les crevettes soient roses et fermes.

3 Entre-temps, cuire les linguine dans une grande casserole d'eau bouillante 8 à 10 minutes ou jusqu'à ce qu'elles soient tendres mais encore fermes sous la dent. Bien égoutter. Retourner dans la sauce tomate et ajouter le basilic restant. Saupoudrer de parmesan et servir.

Donne 4 portions.

Pad thaï

11/2   13/4   11/2

Portions du *Guide alimentaire canadien*

En Thaïlande, on mange ce plat de pâtes en tout temps et en tout lieu, au restaurant comme dans la rue. Chaque cuisinier y ajoute sa touche personnelle. Ma version est plus faible en matières grasses et j'utilise des ingrédients faciles à trouver. Voir photo page 85.

APPORT NUTRITIONNEL PAR PORTION	
calories	459
protéines	24 g
gras total	13 g
gras saturés	2 g
cholestérol	172 mg
glucides	62 g
fibres alimentaires	3 g
sodium	680 mg

AQR : Vit. A 9 %, D 9 %, E 16 %, C 30 %, acide folique 45 %, Ca 11 % (117 mg), fer 31 %, zinc 30 %.

250 g	pâtes de riz de largeur moyenne	8 oz
50 ml	sauce de poisson	3 c. à table
25 ml	vinaigre de riz ou vinaigre de cidre	2 c. à table
25 ml	sucre granulé	2 c. à table
15 ml	huile végétale	1 c. à table
2	œufs légèrement battus	2
3	grosses gousses d'ail hachées finement	3
1 ml	flocons de piment rouge	1/4 c. à thé
250 g	grosses crevettes décortiquées et déveinées	8 oz
125 g	tofu coupé en fines lanières, soit environ 125 ml (1/2 tasse)	4 oz
750 ml	germes de haricots	3 tasses
6	oignons verts hachés	6
125 ml	coriandre fraîche hachée grossièrement	1/2 tasse
50 ml	arachides non salées hachées	1/4 tasse
1	lime coupée en quartiers	1

1 Faire tremper les pâtes dans de l'eau très chaude pendant 20 minutes ; égoutter. Dans un grand bol, mélanger la sauce de poisson, le vinaigre de riz et le sucre. Réserver.

2 Chauffer 5 ml (1 c. à thé) d'huile à feu mi-vif dans un grand wok ou une poêle antiadhésive. Y cuire les œufs en remuant pour les brouiller. Les couper en lanières puis les mettre dans une assiette.

3 Nettoyer le wok et y verser le reste de l'huile. Y faire sauter l'ail, les flocons de piment rouge et les crevettes 2 minutes. Ajouter le tofu et faire sauter 1 minute ou jusqu'à ce que les crevettes soient rosées et opaques.

4 Ajouter les nouilles et 125 ml (1/2 tasse) d'eau. Cuire en remuant de 2 à 3 minutes ou jusqu'à ce que les nouilles soient tendres. Ajouter le mélange à base de sauce de poisson, les germes de haricots et la moitié des oignons ; bien mélanger. Mettre dans une assiette de service. Ajouter les œufs, les oignons restants, la coriandre et les arachides. Garnir de quartiers de lime.

Donne 4 portions.

Penne aux tomates, au thon et au citron

~ LES CÂPRES ~

Les câpres sont les bourgeons marinés du câprier, arbuste qui pousse dans les régions méditerranéennes. On en trouve en bocal de verre dans la plupart des supermarchés. Les utiliser dans les sauces et les salades et pour garnir les viandes et poissons.

~ TRUC POUR CALCULER LES PORTIONS ~

Dans ce livre, on calcule environ 500 ml (2 tasses) de pâtes par portion de plat de résistance et 250 ml (1 tasse) par portion de plat d'accompagnement.

2 3/4   1 1/2   1

Portions du *Guide alimentaire canadien*

Servez ce délicieux plat de pâtes à l'italienne en petites portions comme entrée ou en portions plus généreuses en guise de plat de résistance. Même quand votre réfrigérateur est vide, vous avez de bonnes chances d'avoir les ingrédients nécessaires sous la main. Le zeste de citron ajoute du piquant à ce plat.

250 g	penne, rotini ou rigatoni	8 oz
15 ml	huile d'olive	1 c. à table
4	gousses d'ail émincées, soit 10 ml (2 c. à thé)	4
5 ml	graines de fenouil broyées	1 c. à thé
1 ml	flocons de piment rouge broyés	1/4 c. à thé
1	boîte de 540 ml (19 oz) de tomates broyées ou 750 ml (3 tasses) de tomates fraîches hachées grossièrement	1
1	boîte de 184 g (6,5 oz) de thon conservé dans l'eau, égoutté	1
25 ml	câpres égouttées	2 c. à table
50 ml	persil à feuilles plates frais haché grossièrement	1/4 tasse
	zeste d'un demi-citron râpé, soit 2 ml (1/2 c. à thé)	

1 Cuire les pâtes dans une grande casserole d'eau bouillante 8 à 10 minutes ou jusqu'à ce qu'elles soient tendres mais encore fermes sous la dent. Bien égoutter.

2 Entre-temps, chauffer l'huile dans une grande poêle antiadhésive à feu moyen. Y cuire l'ail, les graines de fenouil et les flocons de piment rouge, en remuant, jusqu'à ce que l'ail ait ramolli, soit environ 2 minutes.

3 Incorporer les tomates, le thon et les câpres. Porter à ébullition puis réduire le feu et laisser mijoter 8 à 10 minutes ou jusqu'à ce que le mélange ait légèrement épaissi.

4 Incorporer les pâtes cuites, le persil, le zeste de citron. Saler et poivrer au goût.

Donne 3 portions comme plat principal ou 6 portions en guise d'entrée.

Nouilles à la thaïlandaise avec légumes sautés

1   2

Portions du *Guide alimentaire canadien*

Ce plat sauté simple, aux saveurs thaïlandaises intenses, donne un bon repas vite fait. Pour obtenir un plat plus consistant, ajoutez des crevettes, des pétoncles, du poulet, de la viande ou du tofu. Les légumes qui se prêtent à ce plat sont le brocoli, le pak-choï, le chou-fleur, les carottes, les champignons, le céleri, la courgette, le chou et les haricots verts.

APPORT NUTRITIONNEL PAR PORTION	
calories	210
protéines	8 g
gras total	7 g
gras saturés	1 mg
cholestérol	0 mg
glucides	31 g
fibres alimentaires	4 g
sodium	995 mg

AQR : Vit. A 78 %, E 12 %, C 60 %, acide folique 24 %, Ca 6 % (14 mg), fer 14 %, zinc 14 %.

125 g	vermicelles de riz	4 oz
1 l	légumes hachés à sauter ou 1 paquet de 500 g de légumes chinois assortis surgelés, décongelés	4 tasses
15 ml	huile végétale	1 c. à table
2	gousses d'ail émincées	2
1	piment rouge frais épépiné et haché ou 1 ml (1/4 c. à thé) de flocons de piment rouge	1
50 ml	sauce d'huîtres	3 c. à table
25 ml	jus de lime ou de citron fraîchement pressé	2 c. à table
15 ml	de chacun : sauce de poisson (ou de soja) et gingembre émincé	1 c. à table
5 ml	sucre granulé	1 c. à thé
3	oignons verts hachés	3
25 ml	graines de sésame grillées	2 c. à table

1 Faire tremper les vermicelles dans de l'eau très chaude pendant 15 minutes.

2 Cuire les légumes à l'eau bouillante dans une grande casserole 2 minutes. Ajouter les nouilles et les cuire 1 minute ou jusqu'à ce qu'elles soient tendres. Bien égoutter.

3 Entre-temps, chauffer l'huile à feu moyen dans un wok ou une grande poêle antiadhésive. Y faire sauter l'ail pendant 1 minute. Incorporer les flocons de piment, la sauce d'huîtres, le jus de lime, le gingembre et le sucre ; cuire 1 minute.

4 Incorporer le mélange à base de vermicelles au contenu du wok. Cuire en remuant pendant 1 minute. Décorer d'oignons verts et de graines de sésame.

Donne 4 portions.

Nouilles à la mode de Singapour

1   2 3/4   3/4

Portions du *Guide alimentaire canadien*

Malgré la longue liste d'ingrédients, ce plat de nouilles peut être préparé en moins de trente minutes.

175 g	vermicelles de riz*	6 oz
10 ml	huile végétale	2 c. à thé
2	œufs battus légèrement	2
2	grosses gousses d'ail émincées	2
1	oignon tranché finement	1
15 ml	gingembre émincé	1 c. à table
10 ml	de chacun : poudre de cari et sucre granulé	2 c. à thé
4 ml	de chacun : cumin moulu et coriandre moulue	3/4 c. à thé
2 ml	poivre, sauce chili ou sauce piquante au piment	1/2 c. à thé
175 ml	bouillon de légumes	3/4 tasse
1	de chacun : poivron vert et poivron rouge, en fines lanières	1
175 g	tofu ferme en cubes	6 oz
500 ml	germes de haricots, soit 150 g (5 oz)	2 tasses
125 ml	oignons verts hachés	1/2 tasse
50 ml	basilic frais haché ou coriandre fraîche hachée	1/4 tasse
50 ml	sauce soja hyposodique	1/4 tasse
15 ml	jus de lime fraîchement pressée	1 c. à table

1 Faire tremper les vermicelles dans de l'eau très chaude pendant 20 minutes. Égoutter. Entre-temps, chauffer 5 ml (1 c. à thé) d'huile à feu moyen dans une grande poêle antiadhésive ou un wok. Y cuire l'œuf en remuant pour le brouiller et faire figer. Mettre dans une assiette. Couper en lanières et garder au chaud.

2 Chauffer l'huile restante à feu mi-vif dans la même poêle. Y cuire l'ail, l'oignon, le gingembre, la poudre de cari, le sucre, le cumin, la coriandre moulue, le poivre et 25 ml (2 c. à table) de bouillon pendant 2 minutes. Ajouter les poivrons, le tofu et encore 25 ml (2 c. à table) de bouillon. Faire sauter pendant 2 ou 3 minutes ou jusqu'à ce que les poivrons aient ramolli légèrement.

3 Ajouter les vermicelles égouttés, le reste du bouillon, la moitié des germes de haricots, les oignons verts, la moitié du basilic, la sauce soja et le jus de lime. Faire sauter le temps de bien enrober tous les ingrédients. Incorporer les lanières d'œuf. Servir garni des germes de haricots et du basilic restants.

Donne 4 portions.

* Possibilité de substitution : Remplacer les vermicelles de riz par 175 g (6 oz) de pâtes très fines et les cuire à l'eau bouillante dans une grande casserole 8 à 10 minutes.

Nouilles à la mode de Singapour avec crevettes et poulet

Omettre l'œuf et le tofu. Mettre plutôt après la deuxième étape 175 g (6 oz) de poulet désossé et débarrassé de sa peau puis coupé en lanières et 250 g (8 oz) de crevettes de taille moyenne décortiquées et déveinées. Faire sauter pendant 5 minutes ou jusqu'à ce que le poulet ait perdu sa couleur rosée à l'intérieur et que les crevettes soient d'un beau rose. Poursuivre ensuite la recette à partir de la troisième étape.

Des sauces moins riches

À la maison : Utiliser un minimum d'huile, de beurre ou de crème. Pour une texture onctueuse, utiliser plutôt du lait ou du lait écrémé concentré, de la ricotta passée au mélangeur ou au robot culinaire. Incorporer à la sauce des ingrédients savoureux comme l'ail et des piments forts, qui n'apportent pas de matières grasses. Le fait de choisir des fromages au goût prononcé, comme le parmesan, vous permet d'en utiliser moins.

À l'épicerie : Quand on achète une sauce toute préparée, parcourir la liste des ingrédients. Si ceux mentionnés en tête de liste sont l'huile, le beurre, la crème ou le fromage, la sauce sera riche en matières grasses.

Au restaurant : En cas de doute sur les ingrédients contenus dans un plat, s'adresser au serveur. Opter pour les plats contenant beaucoup de légumes frais et de fines herbes.

Assiette de nouilles chinoises aux crevettes

~ ON PREND DE L'AVANCE ~

On peut préparer cette recette à l'avance jusqu'à la troisième étape inclusivement. Les pâtes peuvent être laissées 6 heures au réfrigérateur dans un contenant fermé.

11/4   11/2   1

Portions du *Guide alimentaire canadien*

J'ai servi ce plat à l'occasion d'un buffet pour ma fille Susie et ses amies étudiantes. Le menu comprenait du bifteck de flanc grillé, des tomates au basilic et au fromage de chèvre ainsi qu'une Salade de haricots noirs et de maïs (page 54). Tout le monde a adoré.

1	paquet de 375 g de nouilles aux œufs fines ou de nouilles chinoises précuites (étuvées)	1
500 ml	carottes râpées grossièrement	2 tasses
500 ml	concombres pelés, épépinés et coupés en julienne de 4 cm (1 1/2 po)	2 tasses
1,25 l	germes de haricots, soit 375 g (12 oz)	5 tasses
125 ml	coriandre fraîche hachée	1/2 tasse
50 ml	menthe fraîche hachée	1/4 tasse
500 g	grosses crevettes décortiquées cuites	1 lb
50 ml	arachides hachées (facultatif)	1/4 tasse

Sauce

125 ml	sauce soja hyposodique	1/2 tasse
50 ml	vinaigre de riz	1/4 tasse
15 ml	saké, vin de riz ou scotch	1 c. à table
25 ml	sucre granulé	2 c. à table
25 ml	huile de sésame	2 c. à table
1 ml	pâte de piments ou sauce piquante au piment	1/4 c. à thé

1 Cuire les pâtes en suivant les instructions sur l'emballage jusqu'à ce qu'elles soient tendres mais encore fermes sous la dent. Égoutter et refroidir en rinçant. Bien égoutter et déposer au centre d'une très grande assiette.

2 Préparation de la sauce : Dans un petit bol, mélanger la sauce soja, le vinaigre, le saké, le sucre, l'huile et la pâte de piments et remuer jusqu'à la dissolution du sucre. Verser la moitié de la sauce sur les pâtes et retourner.

3 Disposer les carottes et les concombres autour des pâtes. Déposer les germes de haricots sur les pâtes ; saupoudrer de coriandre et de menthe. Garnir de crevettes et d'arachides (si on en utilise).

4 Au moment de servir, arroser de la sauce restante et retourner légèrement.

Donne 10 portions de 375 ml (1 1/2 tasse).

Le calcium :
Quelques faits

Les recettes de ce livre contiennent divers aliments riches en calcium – lait, fromage, yogourt, haricots, légumes vert foncé –, car beaucoup de Canadiens, principalement les femmes, présentent des carences en calcium, un élément indispensable à la constitution d'une ossature solide. Au Canada, une femme sur quatre et un homme sur huit risquent de souffrir d'ostéoporose, une maladie invalidante entraînant la perte de masse osseuse, la porosité et la fragilité des os. Par surcroît, on a de plus en plus de raisons de croire que le calcium est essentiel au maintien d'une tension artérielle normale.

Les meilleures sources de calcium

Les produits laitiers constituent la meilleure source alimentaire de calcium, non seulement parce qu'ils en contiennent des quantités importantes, mais aussi en raison de la vitamine D qu'on trouve dans le lait. La vitamine D joue un rôle capital dans l'absorption et le métabolisme du calcium *(voir page 104)*.

Le calcium est présent dans d'autres aliments mais en moins grande concentration. Le calcium contenu dans les épinards, par exemple, est peu métabolisé à cause de l'oxalate qu'il contient. En effet, cette substance fixe le calcium, empêchant l'organisme de l'absorber. On peut dire la même chose du calcium contenu dans les feuilles de betterave, les patates douces et la rhubarbe. Par contre, le calcium apporté par les autres végétaux tels que le brocoli, le chou vert frisé et le pak-choi est bien absorbé. Il est difficile de satisfaire tous ses besoins en calcium sans consommer 2 à 3 portions de produits laitiers par jour.

Si vous ne consommez pas de produits laitiers

Si vous ne pouvez pas consommer de produits laitiers ou si vous avez choisi de ne pas le faire, incluez un maximum de source de calcium dans votre régime alimentaire et envisagez la prise de suppléments.

Guide des suppléments de calcium

◆ Les suppléments de calcium sont vendus sous forme de carbonate, de gluconate ou de lactate de calcium. Ces comprimés contiennent différentes quantités de calcium pur ou élémentaire. Orientez votre choix en fonction de la teneur en calcium élémentaire, et non du poids du comprimé.

◆ Ne prenez que la quantité que vous jugez nécessaire pour compléter votre régime alimentaire, ce qui ne devrait pas dépasser les 500 à 1000 mg de calcium élémentaire par jour.

Quels sont vos besoins en calcium?

En 1997, on a publié de nouvelles recommandations préconisant une consommation accrue de calcium. Atteindre ces niveaux est un défi, notamment pour les femmes, qui en consomment souvent moins de 700 mg par jour.

Consommation quotidienne de calcium recommandée en 1997*

De 9 à 18 ans	1300 mg
De 19 à 50 ans	1000 mg
À partir de 50 ans	1200 mg

* Ces recommandations émanent du Comité d'étude sur le calcium du Food and Nutrition Board de la National Academy of Science des États-Unis, organisme qui comprenait des représentants canadiens. Santé Canada envisage de tenir compte de ces recommandations pour les futures mises à jour de son *Fichier sur les éléments nutritifs*.

♦ Idéalement, on ira chercher un surcroît de calcium dans un supplément de calcium et non sous forme de préparation de multivitamines. N'allez donc pas prendre deux ou trois comprimés de multivitamines pour augmenter votre apport en calcium, car vous risqueriez d'absorber trop de vitamines ou d'autres éléments nutritifs, comme la vitamine D. C'est une bonne idée de prendre davantage de vitamine D quand on prend des suppléments de calcium, mais ne dépassez pas les 400 UI par jour.

♦ Buvez beaucoup d'eau afin de réduire le risque de souffrir de calculs rénaux et pour prévenir le dépôt d'un excédent de calcium dans les tissus mous.

♦ Prenez les suppléments entre les repas afin d'améliorer l'absorption et d'éviter les interférences avec l'absorption du fer.

♦ Évitez de prendre du calcium avec des laxatifs tensioactifs. Ceux-ci entravent l'absorption du calcium.

Les aliments les plus riches en calcium

Produits laitiers	mg de calcium
lait, 250 ml (1 tasse)	300
lait écrémé concentré, 250 ml (1 tasse)	746
fromage, 45 g (1 1/2 oz)	325
yogourt nature à 1 ou 2 %, 175 ml (3/4 tasse)	300
yogourt à 2 % aux fruits, 175 ml (3/4 tasse)	250
fromage fondu, 45 g ou 2 tranches minces	225
cottage à 2 % M.G., 125 ml (1/2 tasse)	75

Autres produits	
tofu coagulé avec du sulfate de calcium, 125 ml (1/2 tasse)	110
saumon avec les os broyés, demi-boîte de 213 g	225

Autres produits (suite)	mg de calcium
8 petites sardines, 90 g (3 oz)	165
7 gros pétoncles, 90 g (3 oz)	30
125 ml (1/2 tasse) de légumes cuits	
pak-choi	80
chou vert frisé	45
chou vert pommé	26
brocoli	38
choux de Bruxelles	30
chou-fleur	17
rutabaga	36
amandes, 50 g (1/4 tasse)	95
graines de sésame, 50 g (1/4 tasse)	50
graines de tournesol, 50 g (1/4 tasse)	40
haricots au four, petits haricots blancs, 175 ml (3/4 tasse)	100
haricots pintos, pois chiches, haricots rouges, 175 ml (3/4 tasse)	50

Lasagnes aux champignons sauvages et aux épinards

~ **ON PREND DE L'AVANCE** ~

On peut préparer cette recette à l'avance jusqu'à la sixième étape. La lasagne se conserve 1 journée au réfrigérateur. Sortir du réfrigérateur 30 minutes avant de passer au four.

~ **CUISINER ET MANGER MOINS GRAS** ~

Le fromage pose les plus grands défis aux régimes hypolipidiques. Une quantité de 30 grammes (une once) de fromage ordinaire (à 31 % de matières grasses) contient environ 10 grammes de matières grasses. Autant que possible, choisissez des fromages faibles en matières grasses (5 à 17 %). Essayez le danbo (9 %) et le feta (15 %).

2   3   11/2

Portions du *Guide alimentaire canadien*

Cette lasagne est ma préférée, sans doute à cause de la saveur boisée et bien typée des cèpes, alliée à l'abondance de champignons ordinaires. Les cèpes se vendent séchés dans certains supermarchés et dans bon nombre d'épiceries spécialisées.

2	paquet de 300 g d'épinards surgelés, décongelés	2
9	lasagnes	9
50 ml	parmesan fraîchement râpé	1/4 tasse

Garniture aux champignons

30 g	cèpes séchés, soit environ 375 ml (1 1/2 tasse)	1 oz
5 ml	huile d'olive	1 c. à thé
1	oignon de taille moyenne haché finement	1
3	gousses d'ail émincées	3
5 ml	thym séché	1 c. à thé
1 ml	de chacun : sel et poivre	1/4 c. à thé
1 kg	champignons frais en tranches épaisses	2 lb

Sauce au fromage

1 l	lait à 1 %	4 tasses
125 ml	farine tout usage	1/2 tasse
2 ml	de chacun : sel et poivre	1/2 c. à thé
pincée	muscade moulue	pincée
500 ml	mozzarella partiellement écrémée râpée	2 tasses

1 Enlever les tiges des épinards. Exprimer le liquide des feuilles et hacher grossièrement. Réserver.

2 Préparation de la garniture aux champignons : Rincer rapidement les champignons dans un tamis sous l'eau froide afin de les débarrasser de leur sable. Couvrir de 250 ml (1 tasse) d'eau très chaude. Laisser tremper de 20 à 30 minutes ou jusqu'à ce qu'ils soient très tendres. Réserver le liquide. Hacher les gros champignons.

3 Entre-temps, chauffer l'huile à feu moyen dans une grande poêle antiadhésive. Y cuire l'oignon, l'ail, le thym, le sel et le poivre 3 minutes, en remuant. Poursuivre la cuisson à feu vif. Ajouter les champignons frais et cuire en remuant souvent 15 à 20 minutes ou jusqu'à ce que tout le liquide soit absorbé et que les champignons soient dorés. Incorporer les champignons trempés. Réserver.

4 Préparation de la sauce au fromage : Verser 250 ml (1 tasse) de lait dans une casserole antiadhésive. En remuant sans arrêt, saupoudrer la farine sur le lait. Incorporer le reste de lait, le sel, le poivre et la muscade ; battre la sauce au fouet sur un feu mi-vif jusqu'à ce qu'elle se mette à bouillir. Poursuivre la cuisson à feu doux et remuer la sauce jusqu'à ce qu'elle ait épaissi. Incorporer la mozzarella et 125 ml (1/2 tasse) du liquide de trempage des champignons réservé.

5 Entre-temps, cuire les lasagnes à l'eau bouillante dans une grande casserole pendant 10 minutes ou jusqu'à ce qu'elles soient presque tendres. Égoutter et rincer sous l'eau froide. Égoutter de nouveau.

6 Étendre 3 lanières de lasagne au fond d'un plat légèrement graissé allant au four d'une capacité de 3 l (13 po sur 9 po). Mettre le tiers de la sauce au fromage puis la moitié de la garniture aux champignons. Mettre 3 autres lanières de lasagne, la moitié de la sauce restante puis les épinards. Garnir d'une dernière couche de lasagne, de la garniture aux champignons restante et du reste de sauce. Saupoudrer uniformément de parmesan.

7 Cuire au four à 190 °C (375 °F) 45 minutes ou jusqu'à ce que le dessus de la lasagne soit doré et bouillonnant. Laisser reposer 10 minutes avant de servir.

Donne 6 portions.

La vitamine D :
Où la trouver ?

La vitamine D joue un rôle crucial dans la constitution et le maintien d'une ossature saine, car elle est absolument essentielle à l'absorption du calcium. Elle diffère cependant de la plupart des autres vitamines en ce sens qu'on n'a pas nécessairement besoin d'aller la chercher dans l'alimentation. La majeure partie de la vitamine D dont nous avons besoin quotidiennement peut être synthétisée grâce à l'exposition au soleil. Pendant les mois d'été, une exposition de 15 à 20 minutes sans écran solaire peut suffire à produire la quantité de vitamine D requise.

Cependant, au Canada de novembre à mars, les rayons du soleil ne sont pas suffisamment forts pour produire cette vitamine D. Et l'exposition au soleil pendant les mois chauds de l'été est limitée maintenant que l'usage des écrans solaires et des vêtements protecteurs est répandu.

Il est donc plus important que jamais de tirer notre vitamine D des aliments. Malheureusement, la liste des aliments contenant de la vitamine D est courte. Le lait et la margarine sont les sources les plus courantes. Si vous n'en consommez pas, pensez à prendre des suppléments.

Consommation quotidienne recommandée de vitamine D alimentaire

Les recommandations publiées en 1997 ont fait doubler les quantités de vitamine D recommandées précédemment pour les adultes

Consommation quotidienne de vitamine D recommandée en 1997*

De 0 à 50 ans	5 mcg (200 UI)
De 51 à 70 ans	10 mcg (400 UI)
À partir de 70 ans	15 mcg (600 UI)

* Ces recommandations émanent du Comité d'étude de la vitamine D de la Food and Nutrition Board de la National Academy of Science des États-Unis, organisme qui comprenait des représentants canadiens. Santé Canada envisage de tenir compte de ces recommandations pour les futures mises à jour de son *Fichier sur les éléments nutritifs*.

Les sources de vitamine D dans les aliments
Excellentes sources (au moins 1,25 mcg ou 50 UI)

lait de vache*	250 ml (1 tasse)
margarine	10 ml (2 c. à thé)
saumon	90 g (3 oz)

* La crème glacée, le yogourt et le fromage ne sont pas enrichis de vitamine D.

Autres sources (au moins 0,25 mcg ou 10 UI)

1 jaune d'œuf   1

Les suppléments de vitamine D

La vitamine D est une des vitamines les plus toxiques. En règle générale, il est déconseillé de dépasser les 400 UI par jour. Les préparations de multivitamines en renferment habituellement entre 200 et 400 UI.

Saucisse italienne grillée
et penne aux poivrons rouges

~ ON PREND DE L'AVANCE ~

On peut préparer cette recette à l'avance jusqu'à la deuxième étape. Dans un contenant fermé, la préparation se garde 4 heures au réfrigérateur.

~ CUISINER ET MANGER
MOINS GRAS ~

La teneur en matières grasses de la saucisse varie énormément. Dans cette recette, nous avons fait une moyenne, et la saucisse compte 12 grammes de gras par portion. On peut réduire cette quantité de moitié en choisissant une variété de saucisse plus maigre.

3   3   1

Portions du *Guide alimentaire canadien*

J'ai découvert la magie de ce mariage de saveurs à l'occasion de la fête du Travail, un jour que j'utilisais les restes du réfrigérateur à notre chalet. Le fait de griller les saucisses et les poivrons ajoute un supplément de saveur.

375 g	saucisses italiennes piquantes	12 oz
2	gros poivrons rouges	2
15 ml	huile d'olive	1 c. à table
250 ml	oignon haché	1 tasse
375 g	penne	12 oz
4	gousses d'ail hachées finement	4
3	grosses tomates hachées	3
125 ml	aneth ou basilic frais haché	1/2 tasse
2 ml	de chacun : sel et poivre	1/2 c. à thé
75 ml	cheddar fort allégé (19 %) râpé ou parmesan	1/3 tasse

1 Piquer les saucisses en plusieurs endroits. Couper les poivrons en quartiers et les épépiner. Mettre les poivrons sur un gril graissé chauffé à feu moyen. Refermer le couvercle et cuire 5 minutes. Déplacer les poivrons sur la clayette surélevée si possible. Mettre les saucisses sur le gril. Refermer le couvercle et cuire 20 minutes ou jusqu'à ce qu'elles aient perdu leur couleur rosée à l'intérieur, retourner les poivrons et les saucisses après 10 minutes. Trancher les saucisses. Couper les poivrons en morceaux.

2 Entre-temps, chauffer l'huile à feu moyen dans une grande poêle antiadhésive. Cuire l'oignon 10 à 15 minutes ou jusqu'à ce qu'il soit tendre, en remuant de temps à autre.

3 Entre-temps, dans une grande casserole, cuire les penne à l'eau bouillante jusqu'à ce qu'elles soient tendres mais encore un peu fermes sous la dent. Bien égoutter.

4 Ajouter l'ail à l'oignon et poursuivre la cuisson à feu vif. Ajouter les tomates et cuire en remuant de temps en temps pendant 2 minutes ou jusqu'à ce que le tout soit bien chaud. Ajouter l'aneth, les poivrons rouges, les saucisses, les penne, le sel et le poivre. Mélanger en retournant. Garnir de fromage et servir.

Donne 4 portions de 750 ml (3 tasses).

Tortellini aux légumes gratinés

2 1/2   4   3/4

Portions du *Guide alimentaire canadien*

Si vous cherchez une idée de plat susceptible de plaire aux mangeurs de tout âge, pourquoi ne pas préparer ce gratin? Il est parfait pour recevoir toute la famille et fait changement de la lasagne.

15 ml	huile d'olive	1 c. à table
2	gousses d'ail émincées	2
1	de chacun : oignon de taille moyenne et carotte, hachés	1
1	de chacun : poivron vert et poivron rouge, hachés	1
5 ml	de chacun : basilic et origan séché	1 c. à thé
1 ml	de chacun : sel et poivre	1/4 c. à thé
1	boîte de 796 ml (28 oz) de tomates étuvées	1
1	boîte de 156 ml (5 1/2 oz) de pâte de tomates	1
250 ml	maïs en grains	1 tasse
500 g	tortellini farcis au fromage	1 lb
250 ml	mozzarella partiellement écrémée râpée	1 tasse
50 ml	parmesan fraîchement râpé	1/4 tasse
25 ml	persil frais haché	2 c. à table

APPORT NUTRITIONNEL PAR PORTION

calories	499
protéines	25 g
gras total	14 g
gras saturés	6 g
cholestérol	75 mg
glucides	72 g
fibres alimentaires	8 g
sodium	1085 mg

AQR : Vit. A 75 %, E 26 %, C 162 %, acide folique 24 %, Ca 41 % (453 mg), fer 32 %, zinc 33 %.

~ SUGGESTION DE MENU ~

Servez accompagné d'une Salade d'épinards (page 47), d'une Salade de chou à l'indonésienne (page 52) ou d'asperges.

~ INSTRUCTIONS POUR LA CONGÉLATION ~

Enveloppée et congelée, le gratin cuit se conserve 2 semaines. Laisser décongeler au réfrigérateur pendant 48 heures.

1 Chauffer l'huile à feu moyen dans une grande poêle antiadhésive. Y cuire l'ail, l'oignon, la carotte, les poivrons, le basilic, l'origan, le sel et le poivre 5 minutes en remuant ou jusqu'à ce que les légumes soient tendres.

2 Incorporer les tomates et la pâte de tomates, puis porter à ébullition. Réduire le feu et laisser mijoter à découvert 15 à 20 minutes ou jusqu'à ce que la préparation ait épaissi. Ajouter le maïs.

3 Entre-temps, cuire les tortellini à l'eau bouillante dans une grande casserole 8 à 10 minutes ou selon les instructions de l'emballage. Égoutter et ajouter la sauce aux tomates. Verser dans un moule profond allant au four d'une capacité de 3 l (13 sur 9 po).

4 Mélanger la mozzarella, le parmesan et le persil et saupoudrer. Cuire au four à 200 °C (400 °F) 15 minutes ou jusqu'à ce que le plat bouillonne et soit doré.

Donne 6 portions.

Penne aux poivrons rouges, aux olives noires et à la roquette

APPORT NUTRITIONNEL PAR PORTION	
calories	371
protéines	14 g
gras total	13 g
gras saturés	4 g
cholestérol	10 g
glucides	49 g
fibres alimentaires	4 g
sodium	361 mg

AQR : Vit. A 33 %, E 15 %, C 163 %, acide folique 22 %, Ca 24 % (267 mg), fer 12 %, zinc 17 %.

2   13/4   1/4

Portions du *Guide alimentaire canadien*

Les penne, ces pâtes alimentaires tubulaires en forme de plume, ou les rigatoni, ces pâtes tubulaires très grosses, ou encore les grosses coquilles conviennent très bien pour ce plat. Servez très chaud ou à température ambiante.
Voir photo page 118.

2	poivrons rouges	2
250 g	penne ou rigatoni, soit environ 875 ml (3 1/2 tasses)	8 oz
2	gousses d'ail émincées	2
25 ml	huile d'olive	2 c. à table
750 ml	feuilles de roquette ou de cresson de fontaine (environ 1 botte)	3 tasses
12	olives noires dénoyautées poivre	12
125 ml	parmesan fraîchement râpé	1/2 tasse

1 Cuire les poivrons sous le grilloir du four 20 minutes ou jusqu'à ce qu'ils soient noircis. Laisser refroidir. En maintenant les poivrons au-dessus d'un bol afin d'en récupérer le jus, les débarrasser de la peau carbonisée. Étrogner et épépiner puis couper en lanières. Réserver.

2 Cuire les rigatoni à l'eau bouillante dans une grande casserole 8 à 10 minutes ou jusqu'à ce qu'ils soient tendres mais encore fermes sous la dent. Bien égoutter.

3 Entre-temps, cuire l'ail et l'huile dans un four à micro-ondes à intensité élevée pendant 1 minute. Dans un grand bol, mélanger l'ail, les poivrons rouges, la roquette et les olives. Ajouter les pâtes et bien retourner. Verser suffisamment de liquide des poivrons réservé pour humecter les pâtes. Saler et poivrer. Saupoudrer de parmesan puis mélanger.

Donne 4 portions.

Orzo au citron, à l'aneth et au persil

Ces petites pâtes alimentaires en forme de grain de riz ajoutent de la nouveauté à la viande et font un plat d'accompagnement super pour le poulet et le poisson.

250 ml	orzo	1 tasse
25 ml	de chacun : aneth et persil frais hachés	2 c. à table
25 ml	oignons verts hachés	2 c. à table
15 ml	huile d'olive	1 c. à table
2 ml	zeste de citron râpé	1/2 c. à thé
15 ml	jus de citron fraîchement pressé	1 c. à table

1 Cuire l'orzo à l'eau bouillante dans une grande casserole 8 à 10 minutes ou jusqu'à ce que les pâtes soient tendres mais encore fermes sous la dent.

2 Retourner les pâtes dans l'aneth, le persil, les oignons verts, le zeste et le jus de citron. Saler et poivrer au goût.

Donne 4 portions.

Riz sauvage et riz basmati au citron et aux herbes

Remplacer les pâtes par 125 ml (1/2 tasse) de riz basmati brun ou de riz brun à grain long et par la même quantité de riz sauvage. Cuire les deux variétés de riz à l'eau bouillante dans une grande casserole 35 à 40 minutes ou jusqu'à ce que les grains de riz sauvage s'ouvrent et que le riz brun soit tendre. Bien égoutter. Poursuivre la recette à la deuxième étape.

APPORT NUTRITIONNEL PAR PORTION	
calories	191
protéines	5 g
gras total	4 g
gras saturés	1 g
cholestérol	0 mg
glucides	32 g
fibres alimentaires	2 g
sodium	114 mg

AQR : Vit. A 1 %, E 4 %, C 8 %, acide folique 6 %, Ca 1 % (14 mg), fer 5 %, zinc 7 %.

~ ON PREND DE L'AVANCE ~

Il est préférable de manger ce plat sur-le-champ. Si on veut le faire d'avance, on remplace l'orzo par du riz. Le riz blanc à grain long cuit en 20 minutes, le riz brun en 40 minutes.

Dans un contenant fermé, le riz se conserve 1 journée au réfrigérateur.

Cari de porc avec pommes et nouilles chinoises

APPORT NUTRITIONNEL PAR PORTION	
calories	478
protéines	39 g
gras total	11 g
gras saturés	2 g
cholestérol	105 mg
glucides	56 g
fibres alimentaires	4 g
sodium	411 mg

AQR : Vit. A 2 %, E 13 %, C 7 %, acide folique 14 %, Ca 10 % (115 mg), fer 22 %, zinc 44 %.

~ ALERTE AUX NOIX ~
Évitez les noix qui présentent des moisissures ou qui sont ratatinées. Les noix moisies contiennent de l'aflatoxine, une substance cancérigène.

11/2	1	1/4	2

Portions du *Guide alimentaire canadien*

Je conserve toujours un paquet de nouilles chinoises chow mein étuvées (non frites) au réfrigérateur, car elles sont prêtes en moins de 3 minutes. Et qui plus est, mon fils John les adore! On trouve ces nouilles dans la section des aliments fins de la plupart deéés supermarchés. On peut très bien les remplacer par des nouilles aux œufs ou des pâtes ordinaires très fines. On pourrait même préparer ce plat avec du riz au lieu de nouilles. Prenez des pommes Délicieuses rouges ou Northern Spy.

750 g	filet de porc ou côtelettes minute désossées	1 1/2 lb
15 ml	huile végétale	1 c. à table
5 ml	de chacun : coriandre moulue, cumin moulu et curcuma	1 c. à thé
2 ml	de chacun : poivre et flocons de piment rouge	1/2 c. à thé
2 ml	graines de fenouil broyées	1/2 c. à thé
1	gros oignon tranché	1
2	gousses d'ail émincées	2
15 ml	gingembre émincé	1 c. à table
2	pommes rouges étrognées et coupées en cubes	2
250 ml	bouillon de poulet	1 tasse
15 ml	farine tout usage	1 c. à table
250 ml	yogourt nature à 1 ou 2 %	1 tasse
15 ml	miel liquide	1 c. à table
1	paquet de nouilles chinoises précuites	1
75 ml	coriandre fraîche hachée ou persil frais haché	1/3 tasse
50 ml	de chacun : raisins secs et arachides hachées	1/4 tasse

1 Débarrasser le porc de son excédent de gras. Couper à travers les fibres en lanières de 2 cm (3/4 po) de largeur.

2 Chauffer 5 ml (1 c. à thé) d'huile à feu vif dans une poêle antiadhésive. Y faire dorer la moitié du porc. Mettre dans une assiette. Reprendre avec encore 5 ml (1 c. à thé) d'huile et le reste du porc.

3 Réduire le feu à moyen-doux. Ajouter le reste de l'huile, la coriandre, le cumin, le curcuma, le sel, les flocons de piment rouge et les graines de

fenouil. Cuire 1 minute en remuant. Ajouter l'oignon, l'ail et le gingembre. Cuire 5 minutes en remuant souvent.

4 Ajouter les pommes. Cuire en remuant fréquemment 5 minutes ou jusqu'à ce que l'oignon soit tendre. Verser le bouillon et porter à ébullition. Réduire le feu et ajouter le porc. Couvrir et laisser mijoter environ 3 minutes ou jusqu'à ce que le porc ait perdu la presque totalité de sa couleur rosée à l'intérieur.

5 Saupoudrer le yogourt de farine. Ajouter le miel et bien mélanger en remuant. Ajouter au porc.

6 Entre-temps, cuire les nouilles à l'eau bouillante dans une grande casse-role 1 ou 2 minutes ou jusqu'à ce qu'elles soient tendres. Égoutter et ajouter au mélange à base de porc. Bien mélanger. Mettre dans une grande assiette. Décorer de coriandre, de raisins secs et d'arachides.

Donne 6 portions.

L'alimentation de l'athlète

Une alimentation saine peut contribuer aux réussites sportives d'un enfant. Cependant, la nutrition de l'athlète est entourée de mythes.

Conseils nutritionnels sur l'alimentation du jeune sportif

◆ Ce n'est pas le repas précédant un match qui est décisif, mais bien ce que l'athlète consomme au jour le jour et à longueur d'année. Et que devrait-il consommer? Il devrait suivre les règles de base d'une alimentation saine qui s'appliquent à tous (voir page 3).

◆ Une saine alimentation fournit la quantité de protéines suffisante. Les suppléments de protéines ne sont pas nécessaires sauf dans quelques situations bien particulières.

◆ Les liquides sont importants pour le maintien du tonus et de l'énergie. La déshydratation risque d'affaiblir rapidement l'athlète, notamment par temps chaud et humide. N'attendez pas qu'un enfant ait soif pour le faire boire. L'enfant devrait commencer à siroter de l'eau au moins 2 heures avant tout événement sportif. Mettez de l'eau à sa disposition pendant et après l'événement également. Les quantités peuvent varier d'un enfant à l'autre, mais il est sage de lui faire consommer 4 à 8 verres d'eau.

◆ L'eau est le meilleur hydratant qui soit. L'eau froide est salutaire; elle est absorbée plus rapidement et, contrairement à ce que l'on croit, ne donne pas de crampes.

◆ Les boissons spéciales pour sportifs sont recommandées pour les événements qui durent plus d'une heure.

◆ Le repas précédant la compétition permet de prévenir les malaises associés à la faim et empêche la glycémie de chuter à un niveau où la fatigue se fait sentir et où la concentration disparaît. Prévoyez un repas léger fait d'aliments faciles à digérer, consommés au moins 2 heures avant l'événement. Vu que les protéines et les matières grasses ralentissent la digestion, le repas devrait consister principalement en aliments riches en glucides comme le pain, les céréales, les pâtes, le riz, les légumes et les fruits.

◆ Les tournois présentent d'autres problèmes, surtout s'ils se déroulent loin du domicile et si les périodes d'attente entre les parties ou les événements sont longues. Résistez à la tentation de manger du fast food riche en gras et de grignoter la nourriture vendue habituellement dans les stades ou les arénas comme les beignets, les croustilles, les tablettes de chocolat et les boissons gazeuses.

Penne aux poivrons rouges,
aux olives noires
et à la roquette (page 112) →

Rigatoni au bœuf, aux tomates et aux champignons

2   3 1/2   3/4

J'ai modernisé la sauce à spaghetti préférée de ma famille, à base de bœuf et de tomate, en lui ajoutant des tonnes de champignons, d'ail et de basilic frais haché. Pour une version végétarienne, omettre le bœuf et ajouter du tofu, des pois chiches

	APPORT NUTRITIONNEL PAR PORTION	
calories		434
protéines		28 g
gras total		9 g
	gras saturés	3 g
	cholestérol	44 mg
glucides		62 g
fibres alimentaires		7 g
sodium		770 mg

AQR : Vit. A 17 %, E 19 %, C 55 %, acide folique 22 %, Ca 15 % (164 mg), fer 37 %, zinc 57 %.

~ ON PREND DE L'AVANCE ~

Ces rigatoni se conservent 1 journée au réfrigérateur. Si le plat est trop sec, le réchauffer en y ajoutant un peu d'eau chaude.

500 g	bœuf haché extra-maigre	1 lb
2	oignons hachés	2
6	gousses d'ail hachées	6
500 g	champignons en tranches épaisses, soit 1,5 l (6 tasses)	1 lb
10 ml	assaisonnement à l'italienne ou origan séché	2 c. à thé
1	boîte de 156 ml (5 1/2 oz) de pâte de tomates	1
1	boîte de 796 ml (28 oz) de tomates	1
5 ml	sucre granulé	1 c. à thé
125 ml	basilic frais haché ou 5 ml (1 c. à thé) de basilic séché	1/4 tasse
50 ml	persil plat frais haché	1/4 tasse
5 ml	de chacun : sel et poivre	1 c. à thé
375 g	rigatoni, soit 1,5 l (6 tasses)	12 oz
1	paquet de 284 g (10 oz) d'épinards frais hachés (facultatif)	1/4 tasse
75 ml	parmesan fraîchement râpé	1/3 tasse

1 Faire revenir le bœuf à feu moyen dans une grande poêle antiadhésive. Ajouter les oignons, l'ail, les champignons et l'assaisonnement à l'italienne. Cuire en remuant de temps à autre jusqu'à ce que les oignons aient ramolli, soit environ 8 minutes.

2 Mettre la pâte de tomates et les tomates en les défaisant avec le dos de la cuillère, le sucre, et la moitié du basilic (ou la totalité si on utilise du basilic sec). Porter à ébullition. Réduire le feu et laisser mijoter 10 minutes. Ajouter de l'eau si la sauce est trop épaisse. Mettre le reste du basilic frais, le persil, le sel et le poivre.

3 Entre-temps, faire cuire les rigatoni dans une grande casserole 8 à 10 minutes, jusqu'à ce que les nouilles soient *al dente*. Ajouter les épinards si on en utilise ; cuire 1 minute. Bien égoutter et mêler à la sauce. Saupoudrer de parmesan.

Donne 6 portions.

Poulet piquant avec brocoli et nouilles chinoises

11/4   13/4   1

Portions du *Guide alimentaire canadien*

Ce plat complet fait très bonne impression servi dans une grande assiette et garni de coriandre fraîche.

25 ml	gingembre moulu	2 c. à table
25 ml	vin de riz, saké ou scotch	2 c. à table
15 ml	fécule de maïs	1 c. à table
5 ml	huile de sésame	1 c. à thé
750 g	poulet désossé sans la peau coupé en morceaux de 2,5 cm (1 po)	1 1/2 lb
1,5 l	morceaux de brocoli de 2,5 cm (1 po), soit 500 g (1 lb)	6 tasses
1	paquet de 284 g (10 oz) de nouilles chinoises précuites	1
15 ml	de chacun : huile végétale et ail émincé (3 gousses)	1 c. à table
2 ml	flocons de piment rouge broyés	1 c. à thé
1	boîte de 284 ml (10 oz) de châtaignes d'eau, égouttées et tranchées, soit environ 250 ml (1 tasse) ou céleri	1
50 ml	coriandre fraîche hachée	1/4 tasse

Sauce

175 ml	bouillon de poulet	3/4 tasse
50 ml	sauce soja	1/4 tasse
25 ml	vinaigre de riz	2 c. à table
15 ml	sucre granulé	1 c. à table
10 ml	de chacune : huile de sésame et fécule de maïs	2 c. à thé

1 Dans un bol, bien mélanger le gingembre, le vinaigre de riz, la fécule de maïs et l'huile de sésame. Ajouter le poulet, couvrir et laisser 20 minutes au réfrigérateur (2 heures au maximum).

2 Cuire le brocoli à l'eau bouillante dans une casserole 2 minutes. Égoutter et réserver.

3 Préparation de la sauce : Entre-temps, mélanger dans un petit bol le bouillon de poulet, la sauce soja, le vinaigre de riz, le sucre, l'huile de sésame et la fécule de maïs. Réserver.

4 Cuire les nouilles à l'eau bouillante dans une grande casserole 3 minutes ou en suivant les instructions sur l'emballage ou jusqu'à ce qu'elles soient tendres mais encore fermes sous la dent. Égoutter puis étaler dans une grande assiette préchauffée.

5 Entre-temps, chauffer l'huile dans un wok à feu vif. Faire sauter le mélange de poulet 5 minutes ou jusqu'à ce qu'il ait perdu sa couleur rosée à l'intérieur. Ajouter l'ail et les flocons de piment rouge. Faire sauter pendant 30 secondes.

6 Ajouter les châtaignes d'eau et le brocoli. Incorporer la sauce et ajouter au mélange à base de poulet. Porter à ébullition en remuant constamment. Verser sur les nouilles et remuer. Garnir de coriandre.

Donne 6 portions.

Repas entre amis pour six personnes
Moules marinées (page 30)
Poulet piquant avec brocoli et
nouilles chinoises (ci-contre)
Salade d'épinards avec vinaigrette
à l'huile de noix de Grenoble (page 47)
Tartelettes aux fraises avec crème au citron (page 316)

Pâtes aux tomates et aux deux fromages

APPORT NUTRITIONNEL PAR PORTION	
calories	335
protéines	20 g
gras total	9 g
gras saturés	5 g
cholestérol	23 mg
glucides	44 g
fibres alimentaires	3 g
sodium	557 mg

AQR : Vit. A 13 %, D 21 %, E 4 %, C 23 %, acide folique 13 %, Ca 40 % (437 mg), fer 13 %, zinc 16 %.

~ ON PREND DE L'AVANCE ~

Dans un contenant fermé, ces pâtes se gardent 2 jours au réfrigérateur ou 2 semaines au congélateur.

1 3/4   1/2   1

Portions du *Guide alimentaire canadien*

Voici une version modernisée et allégée de la recette traditionnelle de maraconi au fromage. Conservez-en quelques portions au congélateur.

250 g	macaroni, soit 550 ml (2 1/4 tasses) ou penne, soit 750 ml (3 tasses)	8 oz
250 ml	cheddar fort allégé (19 %) râpé	1 tasse
250 ml	oignons verts hachés	1 tasse
125 ml	parmesan fraîchement râpé	1/2 tasse
75 ml	farine tout usage	1/3 tasse
15 ml	moutarde sèche	1 c. à table
5 ml	estragon séché	1 c. à thé
2 ml	de chacun : sel, poivre et paprika	1/2 c. à thé
750 ml	lait à 1 %	3 tasses
2	tomates hachées	2
25 ml	persil frais haché (facultatif)	2 c. à table

1 Cuire les macaroni à l'eau bouillante dans une grande casserole 10 minutes ou jusqu'à ce qu'ils soient tendres mais encore fermes sous la dent. Égoutter.

2 Entre-temps, mélanger dans un bol le cheddar, les oignons verts, le parmesan, la farine, la moutarde, l'estragon, le sel, le poivre et le paprika.

3 Chauffer le lait dans une grande casserole jusqu'à ce qu'il soit très chaud. Incorporer progressivement le mélange à base de cheddar en battant sans arrêt au fouet pour bien mélanger. Cuire à feu moyen en remuant sans arrêt, jusqu'à ce que la sauce ait épaissi et qu'elle bouillonne. Incorporer les macaroni. Cuire 2 minutes. Ajouter les tomates et le persil si on en utilise.

Donne 6 portions.

Gratin de pâtes aux tomates et aux deux fromages

Suivre la recette jusqu'à la deuxième étape, mais n'ajouter que 75 ml (1/3 tasse) de parmesan. Poursuivre à la troisième étape, mais une fois les macaroni incorporés, mettre la préparation dans un moule carré d'une capacité de 2 l (8 po de côté) légèrement graissé ou un plat allant au four de la même capacité (11 po sur 7 po). Disposer les tomates sur le dessus et saupoudrer du parmesan restant. Cuire au four à 190 ºC (375 ºF) 10 minutes. Passer sous le grilloir 5 minutes ou jusqu'à ce que le fromage ait fondu et que les tomates soient bien chaudes. Garnir de persil si on le désire.

Les plats de résistance végétariens

Vous trouverez d'autres plats de résistance végétariens dans les sections *Pâtes alimentaires*, *Soupes*, *Salades* et *Brunches*.

NOTES SUR LA NUTRITION

Le végétarisme

Le végétarisme suscite de plus en plus d'intérêt, même chez les gens qui ne sont pas végétariens. Puisque les repas végétariens sont surtout faits d'aliments souvent recommandés pour la santé, cette tendance est positive. Cependant, les régimes végétariens ne garantissent pas la santé. Ce qu'on mange compte autant que ce qu'on ne mange pas. À certaines périodes de la vie, notamment durant l'enfance, l'adolescence et la grossesse, les régimes végétariens, par exemple, ne conviennent pas, car ils peuvent difficilement combler les besoins en calories, calcium et fer.

Conseils nutritionnels : Le végétarisme

♦ Les régimes végétariens devraient reposer sur les mêmes principes de saine alimentation que les régimes comportant de la viande, et insister sur les aliments plus faibles en gras et plus riches en fibres.

♦ Si l'on intègre le lait, le yogourt, le fromage et les œufs à son régime, on n'a pas de souci à se faire quant à la quantité et la qualité des protéines ingérées. Seuls les végétaliens doivent s'assurer qu'ils consomment un éventail de protéines végétales au cours de la journée (mais pas nécessairement à tous les repas) afin d'aller chercher toutes les protéines. Le tofu et les légumineuses (haricots, pois et lentilles) comptent parmi les meilleures sources de protéines végétales.

♦ On conseille aux enfants, aux adolescents et aux femmes enceintes et qui allaitent de consommer des produits laitiers ou des œufs.

♦ Inclure une source de vitamine C chaque repas contribue à favoriser l'absorption du fer non héminique contenu dans les céréales, les légumineuses (haricots, pois et lentilles), les légumes, les fruits séchés et le produits enrichis comme les céréales et les pâtes. Voir les sources de vitamine C à la page 243.

♦ Si vous ne consommez aucun produit d'origine animale, assurez-vous d'aller chercher suffisamment de calcium et de vitamine D *(voir page 108)* ainsi que de vitamine B_{12}. Les végétaliens devraient prendre un supplément d'au moins 1 microgramme de vitamine B_{12} ou l'équivalent en aliments enrichis de vitamine B_{12}.

♦ Pour vous assurer un apport suffisant en zinc, notamment si vous prenez des suppléments d'acide folique et de fer, veillez à consommer des noix, des légumineuses (haricots, pois et lentilles), des céréales entières, du lait et du jaune d'œuf.

Les différents types de végétarisme

♦ Le régime végétalien est le plus restrictif. Il exclut tout aliment d'origine animale, y compris les sous-produits comme la gélatine et le miel.

♦ Le régime lacto-végétarien autorise la consommation de produits laitiers.

♦ Le régime lacto-ovo-végétarien est plus «permissif» et autorise les œufs en plus des produits laitiers.

Paella végétarienne

13/4   3   1

Portions du *Guide alimentaire canadien*

Ce plat regorge de légumes colorés et de safran. La paella se prépare normalement avec du riz à grain court, à texture crémeuse, mais on peut aussi la faire à partir de riz à grain long, qui ne colle pas. Si vous préparez la paella à l'avance, utilisez un riz à grain long. Vous aurez peut-être envie d'y ajouter des asperges et des haricots verts; il suffit de les mettre en même temps que les pois chiches. Voir photo page 117.

5 ml	brins de safran	1 c. à thé
25 ml	huile d'olive	2 c. à table
5	gousses d'ail émincées	5
2	carottes pelées et coupées en tranches épaisses en diagonale	2
1	gros oignon haché	1
500 ml	riz à grain court (valencia ou arborio) ou riz précuit à grain long	2 tasses
2	grosses tomates hachées grossièrement ou 1 boîte de 540 ml (19 oz) de tomates, hachées, avec leur jus	2
1 l	bouillon de légumes	4 tasses
125 ml	vin blanc sec	1/2 tasse
10	moitié de tomates séchées conditionnées à sec, hachées grossièrement	10
2	feuilles de laurier	2
1	boîte de 540 ml (19 oz) de pois chiches égouttés et rincés	1
1	boîte d'artichauts de 398 ml (14 oz) égouttés et rincés	1
1	poivron rouge rôti et tranché	1
250 ml	de chacun : petits pois et grains de maïs surgelés	1 tasse
50 ml	olives noires dénoyautées et coupées en deux (facultatif)	1/4 tasse
125 ml	coriandre fraîche hachée ou persil frais haché	1/2 tasse
1 ml	de chacun : sel et poivre	1/4 c. à thé

~ ON PREND DE L'AVANCE ~

On peut préparer cette recette à l'avance jusqu'à la quatrième étape inclusivement en omettant les petits pois. Dans un contenant fermé, la paella se conserve 2 jours au réfrigérateur. Réchauffer délicatement et ajouter les pois.

~ RÉDUIRE SA CONSOMMATION DE SEL ~

Pour réduire de moitié le sodium consommé, prenez de l'eau ou du bouillon maison sans sel ajouté au lieu du bouillon de légumes.

~ CUISINER ET MANGER MOINS GRAS ~

Prévoyez davantage de repas sans viande. Les pois chiches et les autres légumineuses (haricots, pois et lentilles) sont faibles en matières grasses et constituent une bonne source de protéines végétales, de sucres complexes et de fibres alimentaires.

~ CONSEIL CULINAIRE ~

Pour faire rôtir les poivrons rouges, voir le conseil culinaire donné à la page 39.

1 Laisser tremper le safran dans 25 ml (2 c. à table) d'eau très chaude au moins 15 minutes ou jusqu'à 1 heure.

2 Chauffer l'huile à feu moyen dans une grande poêle antiadhésive. Y cuire l'ail, les carottes et l'oignon, en remuant de temps à autre 5 minutes ou jusqu'à ce que les légumes aient ramolli. Incorporer le riz.

3 Ajouter les tomates, le bouillon, le vin, les tomates séchées, les feuilles de laurier et le safran puis porter à ébullition. Couvrir et poursuivre la cuisson à feu doux pendant 15 minutes en remuant de temps à autre.

4 Ajouter les pois chiches, les artichauts, le poivron rouge, les petits pois (si on sert la paella immédiatement), le maïs et les olives, si on en utilise. Cuire 5 minutes à feu doux en remuant ou jusqu'à ce que les légumes soient bien chauds. Jeter les feuilles de laurier.

5 Incorporer la coriandre, le sel et le poivre (si on utilise du riz à grain long, couvrir légèrement de papier d'aluminium et laisser reposer 20 minutes afin de laisser le liquide s'absorber).

Donne 6 portions.

Paella aux fruits de mer

Omettre les pois chiches et le maïs. Ajouter à la troisième étape 500 g (1 lb) de grosses crevettes décortiquées et déveinées (crues ou cuites) et 500 g (1 lb) de moules nettoyées. Couvrir et cuire jusqu'à ce que les crevettes soient opaques et que les moules soient ouvertes. Jeter les moules qui ne se seraient pas ouvertes.

Repas végétarien

Tartelettes de pâte phyllo garnies de salsa à la mangue (page 15)
Spirales au poivron rouge rôti et à la roquette (page 39)
Spirales aux graines de sésame et au wasabi (page 38)
Bisque de cèpes (page 82)
ou Soupe aux patates douces et au gingembre (page 76)
ou Salade végétarienne à la thaïlandaise (page 53)
Paella végétarienne (page précédente)
Croustillant aux pommes et aux petits fruits (page 306) ou
Tarte aux pêches et aux bleuets (page 314)

Ragoût de légumes à la méditerranéenne

~ ON PREND DE L'AVANCE ~

On peut préparer cette recette à l'avance jusqu'à la deuxième étape inclusivement. Dans un contenant fermé, le ragoût se conserve 1 journée. Réchauffer avant de servir.

4

Portion du *Guide alimentaire canadien*

On tient souvent les pommes de terre pour acquises. Cependant, dans ce ragoût, non seulement font-elles contrepoids à l'acidité des tomates, mais leur peau ajoute de la couleur et de la saveur, tout comme le fait la peau des courgettes et des aubergines. Prenez donc soin de peler les légumes qui présentent des meurtrissures.

15 ml	huile d'olive	1 c. à table
1/2	oignon en tranches	1/2
3	tomates coupées grossièrement	3
5 ml	de chacun : basilic séché, sel et poivre	1 c. à thé
4	pommes de terre rouges, coupées en cubes de 1 cm (1/2 po)	4
1	poivron rouge ou vert, haché	1
500 ml	de chacune : aubergine et courgette coupées en cubes	2 tasses
50 ml	basilic ou persil frais haché	1/4 tasse
50 ml	parmesan fraîchement râpé	1/4 tasse

1 Chauffer l'huile à feu moyen dans une grande poêle antiadhésive. Y cuire l'oignon en remuant de temps à autre, pendant 5 minutes ou jusqu'à ce qu'il ait ramolli. Ajouter les tomates, le basilic, le sel et le poivre. Couvrir et cuire 5 minutes.

2 Ajouter les pommes de terre et le poivron rouge (ajouter 50 ml (1/4 tasse) d'eau au besoin). Réduire le feu à moyen-doux et laisser mijoter à couvert 10 minutes. Ajouter l'aubergine. Laisser mijoter à couvert 10 minutes en remuant de temps à autre. Ajouter la courgette et laisser mijoter à couvert 5 minutes ou jusqu'à ce que les légumes soient tendres.

3 Incorporer le basilic. Garnir chaque portion de fromage.

Donne 4 portions.

Pizza aux artichauts, au fromage de chèvre, aux tomates fraîches et aux oignons

13/4   11/4   1/4

Portions du *Guide alimentaire canadien*

Tout enfant vous confirmera qu'un restant de pizza fait un petit déjeuner formidable. J'aime cette combinaison particulière de garnitures dans n'importe quel repas. Cependant, d'autres garnitures donnent des résultats tout aussi intéressants. On trouve de la pâte à pizza surgelée dans la plupart des supermarchés. Vous pouvez aussi faire votre propre pâte en suivant la recette de Focaccia présentée à la page 280. On peut également utiliser une croûte à pizza ou une tortilla grillée.

375 g	pâte à pizza maison ou surgelée	12 oz
250 ml	mozzarella partiellement écrémée râpée	1 tasse
250 ml	oignon espagnol tranché finement	1 tasse
1	boîte de 398 ml (14 oz) d'artichauts égouttés et coupés en quartiers	1
2	tomates tranchées	2
1	poivron rouge ou vert rôti et tranché	1
50 ml	basilic frais haché ou 10 ml (2 c. à thé) de basilic séché	1/4 tasse
30 g	fromage de chèvre mou émietté	1 oz
pincée	flocons de piment rouge	pincée

1 Sur une surface légèrement farinée, abaisser la pâte à pizza de la grandeur d'une plaque à biscuits de 45 cm sur 28 cm (17 po sur 11 po).

2 Garnir de mozzarella, d'oignon et d'artichauts, ensuite de tomates et de poivrons rôtis. Parsemer de basilic, de fromage de chèvre et de flocons de piment rouge.

3 Cuire sur la clayette du bas d'un four à 260 °C (500 °F) 15 minutes ou jusqu'à ce que le fromage bouillonne et que la croûte soit dorée.

Donne 6 portions.

Pizza au pesto

Étendre 75 ml (1/3 tasse) de Pesto (page 94) sur une croûte à pizza. Garnir de n'importe quelle garniture : légumes rôtis, fromage de chèvre, champignons et tomates fraîches coupées en tranches. Cuire au four selon la méthode décrite à la troisième étape.

APPORT NUTRITIONNEL PAR PORTION	
calories	256
protéines	12 g
gras total	7 g
gras saturés	3 g
cholestérol	16 mg
glucides	38 g
fibres alimentaires	4 g
sodium	530 mg

AQR : Vit. A 14 %, E 6 %, C 53 %, acide folique 22 %, Ca 17 % (191 mg), fer 16 %, zinc 10 %.

~ ON PREND DE L'AVANCE ~

On peut préparer cette recette à l'avance jusqu'à la deuxième étape inclusivement. Dans un contenant fermé, la pizza se conservera 4 heures au réfrigérateur.

CONSEIL CULINAIRE

Vous pouvez créer votre propre pizza en personnalisant la garniture. Par exemple, pourquoi ne pas y mettre des asperges ou des haricots verts blanchis ou encore des pommes de terre en tranches.

Riz pilaf aux poireaux

~ ON PREND DE L'AVANCE ~

Dans un contenant fermé, le riz se garde 1 journée au réfrigérateur. Ajouter quelques cuillerées d'eau au moment de réchauffer.

13/4   1

Portions du *Guide alimentaire canadien*

Les délicates saveurs du poireau et de l'aneth frais combinées au riz donnent un plat réconfortant. Pour un repas simple, servez ce riz avec des tomates en tranches, du feta et du pain croûté.

15 ml	huile d'olive	1 c. à table
1 l	poireaux hachés grossièrement (parties blanches et vert pâle seulement)	4 tasses
250 ml	riz blanc à grain long ou riz brun	1 tasse
500 ml	eau bouillante	2 tasses
125 ml	aneth frais haché grossièrement	1/2 tasse
1 ml	de chacun : sel et poivre	1/4 c. à thé

1 Chauffer l'huile à feu moyen dans une grande casserole à fond épais. Y cuire les poireaux en remuant souvent, jusqu'à ce qu'ils soient translucides et presque tendres, soit environ 5 minutes. Incorporer le riz puis l'eau et porter à ébullition.

2 Réduire le feu, couvrir et laisser mijoter 20 minutes pour le riz blanc (40 minutes pour le riz brun) ou jusqu'à ce qu'il soit tendre et que l'eau ait été absorbée. Incorporer l'aneth, le sel et le poivre.

Donne 4 portions.

Les différentes variétés de riz

♦ Le **riz blanc** est la variété la plus courante. Il a subi un traitement qui l'a débarrassé du son.

♦ Le **riz brun** est le plus nutritif, car il s'agit d'un grain entier qui contient du son. Il est plus riche en fibres alimentaires et en vitamines du groupe B que les autres variétés. Le riz brun met environ 40 minutes à cuire. On peut également trouver dans le commerce du riz brun partiellement cuit qui se prépare en 25 minutes.

♦ Le **riz instantané ou précuit** est un riz blanc cuit puis déshydraté. Au Canada, il est parfois enrichi de vitamines. Sa cuisson est des plus rapides mais il n'a pas la même texture que le riz ordinaire.

♦ Le **riz étuvé («converted»)** a subi un traitement qui force les éléments nutritifs présents dans le son à migrer vers le centre (endosperme) du grain. Il est plus nutritif que le riz blanc. Une fois cuits, les grains sont fermes et se détachent facilement les uns des autres. Le riz blanc et le riz brun peuvent être étuvés.

♦ Les **riz parfumés** sont des riz à grain long, bruns ou blancs, ayant une saveur et un arôme de noix. Le plus populaire est le riz basmati d'Inde et du Pakistan de même que le riz au jasmin de Thaïlande.

♦ Le riz **arborio** est un riz à grain court ou moyen importé d'Italie et utilisé pour les risottos. Pendant sa cuisson, on ajoute le liquide progressivement tout en remuant. Le riz cuit est crémeux à l'extérieur et ferme à l'intérieur. Recherchez la meilleure qualité, appelée «superfino».

♦ Un **riz à grain court** est plus collant qu'un riz à grain long.

L'art de cuire le riz

Suivre les instructions données sur l'emballage, s'il y en a. Si on a acheté le riz en vrac ou si on utilise du riz au jasmin, d'abord le rincer. Pour chaque tasse (250 ml) de riz à grain long, porter à ébullition 500 ml (2 tasses) d'eau ou de bouillon. Y jeter le riz puis réduire le feu, couvrir et laisser mijoter pendant environ 20 minutes pour le riz blanc ou 40 minutes pour le brun, ou jusqu'à ce que le liquide ait été absorbé et que le riz soit tendre. Remuer à la fourchette. Une fois cuite, 1 tasse (250 ml) de riz cru donnera environ 3 tasses (750 ml) de riz. Pour obtenir de meilleurs résultats, utiliser une casserole à fond épais munie d'un couvercle étanche.

Cari végétarien aux pommes de terre

~ ON PREND DE L'AVANCE ~

On peut préparer cette recette à l'avance jusqu'à la troisième étape inclusivement en omettant les haricots et les épinards ; à couvert, le cari se conserve 4 heures au réfrigérateur. Réchauffer ensuite. Blanchir les haricots à l'eau bouillante 5 minutes. Égoutter et ajouter avec les épinards. Cuire jusqu'à ce que les épinards se soient affaissés.

4 3/4

Portion du *Guide alimentaire canadien*

Ce cari constitue un plat principal consistant ou un accompagnement savoureux. Au lieu (ou même avec) les pommes de terre, j'utilise parfois du chou-fleur. Servez accompagné de riz basmati.

375 ml	pommes de terre coupées en cubes	1 1/2 tasse
15 ml	huile végétale	1 c. à table
10 ml	graines de cumin	2 c. à thé
2	gousses d'ail émincées	2
1	oignon de taille moyenne tranché finement	1
10 ml	gingembre émincé	2 c. à thé
25 ml	pâte de cari moyenne ou 10 ml (2 c. à thé) de poudre de cari	2 c. à table
1	petite aubergine coupée en dés, soit environ 750 ml (3 tasses)	1
300 ml	haricots verts coupés en segments de 5 cm (2 po), soit environ 125 g (4 oz)	1 1/4 tasse
1	boîte de 540 ml (19 oz) de tomates, hachées avec leur jus	1
1	paquet de 284 ml (10 oz) d'épinards frais, tiges enlevées	1
50 ml	coriandre fraîche hachée (facultatif)	1/4 tasse
25 ml	yogourt nature, de préférence très épais ou de type grec	2 c. à table

1 Cuire les pommes de terre à l'eau bouillante dans une casserole 6 minutes ou jusqu'à ce qu'elles soient tendres. Égoutter.

2 Entre-temps, chauffer l'huile à feu vif dans une poêle antiadhésive ou un wok. Faire sauter les graines de cumin 30 secondes. Réduire à feu moyen. Ajouter l'ail, l'oignon et le gingembre. Faire sauter 2 minutes. Incorporer la pâte de cari et cuire 1 minute.

3 Ajouter l'aubergine et les haricots. Cuire en remuant souvent pendant 2 minutes. Incorporer les tomates, couvrir et laisser mijoter 10 minutes. Ajouter les pommes de terre et les épinards. Cuire à couvert 4 minutes ou jusqu'à ce que les légumes soient tendres.

4 Retirer du feu. Incorporer la coriandre et le yogourt. Saler et poivrer au goût.

Donne 4 portions comme plat de résistance ou 6 portions en guise d'accompagnement.

Boulghour, patate douce et courge

1   31/2

Portions du *Guide alimentaire canadien*

Consistant mais moelleux, ce plat aux couleurs éclatantes présente un équilibre intéressant de textures et de saveurs. Comme plat principal, garnissez chaque portion d'une cuillerée de yogourt, de fromage râpé et de coriandre fraîche. En guise de plat d'accompagnement, servez avec un rôti, du poulet ou de la dinde. Ce plat est également idéal dans les buffets.

Voir photo page 148.

APPORT NUTRITIONNEL PAR PORTION (PLAT DE RÉSISTANCE)	
calories	241
protéines	6 g
gras total	4 g
gras saturés	1 g
cholestérol	0 mg
glucides	49 g
fibres alimentaires	7 g
sodium	136 mg

AQR : Vit. A 191 %, E 5 %, C 150 %, acide folique 25 %, Ca 8 % (91 mg), fer 21 %, zinc 11 %.

~ ON PREND DE L'AVANCE ~

Dans un contenant fermé, le boulghour se conserve 1 journée au réfrigérateur.

~ CONSEIL NUTRITIONNEL ~

Les patates douces et la courge sont très riches en bêta-carotène, substance que l'organisme convertit en vitamine A. Les poivrons rouges sont très riches en vitamine C.

125 ml	boulghour	1/2 tasse
15 ml	huile d'olive	1 c. à table
1	oignon tranché	1
2	gousses d'ail hachées	2
5 ml	de chacun : graines de cumin, origan séché et paprika	1 c. à thé
750 ml	courge musquée ou courge d'hiver pelée et coupée en cubes, soit 320 g (10 oz)	3 tasses
375 ml	patate douce pelée et coupée en cubes, soit 250 g (8 oz)	1 1/2 tasse
1	poivron rouge ou vert, haché	1
500 ml	tomates hachées*	2 tasses
175 ml	bouillon de légumes ou de poulet	3/4 tasse
25 ml	vinaigre balsamique	2 c. à table

1   Mettre le boulghour dans un bol et le couvrir de 500 ml (2 tasses) d'eau très chaude. Laisser reposer 15 minutes puis égoutter.

2   Entre-temps, chauffer l'huile à feu mi-vif dans une grande poêle antiadhésive ou un wok. Y cuire l'oignon et l'ail, en remuant souvent, pendant 5 minutes ou jusqu'à ce que l'oignon ait ramolli. Ajouter les graines de cumin, l'origan et le paprika. Cuire en remuant 2 minutes. Ajouter la courge, la patate douce et le poivron rouge. Cuire en remuant 2 minutes.

3   Ajouter les tomates et le bouillon puis porter à ébullition. Couvrir et cuire 15 minutes ou jusqu'à ce que les légumes soient à la fois tendres et croquants.

4   Incorporer le boulghour et laisser mijoter 5 minutes. Incorporer le vinaigre puis saler et poivrer au goût.

Donne 4 portions en guise de plat de résistance ou 8 portions comme plat d'accompagnement.

*   Possibilité de substitution : Remplacer les tomates fraîches par 1 boîte de 540 ml (19 oz) de tomates égouttées et hachées.

Croquettes de lentilles aux champignons

~ ON PREND DE L'AVANCE ~

On peut préparer cette recette à l'avance jusqu'à la deuxième étape inclusivement. Bien emballées, les croquettes se conservent 2 jours au réfrigérateur ou 1 mois au congélateur. Faire décongeler avant de poursuivre la recette.

~ CONSEIL NUTRITIONNEL ~

Les lentilles sont très riches en acide folique et en fibres alimentaires et sont une bonne source de protéines.

1/4	1	1

Portions du *Guide alimentaire canadien*

Ce sont la coriandre fraîche et le cumin moulu qui donnent du goût à ces croquettes vite préparées. Servez-les avec des Patates douces poêlées (page 166) et des Épinards aux tomates et au cumin (page 158). Ou traitez-les comme des boulettes de hamburgers et servez-les dans des petits pains, accompagnées de légumes rôtis et de tzatziki ou avec les garnitures traditionnelles.

10 ml	huile végétale	2 c. à thé
2	gousses d'ail émincées	2
1	oignon haché finement, soit 250 ml (1 tasse)	1
2 ml	de chacun : cumin moulu et coriandre moulue	1/2 c. à thé
375 ml	champignons coupés en dés, soit environ 90 g (3 oz)	1 1/2 tasse
1	boîte de 540 ml (19 oz) de lentilles égouttées et rincées	1
1	carotte râpée, soit environ 250 ml (1 tasse)	1
75 ml	chapelure fine sèche	1/3 tasse
50 ml	coriandre fraîche hachée	1/4 tasse
1 ml	de chacun : sel et poivre	1/4 c. à thé

1 Chauffer à feu moyen 5 ml (1 c. à thé) d'huile dans une poêle anti-adhésive. Y cuire l'ail, l'oignon, le cumin et la coriandre moulue en remuant 2 minutes. Ajouter les champignons. Poursuivre la cuisson en remuant 8 minutes ou jusqu'à ce qu'ils commencent à dorer. Laisser refroidir.

2 Hacher grossièrement les lentilles au robot culinaire. En faisant fonctionner l'appareil en mode pulsation, ajouter le mélange de champignons et de carottes. Mettre dans un bol. Incorporer la chapelure, la coriandre, le sel et le poivre. En pressant fermement, faire 4 croquettes.

3 Chauffer le reste de l'huile à feu moyen dans une poêle antiadhésive. Cuire les croquettes 4 minutes de chaque côté ou jusqu'à ce qu'elles soient à point.

Donne 4 portions.

Roulades de tortillas aux lentilles et aux champignons

Déposer le mélange de la recette de Croquettes de lentilles aux champignons au centre de 4 grandes tortillas de blé. Couvrir de tranches de tomate, d'avocat coupé en dés et de feuilles de laitue ou d'épinards déchiquetées. Rabattre une extrémité sur la garniture, puis les côtés, et rouler. Donne 4 portions.

Croquettes de pois chiches

1/4   3/4   1

Portions du *Guide alimentaire canadien*

Les piments forts marinés donnent du piquant à ces croquettes, que l'on sert dans des pitas ou des petits pains garnis de yogourt, de coriandre fraîche, de laitue et de tomates. On peut aussi les offrir dans une tortilla molle comme dans la recette de Roulades de tortilla (ci-dessous).

10 ml	huile végétale	2 c. à thé
3	oignons verts hachés, avec les tiges	3
2	gousses d'ail émincées	2
5 ml	de chacun : origan séché et poudre de chili	1 c. à thé
250 ml	poivron rouge ou vert coupé en dés ou 50 à 125 ml (1/4 à 1/2 tasse) de piments forts marinés, hachés	1 tasse
1/2	tomate hachée	1/2
1	boîte de 540 ml (19 oz) de pois chiches égouttés et rincés	1
75 ml	chapelure fine sèche	1/3 tasse
25 ml	coriandre fraîche hachée ou persil frais haché	2 c. à table

~ ON PREND DE L'AVANCE ~

On peut préparer cette recette à l'avance jusqu'à la deuxième étape inclusivement. Bien emballées, les croquettes se conservent 3 jours au réfrigérateur ou 1 mois au congélateur. Faire décongeler avant de poursuivre la recette.

1 Chauffer l'huile à feu moyen dans une poêle antiadhésive. Y cuire les oignons verts, l'ail, l'origan et la poudre de chili en remuant 2 minutes. Ajouter le poivron rouge et la tomate puis cuire en remuant environ 3 minutes ou jusqu'à ce que le poivron soit tendre et que le liquide se soit évaporé.

2 Dans un robot culinaire, mélanger les pois chiches et le mélange à base de poivron. Mettre le mélange dans un bol. Incorporer la chapelure, le persil, le sel et le poivre au goût et bien mélanger le tout. En pressant fermement, façonner 4 croquettes.

3 Chauffer le reste de l'huile à feu moyen dans une poêle antiadhésive. Cuire les croquettes 4 minutes de chaque côté ou jusqu'à ce qu'elles soient à point.

Donne 4 portions.

Roulades de tortilla aux pois chiches, aux tomates et à la coriandre

Omettre la chapelure. Déposer la préparation non façonnée au centre de 4 grandes tortillas de blé molles. Garnir de tomate coupée en dés, mouiller de yogourt, ajouter de la coriandre fraîche hachée et des feuilles de laitue ou d'épinards déchiquetés. Rabattre une extrémité sur la garniture et les côtés, puis rouler. Donne 4 portions.

Le soja

Aliment autrefois négligé en Amérique du Nord, le soja est maintenant reconnu pour ses bienfaits sur la santé. Le soja est riche en isoflavones, substances végétales qui, au cours de la digestion, se convertissent en phyto-œstrogènes, des composés semblables aux œstrogènes.

Quelques avantages nutritifs

Bien que les faits suivants soient encore loin d'être établis, voici quelques-uns des avantages pour la santé attribués aux phyto-œstrogènes :

♦ Ils pourraient réduire le risque de cancers œstrogénodépendants tels que le cancer du sein et de la prostate, peut-être en entrant en concurrence avec l'œstrogène véritable pour la conquête des sites récepteurs, réduisant ainsi l'exposition des cellules à l'œstrogène.

♦ Ils pourraient entraver la prolifération des cellules cancéreuses.

♦ Ils pourraient abaisser le cholestérol sanguin et réduire le risque d'accumulation de cholestérol sur les parois artérielles.

♦ Ils pourraient réduire le risque d'ostéoporose en favorisant la rétention de calcium dans les os.

♦ Ils pourraient soulager les malaises associés à la ménopause tels que les bouffées de chaleur.

Conseils nutritionnels : Le soja

♦ Mettez du tofu ou du tempeh dans les soupes, les ragoûts, les plats sautés à l'orientale et les salades.

♦ Utilisez le tofu ou la protéine végétale texturée à la place du fromage et de la viande dans les plats en cocotte, les chilis, les tacos et les sauces à spaghetti.

♦ Mélangez de la farine de soja à d'autres farines pour la confection des muffins ou des crêpes.

♦ Dans les recettes, remplacez une partie du lait ordinaire par du lait de soja.

Riz brun aux tomates et au maïs à la mexicaine

2   21/2

Portions du *Guide alimentaire canadien*

Voici un plat pratique qui se prépare très bien à l'avance et qu'on peut garder au réfrigérateur en vue d'un repas vite fait. Je garnis souvent ce riz de fromage râpé et de coriandre fraîche hachée. Le riz brun renferme davantage de fibres alimentaires que le riz blanc, mais le riz blanc à grain long donne de bons résultats également. Dans la mesure du possible, prenez des tomates de type mexicain.

15 ml	huile d'olive	1 c. à table
4	gousses d'ail émincées	4
1	gros oignon haché, soit 325 ml (11/3 tasse)	1
15 ml	poudre de chili	1 c. à table
7 ml	de chacun : cumin moulu ou origan séché	1 1/2 c. à thé
325 ml	riz brun étuvé à grain long*	11/3 tasse
1	boîte de 540 ml (19 oz) de tomates étuvées	1
1 ml	sauce piquante au piment	1/4 c. à thé
250 ml	de chacun : maïs en grains et petits pois surgelés	1 tasse
2 ml	de chacun : sel et poivre	1/2 c. à thé

APPORT NUTRITIONNEL PAR PORTION	
calories	404
protéines	11 g
gras total	6 g
gras saturés	1 g
cholestérol	0 mg
glucides	81 g
fibres alimentaires	5 g
sodium	738 mg

AQR : Vit. A 18 %, E 11 %, C 45 %, acide folique 23 %, Ca 10 % (111 mg), fer 27 %, zinc 11 %.

~ ON PREND DE L'AVANCE ~

Dans un contenant fermé, le riz se garde 3 jours au réfrigérateur. Réchauffer délicatement.

1 Chauffer l'huile à feu moyen dans une casserole. Y cuire l'ail et l'oignon en remuant 3 minutes ou jusqu'à ce que l'oignon ait ramolli. Incorporer la poudre de chili, le cumin et l'origan. Cuire 1 minute. Incorporer le riz et bien l'enrober des ingrédients.

2 Incorporer 250 ml (1 tasse) d'eau, les tomates et la sauce piquante au piment. Porter à ébullition en défaisant les tomates avec le dos d'une cuillère. Réduire à feu doux, couvrir et laisser mijoter 20 minutes. Incorporer le maïs et les petits pois. Laisser mijoter à couvert 5 à 10 minutes ou jusqu'à ce que le riz et les légumes soient tendres. Saler et poivrer.

Donne 4 portions.

* Possibilité de substitution : Remplacer le riz étuvé par du riz brun ordinaire, mais il faut alors le cuire avec les tomates et l'eau 35 minutes.

Riz brun aux haricots à la mexicaine

Au moment d'ajouter le maïs et les petits pois, ajouter 1 boîte de 540 ml (19 oz) de haricots rouges ou noirs égouttés et rincés et 125 ml (1/2 tasse) d'eau. Laisser mijoter à couvert environ 10 minutes.

Végéburgers de tofu aux graines de tournesol

~ ON PREND DE L'AVANCE ~

On peut préparer cette recette à l'avance jusqu'à la troisième étape. Bien emballées, les croquettes se conserveront 2 jours au réfrigérateur ou 1 mois au congélateur. Faire décongeler avant de poursuivre la recette.

11/4	1	1/4	1/2

Portions du *Guide alimentaire canadien*

Les végéburgers maison ont meilleur goût que ceux que l'on achète. On peut varier les légumes selon ses préférences: la betterave crue donne une couleur qui rappelle la viande et sa texture est croquante; le maïs ajoute du moelleux et une touche de jaune; les oignons verts hachés, les poivrons rouges et la coriandre fraîche sont aussi des ajouts intéressants.

10 ml	huile végétale	2 c. à thé
1	oignon haché	1
3	gousses d'ail émincées	3
125 ml	riz à grain long, brun ou blanc	1/2 tasse
250 ml	eau	1 tasse
375 ml	tofu extraferme, égoutté et râpé grossièrement, soit 175 g (6 oz)	1 1/2 tasse
175 ml	de chacune : betterave et carotte, crues râpées	3/4 tasse
125 ml	chapelure sèche fine	1/2 tasse
125 ml	mozzarella partiellement écrémée râpée	1/2 tasse
50 ml	de chacun : maïs en grains et sauce soja	1/4 tasse
50 ml	graines de tournesol hachées ou pignons hachés	3 c. à table
5 ml	gingembre râpé	1 c. à thé
2 ml	sauce piquante au piment ou pâte de piments	1/2 c. à thé

1 Chauffer 5 ml (1 c. à thé) d'huile à feu moyen dans une casserole antiadhésive ou à fond épais. Y cuire l'oignon et l'ail en remuant 3 minutes ou jusqu'à ce que l'oignon ait ramolli. Incorporer le riz. Verser l'eau et porter à ébullition. Réduire le feu, couvrir et laisser mijoter 40 minutes pour le riz brun et 20 minutes pour le blanc ou jusqu'à ce que le riz soit tendre et que l'eau soit absorbée. Laisser refroidir le riz suffisamment longtemps pour qu'on puisse le manipuler.

2 Ajouter le tofu, la betterave, la carotte, la chapelure, le fromage, le maïs, la sauce soja, les graines de tournesol, le gingembre, la sauce piquante au piment, le sel et le poivre au goût. Bien mélanger en pétrissant. En pressant fermement, façonner 4 croquettes.

3 Chauffer le reste de l'huile à feu moyen dans une poêle antiadhésive. Cuire les croquettes 6 minutes de chaque côté ou jusqu'à ce qu'elles soient à point.

Donne 4 portions.

Végéburgers au tofu, aux graines de tournesol et aux fines herbes

Omettre le gingembre et la sauce piquante au piment. Ajouter 5 ml (1 c. à thé) de basilic séché ou d'origan séché ou bien 25 ml (2 c. à table) de chacune de ces herbes fraîches hachées et 25 ml (2 c. à table) de persil frais haché.

Croquettes de champignons portobellos grillés

2   2   1/2

Portions du *Guide alimentaire canadien*

Voici ma recette de végéburger : j'achète des champignons portobellos pesant environ 125 g (4 oz) chacun, car ils sont charnus et moelleux. J'ajoute d'autres légumes grillés, comme de l'aubergine en tranches, du poivron rouge, vert ou jaune ou de l'oignon tranché.

	Champignons portobellos marinés grillés (page 175)	
125 g	mozzarella partiellement écrémée ou fromage suisse en tranches	4 oz
8	tranches de courgette de 8 cm (3 po) de long et de 5 mm (1/4 po) d'épaisseur	8
4	pains à hamburger	4
125 ml	Trempette crémeuse à la coriandre et à la menthe*, page 26 (facultatif)	1/2 tasse
4	de chacune : tranches de tomate et feuilles de laitue	4

1 Préparer les Champignons portobellos marinés grillés selon la recette de la page 175.

2 Entre-temps, badigeonner la courgette avec la marinade restante. Griller les tranches 6 minutes de chaque côté ou jusqu'à ce qu'elles soient tendres et dorées.

3 Étendre la Trempette crémeuse à la menthe et à la coriandre dans les pains. Garnir de champignons, de courgette, de tomate et de laitue.

Donne 4 portions.

* Possibilité de substitution : Remplacer la Trempette crémeuse à la menthe et à la coriandre par de la moutarde de Dijon mélangée à de la mayonnaise allégée ou à toute autre garniture à hamburger classique.

Les champignons portobellos

Les champignons portobellos sont de gros champignons creminis (chapeaux de 10 à 15 cm ou 4 à 6 po de diamètre). C'est la version brune du champignon de couche blanc ordinaire, qu'on a laissé pousser trois jours de plus avant de récolter. Les conserver non lavés, dans un sac en papier, au réfrigérateur.

Pour les préparer : Couper les tiges et essuyer les têtes à l'aide d'un linge humide.

Pour les faire griller : Les badigeonner légèrement d'huile et les saupoudrer de sel, de poivre et de thym. Griller à feu moyen 3 à 6 minutes ou jusqu'à ce qu'ils soient tendres.

Pour les cuire : Mettre les champignons dans un plat antiadhésif, saupoudrer de fromage râpé et d'origan puis cuire au four à 180 °C (350 °F) 12 à 15 minutes ou jusqu'à ce qu'ils soient tendres.

Pour les faire sauter : Trancher les champignons en lanières épaisses. Cuire à feu mi-vif avec un peu d'huile d'olive, de l'ail et du poivre dans une poêle antiadhésive 5 à 7 minutes en remuant souvent.

Riz au lait de coco

1/4

Portion du *Guide alimentaire canadien*

Le riz thaïlandais ou riz au jasmin est un riz parfumé des plus savoureux. Mélangé au lait de coco et au gingembre, il est divin. Vous en trouverez dans les boutiques ou épiceries orientales. Servez-le avec des plats sautés ou des mets asiatiques comme le Filet de porc grillé à la chinoise (page 214).

15 ml	ail émincé	1 c. à table
10 ml	gingembre émincé	2 c. à thé
75 ml	oignon vert haché	1/3 tasse
250 ml	riz thaïlandais au jasmin ou riz blanc à grain long	1 tasse
250 ml	lait de coco allégé ou eau	1 tasse
1 ml	sel	1/4 c. à thé
25 ml	coriandre fraîche hachée (facultatif)	2 c. à table

1 Dans une casserole, mélanger 15 ml (1 c. à table) d'eau, l'ail, le gingembre et la moitié de l'oignon vert. Cuire à feu moyen 2 minutes en remuant.

2 Incorporer le riz, le lait de coco et l'eau. Porter à ébullition puis poursuivre la cuisson à feu doux à couvert pendant 20 minutes. Retirer du feu et laisser reposer 5 minutes.

3 Saler puis ameublir le riz à la fourchette. Garnir de l'oignon vert restant et de la coriandre (si on en utilise).

Donne 4 portions de 250 ml (1 tasse).

Le lait de coco

Le lait de coco se vend en conserve ou en poudre. Si l'on prend du lait de coco en conserve, rechercher la variété allégée. Ce lait allégé contient 12 à 20 grammes de gras par tasse (250 ml) alors que le lait de coco ordinaire est 75 % plus riche en matières grasses. Si l'on ne peut trouver de lait allégé et que la quantité de gras est une source d'inquiétude, diluer du lait de coco ordinaire dans une partie d'eau. Bien agiter le lait de coco en conserve avant de l'utiliser.

Le lait de coco se distingue par sa saveur intéressante et sa facilité d'utilisation, mais il est très riche en matières grasses. On peut faire sa propre version de lait de coco allégé en diluant dans l'eau moins de poudre que ne l'exige la recette. Ainsi, si l'on mélange 75 ml (5 c. à table) de poudre dans 250 ml (1 tasse) d'eau, on obtient 50 grammes de matières grasses, soit la même quantité de gras que celle que l'on trouve dans certaines marques de lait de coco en conserve. Pour ma part, je mélange 50 ml (3 c. à table) de poudre dans 250 ml (1 tasse) d'eau chaude.

La cuisson du riz au jasmin

Laver 250 ml (1 tasse) de riz au jasmin puis bien égoutter. Mettre dans une casserole, verser 425 ml (1 3/4 tasse) d'eau froide puis porter à ébullition. Réduire le feu à très faible, couvrir et cuire 15 minutes. Retirer du feu et laisser reposer 5 minutes. Donne environ 625 ml (2 1/2 tasses) de riz.

Couscous aux tomates et au basilic

~ ON PREND DE L'AVANCE ~

Dans un contenant fermé, le couscous se conserve 1 journée au réfrigérateur.

~ CONSEIL POUR RÉDUIRE SON CHOLESTÉROL ~

Ne vous laissez pas induire en erreur par les étiquettes alléguant qu'un aliment ne contient pas de cholestérol. Plusieurs aliments sans cholestérol comme l'huile, la margarine, les croustilles et le shortening sont riches en matières grasses et devraient être consommés avec prudence. Les matières grasses, notamment les gras saturés et trans (surtout les gras hydrogénés), contribuent davantage à élever le taux de cholestérol que le cholestérol alimentaire proprement dit.

1 1/2   1/4

Portions du *Guide alimentaire canadien*

Le couscous est un aliment très pratique. Il se prépare rapidement et peut être utilisé de bien des façons. J'aime ajouter des morceaux de tomate pour la couleur, la texture et le moelleux sans craindre les calories des matières grasses. La menthe fraîche au lieu du basilic fait également un bon effet dans ce plat. Pour préparer un repas plus substantiel, on peut ajouter des raisins de Corinthe, des raisins secs et des pois chiches et garnir de pignons ou de graines de tournesol.

10 ml	huile végétale ou huile d'olive	2 c. à thé
2	gousses d'ail émincées	2
10 ml	basilic séché* ou 125 ml (1/2 tasse) de basilic frais	2 c. à thé
300 ml	eau ou bouillon de légumes ou de poulet	1 1/4 tasse
250 ml	couscous	1 tasse
250 ml	tomates hachées finement**	1 tasse
50 ml	persil frais haché sel et poivre	1/4 tasse

1 Chauffer l'huile à feu moyen dans une casserole antiadhésive. Y cuire l'ail 2 minutes ou jusqu'à ce qu'il ait ramolli.

2 Si on utilise du basilic séché, l'ajouter avec l'eau. Porter à ébullition. Incorporer le coucous. Couvrir et retirer du feu. Laisser reposer 5 minutes. Ameublir à la fourchette. Incorporer les tomates, le basilic (s'il est frais), le persil, le sel et le poivre au goût.

Donne 4 portions.

Conseils culinaires :

* Si l'on utilise du basilic séché que l'on a depuis un an environ, augmenter la quantité à 15 ml (1 c. à table).

** Le couscous est un ingrédient vraiment polyvalent. Au lieu des tomates, on peut incorporer des champignons sautés, des amandes ou des arachides grillées, de la roquette déchiquetée ou des poivrons rôtis.

Comment éviter les gaz

Bien des gens évitent de manger des haricots, des lentilles et certains légumes tels que le brocoli ou les choux de Bruxelles par crainte de crampes, de ballonnements et de gaz que ces aliments peuvent occasionner.

Si c'est la crainte des malaises ou des gaz qui vous empêche de profiter de ces aliments très nutritifs, demandez à votre pharmacien un produit aidant à réduire les gaz comme Beano[MC], qui contient de l'alphagalactosidase. Cette enzyme agit en décomposant les oligosaccharides producteurs de gaz en monosaccharides tels que le glucose ou le fructose, lesquels sont très rapidement absorbés et utilisés comme énergie.

Conseils nutritionnels pour éliminer les gaz

Outre les produits renfermant de l'alpha d-galactosidase, essayez ces trucs pour réduire les gaz :

♦ Une des causes des gaz est l'aérophagie. Mangez plus lentement. Évitez de mâcher de la gomme et buvez moins de boissons gazeuses et de bière.

♦ Les fibres alimentaires aident à prévenir les gaz en favorisant le déplacement des aliments dans le tube digestif, mais elles sont aussi une source de gaz. Pour atténuer cet effet, évitez d'ingérer de grandes quantités d'aliments qui en sont riches en un seul repas. Augmentez plutôt votre consommation peu à peu.

♦ Pour réduire les effets de certaines légumineuses sur l'intestin, prenez soin de toujours bien rincer les haricots en boîte avant de les utiliser et de faire tremper les haricots secs deux fois, en jetant l'eau avant la cuisson.

♦ Soyez actif. L'exercice n'empêche pas les gaz mais il aide à en soulager les malaises.

Éteindre les brûlures d'estomac

Si vous souffrez fréquemment de brûlures d'estomac après les repas, c'est peut-être que le contenu de votre estomac reflue dans l'œsophage. Le reflux peut s'expliquer de différentes façons : hernie hiatale, dysfonctionnement du sphincter œsophagien ou tension abdominale élevée en raison de l'obésité ou de la grossesse.

Les symptômes du reflux miment certains des signes précurseurs de l'infarctus. Si les brûlures d'estomac se manifestent de manière soudaine et inhabituelle, consultez immédiatement un médecin.

Conseils pour une vie en santé : Les brûlures d'estomac

Les antiacides aident à soulager les malaises occasionnés par les brûlures d'estomac. Voici quelques autres trucs :

♦ Si vous faites de l'embonpoint, perdez du poids.

♦ Évitez de vous pencher vers l'avant après un repas.

♦ Dormez le torse surélevé ; placez des blocs de 10 à 15 cm (4 à 6 po) sous la tête du lit.

♦ Évitez de porter des vêtements trop serrés.

♦ Cessez de fumer.

♦ Prenez des repas légers, sains et faibles en matières grasses. Évitez de trop manger. Les repas légers sont moins susceptibles de vous alourdir.

♦ Évitez les aliments qui relâchent le sphincter et favorisent le reflux : aliments gras ou épicés, oignon, ail, chocolat, abus d'alcool, menthe poivrée et menthe verte.

♦ Évitez les aliments qui ont tendance à irriter un œsophage déjà enflammé : jus d'agrumes, poivre, produits de la tomate, thé, cola, café ordinaire et décaféiné.

♦ Évitez de manger et de boire deux heures avant de vous étendre.

Les aliments producteurs de gaz

Les légumineuses (haricots, pois et lentilles), certains légumes et, dans une moindre mesure, certaines céréales contiennent des sucres complexes appelés oligosaccharides difficiles à digérer à cause de l'absence dans notre organisme des enzymes nécessaires. Non digérés, ces sucres complexes fermentent dans le côlon et produisent des gaz.

Haricots blancs à la sauge, à la mode toscane

1/2   1

Portions du *Guide alimentaire canadien*

C'est en Toscane, où nous avions loué une maison pour l'été, que j'ai découvert la magnifique combinaison de sauge fraîche et de haricots blancs. Depuis, j'ai reproduit ce plat à maintes reprises pour ma famille. Servez ces haricots très chauds ou à température ambiante dans le cadre d'un buffet ou d'un souper, accompagnés de légumes grillés, de polenta et d'une salade. Si cela vous chante, garnissez de quelques feuilles de sauge.

2	tomates coupées grossièrement	2
15 ml	sauge fraîche hachée ou 5 ml (1 c. à thé) de sauge séchée émiettée	1 c. à table
1	gousse d'ail émincée	1
1	boîte de 540 ml (19 oz) de haricots blancs égouttés et rincés	1
15 ml	vinaigre de vin rouge	1 c. à table
15 ml	huile d'olive vierge extra	1 c. à table
pincée	de chacun : sel et poivre	pincée

1   Dans une grande casserole, mélanger les tomates, la sauge et l'ail. Laisser mijoter à feu moyen environ 20 minutes ou jusqu'à ce que le liquide se soit évaporé.

2   Ajouter les haricots. Cuire en remuant de temps à autre environ 5 minutes ou jusqu'à ce que le tout soit bien chaud. Retirer du feu.

3   Mélanger le vinaigre, l'huile, le sel et le poivre et verser sur les haricots.

Donne 4 portions.

APPORT NUTRITIONNEL PAR PORTION

calories	157
protéines	8 g
gras total	4 g
gras saturés	1 g
cholestérol	0 mg
glucides	23 g
fibres alimentaires	9 g
sodium	315 mg

AQR : Vit. A 4 %, E 6 %, C 22 %, acide folique 25 %, Ca 3 % (28 mg), fer 11 %, zinc 6 %.

~ ON PREND DE L'AVANCE ~

Dans un contenant fermé, les haricots se conservent jusqu'à 2 jours au réfrigérateur.

~ LE ZINC ~

Le zinc est un minéral essentiel à l'organisme. On le trouve dans plus d'une centaine de systèmes enzymatiques qui régissent bon nombre des fonctions métaboliques importantes de l'organisme. Il est rare qu'on soit en présence d'une carence en zinc, car on trouve cet élément dans une grande variété d'aliments, dont la viande, le poulet, la volaille, les œufs, le lait, le fromage, les grains entiers et les céréales enrichies. Habituellement, seuls les végétaliens et les personnes prenant des suppléments de fer risquent une carence en zinc. Les allégations selon lesquelles les suppléments de zinc fortifieraient le système immunitaire, soulageraient une prostate hypertrophiée ou retarderaient la dégénérescence maculaire, une maladie de l'œil, restent à prouver.

Quinoa pilaf

1   11/4

Portions du *Guide alimentaire canadien*

Le quinoa s'achète dans les épiceries d'aliments naturels et dans certains supermarchés. Sa saveur est douce, ce qui en fait un substitut agréable au riz et aux autres céréales. Il accompagne avantageusement les viandes, les plats sautés à l'orientale ou les salades.

~ CONSEIL NUTRITIONNEL ~

Le quinoa est plus riche en fer et en potassium que les autres céréales. Il est également riche en magnésium et est une source de zinc, de vitamine B6, de riboflavine et de niacine.

~ CONSEIL POUR LA CUISINE ~

Entreposer les céréales dans des contenants hermétiques, dans un endroit frais et obscur.

15 ml	huile d'olive	1 c. à table
1/2	oignon haché	1/2
1	branche de céleri (avec les feuilles) coupée en dés	1
2	carottes hachées finement	2
125 ml	quinoa	1/2 tasse
250 ml	eau chaude ou bouillon de poulet	1 tasse
1	feuille de laurier	1
	zeste râpé de 1 citron de taille moyenne	
15 ml	jus de citron fraîchement pressé	1 c. à table
125 ml	petits pois surgelés, décongelés	1/2 tasse

1 Chauffer l'huile à feu moyen dans une casserole antiadhésive. Y cuire l'oignon, le céleri et les carottes 10 minutes en remuant de temps à autre.

2 Rincer le quinoa dans un tamis sous l'eau froide. Bien égoutter et mettre dans la casserole. Cuire 1 minute en remuant.

3 Ajouter l'eau, la feuille de laurier, le zeste et le jus de citron. Porter à ébullition. Réduire le feu à mi-doux, couvrir et laisser mijoter 15 à 20 minutes ou jusqu'à ce que le liquide soit absorbé et que le quinoa soit tendre. Jeter la feuille de laurier. Incorporer les petits pois puis saler et poivrer au goût.

Donne 3 portions.

Quinoa pilaf à la courge

Ajouter 250 ml (1 tasse) de courge buttercup avec l'eau.

Cari de lentilles et de légumes

2   3/4

Portions du *Guide alimentaire canadien*

Nappez ce cari de yogourt, garnissez-le de quelques feuilles de coriandre fraîche et servez-le accompagné d'une salade d'épinards et de pain croûté. J'apprécie particulièrement la délicate combinaison d'épices de ce plat. Vous voudrez peut-être augmenter la quantité de piment fort. Si vous le désirez, remplacez les épices par 15 ml (1 c. à table) de poudre de cari ou 25 ml (2 c. à table) de pâte de cari.

15 ml	huile végétale	1 c. à table
1	oignon haché	1
2	gousses d'ail émincées	2
15 ml	gingembre émincé	1 c. à table
2 ml	de chacun : cumin, curcuma et coriandre moulus	1/2 c. à thé
1 ml	de chacun : cannelle et flocons de piment fort	1/4 c. à thé
500 ml	eau ou bouillon de légumes	2 tasses
250 ml	lentilles vertes	1 tasse
1	grosses pommes de terre pelée et coupée en cubes	1
250 ml	de chacun : carottes hachées et maïs en grains	1 tasse
2	tomates coupées en gros morceaux, soit 500 ml (2 tasses)	2
50 ml	persil frais haché ou coriandre fraîche hachée	1/4 tasse

APPORT NUTRITIONNEL PAR PORTION

calories	206
protéines	11 g
gras total	3 g
gras saturés	traces
cholestérol	0 mg
glucides	37 g
fibres alimentaires	7 g
sodium	24 mg

AQR : Vit. A 55 %, E 15 %, C 30 %, acide folique 87 %, Ca 4 % (44 mg), fer 30 %, zinc 18 %.

~ **ON PREND DE L'AVANCE** ~

Dans un contenant fermé, le cari se conserve 2 jours au réfrigérateur ou 1 mois au congélateur.

~ **CONSEIL NUTRITIONNEL** ~

Les lentilles sont très riches en acide folique, en fibres et sont une bonne source de protéines végétales. Elles apportent également une certaine quantité de calcium.

1 Chauffer l'huile à feu moyen dans une casserole antiadhésive ou à fond épais. Y cuire l'oignon et l'ail en remuant fréquemment 5 minutes ou jusqu'à ce que l'oignon ait ramolli.

2 Incorporer le gingembre, le curcuma, la coriandre, la cannelle et les flocons de piment puis cuire en remuant pendant 1 minute. Ajouter l'eau et les lentilles puis porter à ébullition. Couvrir, réduire le feu et laisser mijoter 25 minutes.

3 Ajouter les pommes de terre et les carottes. Couvrir et cuire 15 minutes ou jusqu'à ce que les lentilles et les légumes soient tendres. Incorporer le maïs et les tomates. Couvrir et cuire 5 minutes ou jusqu'à ce que le tout soit bien chaud. Incorporer le persil, saler et poivrer au goût.

Donne 6 portions.

Brochettes de tofu et de légumes

13/4   1/2

Portions du *Guide alimentaire canadien*

Plus le tofu marine longtemps, plus il est savoureux. J'utilise des brochettes de bois que je laisse tremper au moins 15 minutes, ce qui les empêche de brûler au moment de la cuisson.

25 ml	de chacun : vinaigre de cidre et sauce soja	2 c. à table
15 ml	de chacun : huile de sésame et gingembre émincé	1 c. à table
7 ml	sucre granulé	1 1/2 c. à thé
2 ml	pâte de piments ou sauce piquante au piment	1/2 c. à thé
300 g	tofu extraferme, coupé en 16 morceaux d'environ 1 cm (1/2 po)	10 oz
1	oignon rouge coupé en quartiers et défait en morceaux	1
1	poivron rouge, jaune ou vert coupé en morceaux de 2,5 cm (1 po)	1
1	courgette jaune ou verte coupée en tranches de 2 cm (3/4 po) d'épaisseur	1
	feuilles de coriandre (facultatif)	

1 Dans un grand bol, mélanger le vinaigre, la sauce soja, l'huile de sésame, le gingembre, le sucre et la pâte de piments. Ajouter le tofu et bien l'enrober des ingrédients. Laisser mariner au moins 1 heure ou couvrir et laisser jusqu'à 24 heures au réfrigérateur.

2 Ajouter l'oignon, le poivron rouge et la courgette. Bien enrober de marinade. Sur 4 brochettes, enfiler en alternance des morceaux de tofu, de coriandre (si on en utilise), de courgette, de poivron et d'oignon. Réserver la marinade.

3 Étendre les brochettes sur un gril graissé chauffé à feu mi-vif. Fermer le couvercle et cuire en retournant une fois et en arrosant de temps à autre avec la marinade réservée, 8 à 10 minutes ou jusqu'à ce que les brochettes soient dorées.

Donne 4 portions.

Boulghour, patate douce et courge (page 131) →

Autres façons d'utiliser le tofu

♦ Mettre des tranches ou des cubes de 1 cm (1/2 po) de tofu ferme dans la marinade de la recette ou dans un mélange de sauce soja, d'huile de sésame et de gingembre haché. Cuire 15 minutes dans un four chauffé à 190 °C (375 °F), sur le barbecue ou faire sauter à la poêle.

♦ Ajouter de petits morceaux de tofu ferme nature ou mariné aux sauces à pâtes, aux chilis, aux tacos, aux soupes, aux ragoûts et aux salades.

♦ Hacher du tofu de consistance moyenne et le mélanger à de l'oignon, du céleri, de la mayonnaise allégée et des fines herbes fraîches ou une pointe de cari ou de cumin. Utiliser cette préparation comme garniture à sandwiches.

♦ Ajouter du tofu mou aux tartinades, trempettes ou sauces à salade.

Orge et haricots noirs en cocotte

~ ON PREND DE L'AVANCE ~

On peut préparer cette recette à l'avance jusqu'à la première étape inclusivement. Dans un contenant fermé, le plat se conserve 1 journée au réfrigérateur. Pour terminer la recette, ajouter 25 ml (2 c. à table) de bouillon ou d'eau, et réchauffer au micro-ondes.

3/4   1/2   1/4

Portions du *Guide alimentaire canadien*

Non seulement ce mets sain regorge-t-il de vitamines et de fibres alimentaires, mais il est également savoureux. À servir avec le Gigot d'agneau mariné à la grecque (page 221) ou avec toute grillade de viande ou de poisson. Ce plat est également très bon avec du tofu et des légumes rôtis ou grillés.

15 ml	huile végétale	1 c. à table
1	oignon haché	1
3	grosses gousses d'ail émincées	3
250 ml	orge perlé ou mondé	1 tasse
750 ml	bouillon de légumes ou de poulet	3 tasses
500 ml	maïs en grains	2 tasses
1	boîte de 540 ml (19 oz) de haricots noirs égouttés et rincés	1
125 ml	persil ou basilic frais haché	1/2 tasse
25 ml	jus de citron ou de lime fraîchement pressé	2 c. à table
1	tomate coupée en dés	1

1 Chauffer l'huile à feu moyen dans une cocotte. Y cuire l'oignon et l'ail 5 minutes ou jusqu'à ce que l'oignon ait ramolli. Incorporer l'orge et verser le bouillon. Couvrir et cuire 1 heure au four à 180 °C (350 °F). Ajouter le maïs et les haricots noirs.

2 Poursuivre la cuisson au four encore 5 minutes ou jusqu'à ce que le plat soit bien chaud et que l'orge soit tendre. Incorporer le persil, le jus de citron et la tomate.

Donne 10 portions.

L'orge

L'orge n'a pas besoin de trempage. Habituellement, on peut utiliser indifféremment l'orge perlé ou l'orge mondé. Cette céréale exige environ 1 heure de cuisson.

♦ Ne confondez pas l'orge perlé ou mondé avec l'orge entière, qui est brunâtre et plus fibreuse (qu'on achète habituellement dans les épiceries d'aliments naturels). Bien que l'orge entière soit un peu plus riche en éléments nutritifs, seule la couche externe ayant été enlevée (on a enlevé le son à l'orge perlé), elle doit subir un trempage et est beaucoup plus dure sous la dent.

♦ L'orge est une source très riche en fibres alimentaires solubles (au même titre que le son d'avoine) susceptibles de réduire le cholestérol sanguin.

Les légumes
d'accompagnement

NOTES SUR LA NUTRITION

Asperges à l'espagnole

11/4

Portion du *Guide alimentaire canadien*

L'idée de cette recette vient de l'éditeur Doug Pepper. De l'huile de sésame et de la sauce soja, ou bien du zeste de citron ou d'orange râpé seraient des ajouts intéressants.

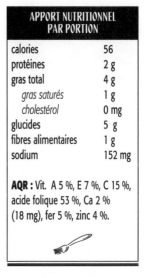

APPORT NUTRITIONNEL PAR PORTION	
calories	56
protéines	2 g
gras total	4 g
gras saturés	1 g
cholestérol	0 mg
glucides	5 g
fibres alimentaires	1 g
sodium	152 mg

AQR : Vit. A 5 %, E 7 %, C 15 %, acide folique 53 %, Ca 2 % (18 mg), fer 5 %, zinc 4 %.

500 g	asperges	1 lb
15 ml	de chacun : huile d'olive et vinaigre balsamique	1 c. à table
1	petite gousse d'ail émincée	1
1 ml	de chacun : paprika, sucre granulé, sel et poivre	1/4 c. à thé

1 Casser les extrémités dures des asperges. Les cuire 5 minutes à l'eau bouillante dans une casserole ou les étuver jusqu'à ce qu'elles soient tendres mais encore croquantes. Mettre dans un plat de service peu profond.

2 Battre ensemble au fouet l'huile, le vinaigre, l'ail, le paprika, le sucre, le sel et le poivre. Verser cette vinaigrette sur les asperges encore chaudes en les retournant pour bien les enrober.

Donne 4 portions.

Asperges au parmesan au four

11/4

Portion du *Guide alimentaire canadien*

Cette façon surprenante de cuire les asperges est la préférée de mon mari. Pour la cuisson au four, je préfère les grosses asperges. Cependant, les asperges très fines sont également délicieuses. Elles se font en un rien de temps.

500 g	asperges	1 lb
10 ml	huile d'olive	2 c. à thé
1 ml	de chacun : sel et poivre	1/4 c. à thé
25 ml	parmesan fraîchement râpé	2 c. à table

1 Disposer les asperges en une couche simple sur une plaque à biscuits. Les arroser d'huile et les retourner pour les enrober. Saler et poivrer. Cuire au four à 260 °C (500 °F) 8 minutes ou jusqu'à ce qu'elles soient tendres et légèrement noircies par endroits.

2 Mettre dans un plat de service peu profond et saupoudrer de parmesan.

Donne 4 portions.

Pour servir froid

Refroidir les asperges en les rinçant sous l'eau froide. Les assécher en les épongeant. Les asperges peuvent être conservées 1 journée au réfrigérateur. Verser la vinaigrette sur les asperges et les retourner pour bien les enrober. Couvrir et laisser mariner 30 à 60 minutes. Servir à température ambiante.

Asperges au parmesan

11/4

Portion du *Guide alimentaire canadien*

Achetez un morceau du meilleur parmesan (parmigiano-reggiano)
et râpez-le vous-même.

500 g	asperges	1 lb
15 ml	vinaigre balsamique	1 c. à table
50 ml	parmesan râpé grossièrement	1/4 tasse

1 Casser les extrémités dures des asperges. Cuire 5 minutes à l'eau bouillante dans une casserole ou les étuver jusqu'à ce qu'elles soient tendres mais encore croquantes. Mettre dans un plat de service peu profond.

2 Arroser de vinaigre et retourner pour les enrober. Saupoudrer de parmesan.

Donne 4 portions.

APPORT NUTRITIONNEL PAR PORTION	
calories	51
protéines	5 g
gras total	2 g
gras saturés	1 g
cholestérol	5 mg
glucides	5 g
fibres alimentaires	1 g
sodium	125 mg

AQR : Vit. A 5 %, E 4 %, C 15 %, acide folique 53 %, Ca 9 % (102 mg), fer 4 %, zinc 6 %.

Brocoli au cumin

~ ON PREND DE L'AVANCE ~

Dans un contenant fermé, ce brocoli se garde 2 heures au réfrigérateur ou 2 semaines au congélateur. Les saveurs du cumin et du gingembre se trouvent accentuées par la congélation.

~ CONSEIL NUTRITIONNEL ~

Le brocoli est très riche en vitamine C, en bêta-carotène et en acide folique.

2

Portion du *Guide alimentaire canadien*

Mon amie Sandra Lawrence m'a donné cette recette de brocoli au cumin et au gingembre. Prenez des branches et des têtes de brocoli tendres ou n'utilisez que les têtes en gardant les branches pour une soupe ou une salade.

1,5 l	morceaux de brocoli, soit 500 g (1 lb)	6 tasses
20 ml	beurre ou margarine molle	4 c. à thé
5 ml	graines de cumin ou cumin moulu	1 c. à thé
15 ml	gingembre râpé	1 c. à table
75 ml	lait à 2 % ou entier	1/3 tasse
15 ml	fécule de maïs	1 c. à table

1 Cuire le brocoli à l'eau bouillante à couvert jusqu'à ce qu'il soit tendre sous les dents de la fourchette, soit environ 5 minutes. Bien égoutter. Avec le mode «pulsation» du robot culinaire, hacher finement sans réduire en purée.

2 Entre-temps, faire fondre le beurre à feu moyen dans une poêle antiadhésive. Y cuire les graines de cumin environ 1 minute ou jusqu'à ce qu'elles soient légèrement dorées. Incorporer le brocoli chaud et le gingembre.

3 Battre au fouet le lait et la fécule de maïs. Verser sur le brocoli et cuire en remuant 2 minutes. Saler et poivrer au goût.

Donne 4 portions de 150 ml (2/3 tasse) environ.

Épinards et chou piquants

2

Portion du *Guide alimentaire canadien*

Les épices, l'ail, les flocons de piment rouge et le citron donnent une saveur fantastique à ce plat de légumes vite préparé. Mon mari le préfère avec 1 ml (1/4 c. à thé) de flocons de piment rouge. Cependant, il aime manger plus piquant que moi.

15 ml	huile d'olive	1 c. à table
5 ml	graines de cumin	1 c. à thé
4	gousses d'ail émincées	4
5 ml	coriandre moulue	1 c. à thé
50 ml	eau	1/4 tasse
15 ml	jus de citron fraîchement pressé	1 c. à table
5 ml	sucre granulé	1 c. à thé
2 ml	sel	1/2 c. à thé
pincée	flocons de piment rouge	pincée
1,5 l	chou tranché finement	6 tasses
750 ml	épinards tranchés finement	3 tasses

1 Chauffer l'huile à feu moyen dans une casserole à fond épais. Ajouter les graines de cumin et cuire jusqu'à ce qu'elles sifflent. Incorporer l'ail et la coriandre. Cuire en remuant 30 secondes. Ajouter l'eau, le jus de citron, le sucre, le sel et les flocons de piment rouge.

2 Incorporer le chou et amener à légère ébullition. Couvrir et laisser mijoter 15 à 20 minutes ou jusqu'à ce que le chou soit tendre.

3 Ajouter les épinards et cuire 2 minutes ou jusqu'à ce qu'ils se soient affaissés.

Donne 4 portions.

APPORT NUTRITIONNEL PAR PORTION

calories	74
protéines	3 g
gras total	4 g
gras saturés	traces
cholestérol	0 mg
glucides	9 g
fibres alimentaires	3 g
sodium	326 mg

AQR : Vit. A 35 %, E 11 %, C 43 %, acide folique 36 %, Ca 9 % (101 mg), fer 15 %, zinc 5 %.

~ ON PREND DE L'AVANCE ~

On peut préparer cette recette jusqu'à la deuxième étape, 2 heures à l'avance.

~ CONSEIL NUTRITIONNEL ~

Le chou est une bonne source de vitamine C. Les épinards apportent une bonne quantité d'acide folique. Ces deux légumes contiennent des fibres.

~ LA VITAMINE C ~

La vitamine C est détruite par une cuisson prolongée et elle se perd dans le liquide de cuisson. Pour tirer le meilleur parti de la vitamine C contenue dans les légumes, porter l'eau à ébullition d'abord et les y cuire peu de temps. Ce sont les fruits et légumes crus qui apportent le plus de vitamine C. Comme la vitamine C est hydrosoluble et que l'organisme ne peut en stocker, on doit manger des fruits et légumes riches en vitamine C tous les jours. Si on en consomme trop, l'excédent sera tout simplement éliminé.

Épinards aux tomates et au cumin

1 3/4

Portion du *Guide alimentaire canadien*

Le cumin, la coriandre moulue et le gingembre frais donnent du goût aux épinards. Ce plat accompagne les viandes rôties ou grillées, le poulet ou le poisson ainsi que la purée de pommes de terre ou le riz.

500 g	épinards frais ou paquet de 300 g (10 oz), parés	1 lb
7 ml	beurre	1 1/2 c. à thé
2 ml	cumin moulu ou graines de cumin	1/2 c. à thé
1 ml	coriandre moulue	1/4 c. à thé
25 ml	oignon haché	2 c. à table
1	gousse d'ail émincée	1
5 ml	gingembre râpé	1 c. à thé
1	petite tomate épépinée et hachée finement	1
pincée	sel	pincée
25 ml	crème sure à 1 %	2 c. à table

1 Couper les tiges dures des épinards. Rincer et secouer l'excédent d'eau. Cuire les épinards à couvert sur feu moyen, sans ajouter d'eau, 3 minutes ou jusqu'à ce que les épinards se soient affaissés. Bien égoutter et hacher.

2 Entre-temps, faire fondre le beurre à feu moyen dans une poêle antiadhésive. Y cuire le cumin et la coriandre en remuant 1 minute. Ajouter l'oignon et l'ail. Cuire en remuant de temps à autre, 2 minutes ou jusqu'à ce que l'oignon soit tendre.

3 Ajouter le gingembre, la tomate et le sel. Cuire 1 minute ou jusqu'à ce que le tout soit bien chaud. Incorporer les épinards puis la crème sure.

Donne 3 portions.

Feuilles de betterave au citron et aux amandes

1

Portion du Guide alimentaire canadien

Quand j'étais enfant à Vancouver mon père entretenait un potager dans la cour. Les feuilles de betteraves fraîches et les betteraves nouvelles étaient un régal estival. Faites cuire les feuilles de betteraves comme vous le feriez avec les épinards ou la bette à carde.

250 g	feuilles de betterave (2 bottes)	8 oz
25 ml	amandes effilées rôties	2 c. à table
10 ml	beurre	2 c. à thé
2 ml	zeste de citron râpé	1/2 c. à thé

1 Laver les feuilles de betterave et les hacher de manière à obtenir 1,5 l (6 tasses).

2 Cuire les feuilles dans une casserole contenant un peu d'eau bouillante jusqu'à ce qu'elles se soient affaissées et qu'elles soient tendres, soit environ 3 minutes. Bien égoutter.

3 Incorporer les amandes, le beurre, le zeste de citron, le sel et le poivre au goût. Cuire 1 minute en remuant à feu moyen.

Donne 3 portions.

APPORT NUTRITIONNEL PAR PORTION	
calories	67
protéines	2 g
gras total	5 g
gras saturés	2 g
cholestérol	7 mg
glucides	4 g
fibres alimentaires	2 g
sodium	155 mg

AQR : Vit. A 30 %, E 13 %, C 23 %, acide folique 5 %, Ca 7 % (75 mg), fer 9 %, zinc 5 %.

~ CONSEIL POUR LES ACHATS ~

Quand vous achetez ou cueillez des feuilles de betterave, prenez celles qui sont petites, croquantes et vert foncé. Les grandes feuilles jaunies ou molles ne sont pas aussi tendres et nutritives.

Les betteraves

Pour les préparer : Laver les betteraves pour les débarrasser du sable et de la terre. Couper les tiges vertes en laissant 2,5 cm (1 po). Ne pas couper ni peler les betteraves avant de les faire bouillir ou de les étuver car elles «saigneront» dans le liquide et perdront leur couleur.

Pour les cuire à la vapeur ou à l'eau bouillante : Cuire les betteraves dans de l'eau bouillante ou dans une marguerite 25 à 40 minutes, selon la taille, ou jusqu'à ce qu'elles soient tendres et que la peau s'enlève facilement.

Pour les rôtir : Envelopper les betteraves dans du papier d'aluminium et faire rôtir, environ 1 heure et demie, au four à 190 - 200 °C (375 - 400 °F), en fonction des autres aliments au four.

Pour les peler : Tenir la betterave encore très chaude à l'aide d'une fourchette ou la placer sous l'eau froide courante et enlever la peau au couteau. Couper les extrémités. Les betteraves cuites peuvent être réchauffées au micro-ondes.

Pour les servir : Servir les betteraves chaudes ou froides. Trancher, couper en dés ou râper grossièrement les betteraves froides puis les mouiller de vinaigre balsamique ou les retourner dans la Vinaigrette au gingembre et aux fines herbes (page 66).

Tomates au gratin

1/4   1 1/4
Portions du *Guide alimentaire canadien*

*Ce délicieux accompagnement automnal et hivernal est bon avec les omelettes,
les viandes rôties ou grillées. Pour les cubes de pain, prenez du pain croûté
français ou italien.*

375 ml	petits cubes de pain frais	1 1/2 tasse
1	boîte de 796 ml (28 oz) de tomates égouttées	1
15 ml	huile d'olive	1 c. à table
3	gousses d'ail émincées	3
50 ml	persil frais haché grossièrement	1/4 tasse
25 ml	basilic frais haché ou 2 ml (1/2 c. à thé) de basilic séché	2 c. à table
1 ml	poivre	1/4 c. à thé
50 ml	parmesan fraîchement râpé	3 c. à table

1 Étaler les cubes de pain sur une plaque à biscuits et cuire au four à
190 °C (375 °F) environ 5 minutes ou jusqu'à ce qu'ils soient
croustillants et légèrement dorés.

2 Entre-temps, couper les tomates en quartiers. Mélanger les tomates,
l'huile, l'ail, le persil, le basilic et le poivre dans un plat peu profond
d'une capacité de 1,5 l (6 tasses) ou une cocotte.

3 Incorporer le pain et saupoudrer de fromage. Cuire à découvert au four
à 190 °C (375 °F) 20 minutes ou jusqu'à ce que le tout soit chaud.

Donne 4 portions.

Repas végétarien
Tomates au gratin (ci-dessus)
Cari de lentilles et de légumes (page 147)
Salade d'épinards avec vinaigrette à l'huile de noix de Grenoble (page 47)
Focaccia (page 280)

Tomates à la provençale

1/4   1

Portions du *Guide alimentaire canadien*

Un de mes mets favoris, ce plat est coloré, juteux, facile à exécuter et accompagne bien la plupart des viandes, poissons, volailles, œufs et mets végétariens. Il est à son meilleur quand les tomates sont de saison. Cependant, si vous le préparez en hiver, achetez des tomates de serre locales, plus savoureuses que les tomates importées.

6	tomates de taille moyenne	6
	sel et poivre	
250 ml	chapelure de blé entier, faite maison	1 tasse
2	grosses gousses d'ail émincées	2
50 ml	de chacun : persil et basilic frais hachés*	1/4 tasse
15 ml	huile d'olive	1 c. à table

* Possibilité de substitution : Remplacer le basilic frais par 125 ml (1/2 tasse) de persil frais haché et 2 ml (1/2 c. à thé) de basilic séché.

1 Couper les tomates en deux selon l'horizontale. Saupoudrer les faces coupées de sel et de poivre. Mettre dans un plat allant au four.

2 Mélanger, dans un petit bol, la chapelure, l'ail, le persil, le basilic et l'huile. Étendre ce mélange sur les tomates.

3 Cuire les tomates au four à 200 ºC (400 ºF) 15 à 20 minutes ou jusqu'à ce que le plat soit bien chaud.

Donne 6 portions.

Faire sa propre chapelure

Pour préparer 250 ml (1 tasse) de chapelure, passer au robot culinaire 2 tranches de pain de blé de la veille. Cependant, si on utilise la chapelure commerciale, fine et sèche, en prendre environ 75 ml (1/3 tasse).

APPORT NUTRITIONNEL PAR PORTION	
calories	64
protéines	2 g
gras total	3 g
gras saturés	traces
cholestérol	0 mg
glucides	9 g
fibres alimentaires	2 g
sodium	49 mg

AQR : Vit. A 14 %, E 3 %, C 33 %, acide folique 6 %, Ca 2 % (22 mg), fer 7 %, zinc 4 %.

~ ON PREND DE L'AVANCE ~
On peut préparer cette recette jusqu'à la deuxième étape inclusivement 6 heures à l'avance.

Pommes de terre nouvelles avec pesto à la menthe

~ ON PREND DE L'AVANCE ~

On peut préparer cette recette à l'avance jusqu'à la première étape. Dans un contenant fermé, les pommes de terre se conservent alors 24 heures.

~ CONSEILS CULINAIRES ~

Faire griller les pignons dans une poêle à feu moyen 3 à 5 minutes ou jusqu'à ce qu'ils soient dorés.

Pour empêcher l'huile qu'ils contiennent de rancir, conserver les pignons et les graines de sésame au congélateur.

1

Portion du *Guide alimentaire canadien*

Quand je prépare ces pommes de terre, je m'organise pour en avoir de reste, car elles sont tout aussi savoureuses le lendemain, chaudes, froides ou arrosées d'une petite vinaigrette ou de vinaigre balsamique. Si vous voulez servir deux à quatre personnes de plus, il suffit d'augmenter la quantité de pommes de terre. On peut utiliser des amandes au lieu des pignons.

1	petite gousse d'ail	1
125 ml	feuilles de menthe fraîches	1/2 tasse
50 ml	feuilles de persil frais	1/4 tasse
15 ml	pignons rôtis	1 c. à table
15 ml	de chacune : huile et eau	1 c. à table
2 ml	sel	1/2 c. à thé
750 g	petites pommes de terre nouvelles, soit 1,5 l (6 tasses)	1 1/2 lb

1 Préparation du pesto à la menthe : Hacher l'ail au robot culinaire. Ajouter la menthe, le persil, les pignons, l'huile, l'eau et le sel. Actionner l'appareil jusqu'à l'obtention d'une pâte homogène.

2 Brosser les pommes de terre. Les cuire à l'eau bouillante dans une casserole jusqu'à ce qu'elles soient tendres. Bien égoutter. Chauffer les pommes de terre à feu doux 2 minutes pour les faire sécher. Mettre dans un bol de service et napper de pesto.

Donne 6 portions.

Pommes de terre au four aux graines de sésame

1

Portion du *Guide alimentaire canadien*

Mes enfants aiment bien ces pommes de terre avec des hamburgers, du pain de viande ou du poulet. Mon mari adore les patates douces apprêtées de cette façon. Pour obtenir un surcroît de fibres alimentaires et de saveur, ne pelez pas les pommes de terre ordinaires.

	APPORT NUTRITIONNEL PAR POMME DE TERRE	
calories		214
protéines		5 g
gras total		6 g
	gras saturés	1 g
	cholestérol	0 mg
glucides		37 g
fibres alimentaires		3 g
sodium		157 mg

AQR : Vit. A 3 %, E 9 %, C 32 %, acide folique 9 %, Ca 2 % (24 mg), fer 17 %, zinc 11 %.

~ ON PREND DE L'AVANCE ~

Pour les patates douces seulement : on peut préparer cette recette à l'avance jusqu'à la première étape inclusivement. Les patates se conservent alors 2 heures au réfrigérateur.

~ CONSEIL NUTRITIONNEL ~

Les pommes de terre sont une bonne source de fibres alimentaires et de vitamine C.

4	pommes de terre ou 2 patates douces de taille moyenne, soit 750 g (1 1/2 lb)	4
15 ml	huile végétale	1 c. à table
25 ml	graines de sésame	2 c. à table
2 ml	de chacun : paprika et graines de fenouil broyées	1/2 c. à thé
1 ml	de chacun : piment de Cayenne et sel	1/4 c. à thé

1 Peler les patates douces ; ne peler les pommes de terre ordinaires que si la peau est dure ou endommagée. Couper en huit dans le sens de la longueur. Mettre dans un bol et retourner dans l'huile. Mélanger les graines de sésame, le paprika, les graines de fenouil et le piment de Cayenne. Saupoudrer les pommes de terre de ce mélange et retourner pour bien les enrober.

2 Étendre les morceaux sur une plaque à biscuits. Cuire au four à 200 ºC (400 ºF) en retournant une fois, 40 minutes pour les patates douces, 60 minutes pour les pommes de terre ou jusqu'à ce qu'elles soient tendres (le temps de cuisson varie en fonction de la taille des morceaux ; vérifier après 30 minutes). Saupoudrer de sel.

Donne 4 portions.

Pommes de terre et oignons rôtis aux fines herbes

APPORT NUTRITIONNEL PAR PORTION	
calories	168
protéines	3 g
gras total	7 g
gras saturés	1 mg
cholestérol	0 mg
glucides	25 g
fibres alimentaires	3 g
sodium	8 mg

AQR : Vit. E 16 %, C 22 %, acide folique 8 %, Ca 3 % (29 mg), fer 9 %, zinc 4 %.

11/4

Portion du *Guide alimentaire canadien*

Pour plus de saveur et pour faire changement, j'ajoute souvent à ces légumes des carottes et des panais pelés et coupés en morceaux de 4 cm (1 1/2 po) ainsi que des gousses d'ail entières.

12	petites pommes de terre rouges coupées en deux	12
3	oignons coupés en quatre	3
25 ml	huile végétale ou huile d'olive	2 c. à table
10 ml	assaisonnement à l'italienne ou herbes de Provence	2 c. à thé

Dans un bol, bien mélanger les pommes de terre non pelées avec l'huile, l'assaisonnement à l'italienne, le sel et le poivre au goût. Mettre sur une plaque à biscuits à bords élevés. Cuire au four à 200 °C (400 °F), en retournant 3 ou 4 fois, 55 à 65 minutes ou jusqu'à ce que les pommes de terre soient dorées et tendres.

Donne 4 portions.

Les substances phytochimiques

En plus des vitamines et des minéraux, les légumes et les fruits renferment différentes substances dites «phytochimiques» qu'on croit bonnes pour la santé. Bien que les bienfaits de ces substances soient loin d'être établis, on ne fait pas erreur en consommant davantage de fruits et de légumes.

Guide des substances phytochimiques les plus connues

♦ Les indoles et les isothiocyanates peuvent protéger le côlon du cancer. On trouve ces substances dans le brocoli, les choux de Bruxelles, le chou, le chou-fleur, le chou vert frisé, le pak-choi et le rutabaga.

♦ Les isoflavones telles que la génistéine peuvent annuler les effets des œstrogènes dans les cas de cancer du sein et de l'ovaire. On les trouve dans les produits du soja.

♦ Le limonène aide à produire les enzymes qui à leur tour nous débarrassent de substances cancérigènes. On les trouve dans les agrumes.

♦ L'allicine, la substance qui donne à l'ail et aux oignons leur arôme typique, réduit le taux de cholestérol sanguin et la tension artérielle.

♦ Les phytostérols peuvent aider à prévenir le cancer du côlon et à entraver l'absorption du cholestérol alimentaire. On les trouve principalement dans le soja.

Légumes en papillotes ou sur le gril

Ces légumes sont délicieux et encore plus tendres que les légumes rôtis à sec. Préparer les légumes selon les directives puis ajouter 3 gousses d'ail émincées. Les étendre sur une feuille de papier d'aluminium graissée. Rabattre les bords et bien fermer. Cuire les légumes au four ou sur le gril 30 à 40 minutes ou jusqu'à ce qu'ils soient tendres.

Patates douces poêlées

11/4

Portion du *Guide alimentaire canadien*

Les doux oignons sautés et les patates douces constituent une merveilleuse combinaison de saveurs et de textures.

10 ml	huile d'olive	2 c. à thé
250 ml	oignons tranchés finement	1 tasse
2	patates douces de taille moyenne, soit environ 500 g (1 lb)	2
125 ml	bouillon de légumes	1/2 tasse

1 Chauffer l'huile à feu moyen dans une poêle antiadhésive. Y cuire les oignons en remuant de temps à autre jusqu'à ce qu'ils soient dorés et tendres, soit pendant environ 5 minutes.

2 Peler les patates douces et les couper en tranches de 1 cm sur 1 cm (1/2 po sur 1/2 po). Les mettre dans la poêle avec le bouillon. Bien couvrir et laisser mijoter en remuant aux 5 minutes, soit 15 minutes environ ou jusqu'à ce que les patates soient tendres. Saler et poivrer au goût.

Donne 3 portions.

Carottes à la provençale

11/4

Portion du *Guide alimentaire canadien*

Dans ce plat tout simple, ce sont le persil, le basilic et l'ail qui donnent vie aux carottes. Au lieu de ces herbes, vous pouvez également utiliser de l'aneth frais haché.

5	carottes de taille moyenne, soit 500 g (1 lb), pelées et coupées en bâtonnets	5
50 ml	eau	1/4 tasse
15 ml	huile d'olive	1 c. à table
3	gousses d'ail émincées, soit environ 15 ml (1 c. à table)	3
50 ml	persil frais haché	1/4 tasse
15 ml	basilic ou estragon frais haché	1 c. à table
1 ml	de chacun : sel et poivre	1/4 c. à thé

1 Dans une casserole antiadhésive ou à fond épais, mélanger les carottes, l'eau, l'huile et la moitié de l'ail. Couvrir et laisser mijoter à feu mi-doux 15 minutes ou jusqu'à ce que les carottes soient tendres mais encore croquantes.

2 Incorporer le persil, le basilic, le reste de l'ail, le sel et le poivre. Couvrir et cuire 5 minutes ou jusqu'à ce que les carottes soient tendres.

Donne 4 portions.

APPORT NUTRITIONNEL PAR PORTION	
calories	77
protéines	1 g
gras total	4 g
gras saturés	1 g
cholestérol	0 mg
glucides	11 g
fibres alimentaires	3 g
sodium	207 mg

AQR : Vit. A 229 %, E 8 %, C 10 %, acide folique 8 %, Ca 4 % (40 mg), fer 6 %, zinc 4 %.

~ DAVANTAGE DE FIBRES ~

Tous les fruits et légumes contiennent des fibres alimentaires, mais les fruits séchés, les poires, les pommes, le maïs et les pois en sont exceptionnellement riches.

Patates douces et pommes de terre à la normande

~ ON PREND DE L'AVANCE ~

On peut préparer cette recette jusqu'à la première étape inclusivement 2 heures à l'avance et jusqu'à la deuxième étape 4 heures à l'avance. Réchauffer avant de servir.

1 1/2

Portion du *Guide alimentaire canadien*

Des patates douces et des pommes de terre Yukon Gold cuites avec du bouillon de poulet, de l'ail et du parmesan composent ce plat délicieux. Nous les avons testées avec différentes combinaisons de lait, de crème sure et de bouillon; c'est la version que nous vous présentons que nous avons le plus appréciée. On peut remplacer l'ail par un oignon haché. La quantité de bouillon variera en fonction de la variété de pommes de terre utilisée. Ne vous en faites pas s'il reste un peu de liquide dans le plat, cela fera la sauce.

750 ml	de chacune : patates douces et pommes de terre blanches (p. ex., Yukon Gold) en tranches de 5 mm (1/4 po) d'épaisseur	3 tasses
2	grosses gousses d'ail émincées, soit 10 ml (2 c. à thé)	2
75 ml	parmesan fraîchement râpé	1/3 tasse
25 ml	farine tout usage	2 c. à table
1 ml	de chacun : sel, poivre et thym séché	1/4 c. à thé
375 ml	bouillon de poulet ou de légumes	1 1/2 tasse

1 Dans un grand bol, mélanger les patates douces, les pommes de terre, l'ail, le fromage, la farine, le sel, le poivre et le thym. Mettre dans un plat allant au four d'une capacité de 2 l (8 po de côté ou de 11 po sur 7 po) vaporisé d'un enduit antiadhésif.

2 Verser le bouillon. Couvrir de papier d'aluminium et cuire au four à 190 °C (375 °F) 50 minutes. Découvrir et poursuivre la cuisson pendant 30 ou 40 minutes ou jusqu'à ce que les pommes de terre soient dorées et tendres.

Donne 4 portions.

Purée aux deux tubercules

Dans des casseroles distinctes, cuire à l'eau bouillante des quantités égales de pommes de terre et de patates douces. Bien égoutter. Chauffer les tubercules à feu doux dans les casseroles 2 minutes pour les assécher. Mettre en purée avec du babeurre, du sel et du poivre.

Les patates douces

Préparation : Laver et parer les extrémités. Ne pas les peler si on les cuit entières au micro-ondes ; autrement, oui.

Cuisson au four : Piquer les patates en plusieurs points. Les mettre sur une plaque à biscuits et les cuire au four à 200 °C (400 °F) 40 à 50 minutes ou jusqu'à ce qu'elles soient tendres.

Cuisson au micro-ondes : Piquer les patates en plusieurs points. Pour 2 patates de taille moyenne, cuire à intensité élevée 8 minutes ou jusqu'à ce qu'elles soient tendres.

Cuisson à l'eau bouillante : Couper les patates en deux. Les cuire à couvert à l'eau bouillante 20 minutes ou jusqu'à ce qu'elles soient tendres.

Cuisson à l'étuvée : Couper les patates en deux. Les étuver 25 à 30 minutes ou jusqu'à ce qu'elles soient tendres.

Pour en relever le goût : Mettre les patates douces en purée et ajouter du jus d'orange ou de citron, ou encore du zeste d'agrume râpé ou du xérès. Épicer au gingembre ou à la muscade.

Carottes et brocoli sautés à l'orientale

~ L'HUILE DE SÉSAME ~

Cette huile de couleur foncée à la saveur distinctive est obtenue à partir de graines de sésame rôties. N'achetez pas l'huile de sésame dite «légère» car c'est seulement en saveur qu'elle l'est, et non en matières grasses. Achetez plutôt les huiles orientales et, de préférence, l'huile de sésame.

2 1/2

Portion du *Guide alimentaire canadien*

L'huile de sésame, le gingembre et l'ail sont à mon avis les saveurs qui accompagnent le mieux le brocoli, le chou et les carottes. Ces légumes sautés faciles à préparer accompagnent à merveille la plupart des viandes, des poissons et des volailles.

15 ml	huile végétale	1 c. à table
15 ml	gingembre émincé	1 c. à table
10 ml	ail émincé	2 c. à thé
1 ml	flocons de piment rouge	1/4 c. à thé
25 ml	sauce soja	2 c. à table
25 ml	xérès ou bouillon de poulet	2 c. à table
10 ml	sucre granulé	2 c. à thé
8	petites carottes coupées en biseau, soit 500 ml (2 tasses)	8
1 l	chou coupé en lanières longues de 2,5 (1 po)	4 tasses
500 ml	fleurons de brocoli	2 tasses
10 ml	huile de sésame	2 c. à thé

1 Chauffer l'huile à feu vif dans un wok ou une poêle. Y faire sauter le gingembre, l'ail et les flocons de piment rouge quelques secondes ou jusqu'à ce que ces ingrédients dégagent un arôme agréable. Ajouter 75 ml (1/2 tasse) d'eau, la sauce soja, le xérès et le sucre. Porter à ébullition.

2 Ajouter les carottes. Couvrir et laisser mijoter 2 minutes. Ajouter le chou et le brocoli. Couvrir et laisser mijoter 2 minutes. Découvrir et cuire en remuant jusqu'à ce que les légumes soient tendres mais encore croquants, soit environ 5 minutes. Incorporer l'huile de sésame, saler et poivrer au goût.

Donne 4 portions.

Purée de carottes et de courge à l'orange

11/2

Portion du *Guide alimentaire canadien*

De la courge et des carottes réduites en purée, avec un soupçon de zeste d'agrume, constituent un plat d'accompagnement des plus attirants. Pour une occasion spéciale, garnir d'amandes effilées, de pacanes ou de pignons grillés. Servez avec de la dinde, du poisson ou de la viande rouge.

500 ml	carottes hachées, soit 375 g (12 oz)	2 tasses
500 ml	courge musquée ou autre coupée en cubes	2 tasses
125 ml	bouillon de poulet ou de légumes	1/2 tasse
5 ml	sucre granulé	1 c. à thé
5 ml	zeste d'orange râpé	1 c. à thé
1 ml	sel	1/4 c. à thé
pincée	de chacun : muscade et poivre	pincée
125 ml	yogourt nature à 1 ou 2 % ou crème sure à 1 %	1/2 tasse

1 Porter le bouillon à ébullition dans une casserole avec les carottes et la courge. Couvrir et laisser mijoter 15 minutes ou jusqu'à ce que les légumes soient tendres et que la majeure partie du liquide soit absorbé.

2 Réduire en purée au robot culinaire ou au mélangeur. Ajouter le zeste d'orange, le sel, la muscade et le poivre. Incorporer le yogourt.

Donne 4 portions.

APPORT NUTRITIONNEL PAR PORTION	
calories	83
protéines	4 g
gras total	1 g
gras saturés	traces
cholestérol	1 mg
glucides	17 g
fibres alimentaires	3 g
sodium	302 mg

AQR : Vit. A 193 %, E 3 %, C 23 %, acide folique 12 %, Ca 10 % (105 mg), fer 6 %, zinc 6 %.

~ **ON PREND DE L'AVANCE** ~

Dans un contenant fermé, la purée se garde 2 jours au réfrigérateur.

~ **CONSEIL NUTRITIONNEL** ~

Les courges d'hiver sont riches en bêta-carotène et sont une source d'acide folique et de vitamine C.

La courge

Préparation : Couper la courge en deux ou en plusieurs morceaux. Enlever à la cuillère les graines et les fibres.

Cuisson au four : Placer la courge côté coupé contre une plaque à biscuits huilée. Cuire au four à 200 °C (400 °F) environ 45 minutes ou jusqu'à ce qu'elle soit tendre.

Cuisson à l'étuvée : Mettre la courge dans une marmite à vapeur. Couvrir et étuver 10 à 20 minutes ou jusqu'à ce qu'elle soit tendre.

Fenouil braisé au parmesan

11/4

Portion du *Guide alimentaire canadien*

J'adore le fin goût de réglisse ou d'anis de ce légume italien et, en fait, je le préfère plutôt cuit que cru en salade. Ce plat accompagne bien le poisson, la viande et la volaille.

3	bulbes de fenouil de taille moyenne, soit 500 g (1 lb)	3
5 ml	huile d'olive vierge extra sel et poivre	1 c. à thé
50 ml	parmesan fraîchement râpé	1/4 tasse

1 Couper et jeter les tiges du fenouil. Parer la base, jeter les couches dures ou endommagées. Couper les bulbes en quartiers dans le sens de la longueur.

2 Cuire le fenouil à l'eau bouillante dans une casserole jusqu'à ce qu'il soit tendre sous les dents de la fourchette, soit environ 10 minutes. Égoutter.

3 Huiler le fond d'un plat tout juste assez grand pour recevoir le fenouil en une couche simple. Mettre le fenouil et le retourner pour l'enrober d'huile. Saler et poivrer au goût. Couvrir et cuire au four à 190 ºC (375 ºF) 20 minutes. Saupoudrer de parmesan. Cuire sous le grilloir du four à découvert jusqu'à ce que le fromage fonde, soit 3 à 5 minutes.

Donne 6 portions.

Le fenouil

Dans certaines épiceries, le fenouil porte le nom de fenouil de Florence ou de finocchio (en italien). On s'en sert pour aromatiser les poissons, les ragoûts, les soupes ainsi que d'autres légumes.

La ménopause et l'alimentation

S i vous êtes une femme dans la quarantaine ou au début de la cinquantaine, et si vous souffrez des malaises associés aux menstruations et présentez les symptômes de la ménopause, vous vous êtes peut-être déjà demandée si les traitements à la vitamine B_6, le dong quai et l'huile d'onagre pourraient aider. Les symptômes propres à la préménopause (c'est-à-dire les années précédant la fin des menstruations) proviennent essentiellement des fluctuations des niveaux d'œstrogène. La plupart des traitements visent à remplacer l'œstrogène ou à soulager les symptômes associés à sa baisse.

La filière du soja

Le fait que les Japonaises ne souffrent pas des symptômes associés à la ménopause dont se plaignent les Nord-Américaines serait relié au régime alimentaire des premières, riche en soja. Le soja contient des composés appelés isoflavones qui sont converties au cours de la digestion en phyto-œstrogènes ou en œstrogènes végétaux. Les données préliminaires dont nous disposons indiquent que les œstrogènes végétaux pourraient aider à soulager les malaises associés aux bouffées de chaleur, aux sueurs nocturnes et à la sécheresse vaginale.

On prétend aussi que des plantes comme le fenugrec, le centala, la salsepareille, la racine de réglisse et l'igname sauvage renferment des substances apparentées aux œstrogènes, mais peu de données viennent confirmer ou infirmer la pertinence de ces traitements.

Conseils nutritionnels pour soulager les malaises du SPM et de la ménopause

Pour les malaises propres à la préménopause et à la ménopause, les femmes disposent de nos jours de plusieurs traitements, aussi bien traditionnels que nouveaux. Quel que soit le traitement pour lequel vous optez, les conseils suivants, portant sur l'alimentation et le mode de vie, ne peuvent que vous aider à venir à bout des symptômes et des malaises courants.

♦ Adoptez des habitudes alimentaires saines.

♦ Accordez davantage de place aux mets végétariens dans votre alimentation, notamment aux produits à base de soja, comme le tofu.

♦ Évitez la caféine si vous souffrez de troubles du sommeil ou si vous avez les seins sensibles.

♦ Réduisez votre consommation de sel. Des études récentes permettent de conclure qu'avant la menstruation, l'eau n'est pas retenue dans l'organisme, mais est répartie différemment ; or, ce phénomène n'est pas influencé par le sel. Toutefois, consommer moins de sel demeure recommandable.

♦ Si vous souffrez de maux de tête et de dépression, évitez l'alcool, notamment le vin rouge, la bière, le rhum, le whisky, le brandy et le xérès. Ces symptômes peuvent même disparaître si l'on évite le chocolat, les fromages vieillis, les noix, l'aspartame, les oignons, les tomates, les champignons, les nitrites et le glutamate monosodique.

♦ Prenez des repas moins copieux mais plus fréquents.

Autres démarches axées sur l'alimentation

On croit que les autres démarches axées sur l'alimentation agissent en élevant les niveaux de neurotransmetteurs présents dans le cerveau, notamment celui de la sérotonine. Des niveaux faibles de sérotonine ont été associés aux bouffées de chaleur, aux changements brusques d'humeur, à l'irritabilité, aux troubles du sommeil ainsi qu'à la rétention d'eau. À l'heure actuelle, aucun de ces traitements n'a été prouvé efficace. Nous abordons ce sujet ici seulement à titre de mise en garde contre certaines thérapies maison populaires.

♦ **Vitamine B$_6$:** Cette vitamine peut causer des problèmes nerveux. La consommation à long terme de 50 à 100 mg par jour ne présente pas de danger. N'en prenez jamais plus de 200 mg par jour.

♦ **Vitamine A :** La vitamine A est relativement sûre jusqu'à concurrence de 8000 équivalents de rétinol, sauf pendant la grossesse. Les excès de vitamine A peuvent causer des malformations congénitales. De grandes quantités de vitamine A ne devraient jamais être prises par une femme susceptible de devenir enceinte.

♦ **Vitamine E :** La vitamine E à raison de 300 UI par jour est relativement sûre mais ne devrait pas être absorbée avec un médicament anticoagulant. Ne prenez jamais de doses dépassant les 800 UI.

♦ **Calcium et magnésium :** Le calcium et le magnésium sont relativement sûrs quand ils sont consommés en quantités raisonnables. En présence de symptômes prémenstruels ou de la ménopause, des suppléments de 1000 mg de calcium par jour sont courants. Si vous prenez du magnésium, contentez-vous de suppléments de 300 à 600 mg par jour.

♦ **Huile d'onagre :** L'huile d'onagre est sûre mais coûteuse et cause parfois la diarrhée.

♦ **Dong quai :** Les ingrédients actifs du dong quai sont des coumarines, substances chimiques naturelles nocives à fortes doses. Il est donc déconseillé de prendre du dong quai.

♦ **Ginseng :** Certaines variétés de ginseng risquent de provoquer les symptômes que les femmes cherchent précisément à éviter : nervosité, insomnie, diarrhée, hypertension et même saignements utérins.

Champignons portobellos marinés grillés

11/4

Portion du Guide alimentaire canadien

Ce mets est impressionnant comme plat d'accompagnement, comme entrée ou dans les hamburgers. Comme entrée, servez les champignons avec la Trempette à l'oignon caramélisé et au basilic (page 18) ou avec la Trempette crémeuse à la coriandre et à la menthe (page 26). Les champignons peuvent aussi être tranchés et servis avec des poivrons grillés, de l'aubergine ou de la courgette et du fromage de chèvre. Garnir de cresson de fontaine ou de basilic frais.

	APPORT NUTRITIONNEL PAR PORTION (SANS FROMAGE)	
calories		63
protéines		1 g
gras total		4 g
gras saturés		1 g
cholestérol		0 mg
glucides		7 g
fibres alimentaires		1 g
sodium		1 mg

AQR : Vit. E 5 %, C 5 %, acide folique 5 %, Ca 1 % (8 mg), fer 8 %, zinc 6 %.

~ ON PREND DE L'AVANCE ~
On peut préparer cette recette jusqu'à la deuxième étape, 4 heures à l'avance.

4	champignons portobellos, soit 500 g (1 lb)	4
50 ml	vinaigre balsamique	1/4 tasse
25 ml	huile d'olive	2 c. à table
5 ml	de chacun : basilic et origan séché ou 15 ml (1 c. à table) de chacune de ces herbes fraîches et hachées	1 c. à thé
1	gousse d'ail émincée	1
pincée	de chacun : sel et poivre	pincée
125 g	fromage partiellement écrémé en tranches minces (facultatif)	4 oz

1 Couper les pieds des champignons. Les disposer, côté lisse orienté vers le haut, en une couche simple dans un plat peu profond.

2 Battre ensemble au fouet le vinaigre, l'huile, le basilic, l'origan, l'ail, le sel et le poivre. Verser le liquide sur les champignons et laisser reposer à température ambiante 15 minutes, en retournant une fois.

3 Réserver la marinade. Disposer les champignons, encore côté lisse orienté vers le haut, sur un gril chauffé à feu mi-vif. Cuire 5 à 8 minutes de chaque côté ou jusqu'à ce qu'ils soient tendres, en les badigeonnant de temps à autre de marinade. Mettre le fromage, si l'on en utilise, sur les champignons 2 minutes avant la fin de la cuisson.

Donne 4 portions.

Hors-d'œuvre de champignons portobellos grillés

Couper les champignons en tranches de 1 cm (3/8 po) d'épaisseur avant de les faire mariner. Griller ou faire sauter 2 à 3 minutes de chaque côté puis hacher grossièrement. Se servir de ce hachis pour farcir les Tartelettes de pâte phyllo (page 15) ou de petites coupes faites de pain rôti. Garnir d'un peu de parmesan.

Tranches d'aubergine rôtie et purée d'ail rôti

~ ON PREND DE L'AVANCE ~

On peut préparer cette recette à l'avance jusqu'à la première étape inclusivement. Dans un contenant fermé, les aubergines se conservent 2 heures au réfrigérateur.

11/2

Portion du *Guide alimentaire canadien*

Riches et succulentes, ces tranches d'aubergine rôties sont délicieuses en accompagnement, dans un sandwich ou un pain pita avec des tomates et du basilic frais. Ou bien, servez-les en entrée arrosées de vinaigre balsamique et de parmesan fraîchement râpé.

1	aubergine de 500 g (1 lb)	1
20 ml	huile d'olive	4 c. à thé
25 ml	Purée d'ail rôti *(voir ci-dessous)*	2 c. à table
7 ml	assaisonnement à l'italienne	1 1/2 c. à thé
pincée	de chacun : sel et poivre	pincée

1 Enlever les extrémités de l'aubergine. La découper en tranches de 2 cm (3/4 po) d'épaisseur. Disposer les tranches en une couche simple sur une plaque à biscuits graissée. Badigeonner d'huile. Étendre la purée d'ail et assaisonner de fines herbes italiennes. Saler et poivrer.

2 Rôtir les tranches d'aubergine dans un four à 200 °C (400 °F) 20 minutes ou jusqu'à ce qu'elles soient très tendres et que le dessous soit doré.

Donne 4 portions.

Purée d'ail rôti

~ ON PREND DE L'AVANCE ~

Dans un contenant fermé, la purée se conserve 3 jours au réfrigérateur.

1/4

Portion du *Guide alimentaire canadien*

Cette purée sert à aromatiser les sauces à salade, les sauces pour les pâtes, les soupes ou les ragoûts. Elle peut aussi servir de tartinade sur les craquelins ou les rôties de pain français.

2	gros bulbes d'ail	2
2 ml	jus de citron fraîchement pressé	1/2 c. à thé
pincée	de chacun : sel et poivre	pincée

1 Enlever 5 mm (1/4 po) au sommet des bulbes d'ail.

2 Envelopper légèrement dans une double feuille de papier d'aluminium. Cuire l'ail au four à 200 °C (400 °F) environ 1 heure ou jusqu'à ce qu'il soit extrêmement mou et doré. Laisser refroidir un peu.

3 Exprimer la pulpe de chaque gousse par pression et la recueillir dans un bol. Réduire en purée. Incorporer le jus de citron, le sel et le poivre.

Donne environ 50 ml (1/4 tasse).

L'art de faire griller les légumes

Aubergine grillée : Pour cuire l'aubergine sur le barbecue ou le gril, la découper en tranches de 1 cm (1/2 po) d'épaisseur. Badigeonner d'huile d'olive puis saupoudrer de fines herbes, de sel et de poivre. Griller les tranches à feu moyen, le couvercle abaissé, 15 à 20 minutes, en retournant une fois ou deux, jusqu'à ce qu'elles soient très tendres.

Oignons grillés : Peler les oignons, les couper selon l'horizontale en tranches de 1 cm (1/2 po) d'épaisseur, en maintenant ensemble les rondelles. Mettre les tranches sur un gril à légumes légèrement graissé ou sur un gril à barbecue (pour les mettre directement sur le gril à barbecue, couper les oignons en quartiers retenus par la racine). Griller à feu moyen, le couvercle du gril abaissé, en retournant une fois, environ 20 minutes ou jusqu'à ce que les oignons soient très tendres et dorés.

Pour faire griller les oignons au four, disposer les tranches en une couche simple sur une plaque à biscuits graissée munie d'un rebord. Cuire à environ 20 cm (8 po) du grilloir 10 minutes ou jusqu'à ce que les oignons soient très tendres et dorés, en surveillant l'opération de près pendant les dernières minutes afin d'éviter que les tranches ne brûlent.

Poivrons grillés : Épépiner les poivrons et les couper en quartiers. Badigeonner légèrement d'huile si on le désire. Griller les poivrons sur la grille supérieure du barbecue à feu mi-doux, le couvercle du gril abaissé, jusqu'à ce qu'ils soient légèrement noircis, soit 20 à 30 minutes.

Courgettes grillées : Je trouve que les courgettes ont un goût fade mais grillées, elles y gagnent une saveur de fumée et une texture onctueuse fabuleuses. Découper les courgettes non pelées dans le sens de la longueur en tranches de 1 cm (1/2 po) d'épaisseur. Les mouiller d'huile d'olive puis saler et poivrer. Griller les tranches à feu mi-doux, le couvercle du gril abaissé, et en retournant aux 5 minutes jusqu'à ce qu'elles soient légèrement noircies et ramollies à l'intérieur, soit environ 15 à 20 minutes.

Macédoine de légumes grillés : Découper un oignon, une courgette, des poivrons rouges et une aubergine en morceaux de même grosseur (4 cm ou 1 1/2 po) de 1 cm (1/2 po) d'épaisseur. Les mettre dans un bol, arroser d'un peu d'huile d'olive, saler et poivrer, en retournant un peu pour mélanger. Déposer les légumes dans un panier métallique et les faire griller à feu moyen, le couvercle du gril abaissé, et en retournant de temps à autre, 20 à 30 minutes ou jusqu'à ce qu'ils soient tendres.

> **~ CUISINER ET MANGER MOINS GRAS ~**
>
> *À quelques exceptions près (l'avocat et la noix de coco), les légumes et les fruits ne renferment pas de matières grasses. Laissez-leur cette vertu en évitant de les accommoder avec du beurre, de la margarine ou des sauces à la crème. Relevez-les plutôt de gingembre, d'ail, de champignons, de jus de citron, de crème sure à 1 %, de vin, de jus ou de sucre.*

Légumes d'hiver rôtis

~ ON PREND DE L'AVANCE ~

On peut préparer cette recette jusqu'à la première étape inclusivement 4 heures à l'avance.

~ CONSEIL NUTRITIONNEL ~

Ce plat est particulièrement riche en vitamines et en fibres.

3

Portion du *Guide alimentaire canadien*

C'est ma mère qui m'a enseigné à faire rôtir les légumes. Elle se contentait de les mettre au four avec un rôti de bœuf, de porc ou un poulet. Les légumes absorbaient toute la graisse fondue et tous les jus de cuisson; c'était absolument délicieux. La présente version, allégée, utilise du bouillon et de l'huile d'olive et donne un résultat tout aussi délicieux. Qui plus est, vous n'avez pas besoin de faire cuire un rôti ou un poulet entier pour les déguster. Faites rôtir une bonne quantité de légumes et utilisez les restes sur la pizza ou dans les pâtes, les salades, les sandwiches ou les soupes. D'autres légumes se prêtent au rôtissage: pommes de terre, poivrons de toutes les couleurs, carottes, oignons, rutabagas et navets.

500 ml	courge musquée pelée, coupée en cubes de 4 cm (1 1/2 po), soit 250 g (8 oz)	2 tasses
500 ml	patate douce pelée, coupée en cubes de 4 cm (1 1/2 po), soit 375 g (12 oz)	2 tasses
3	poireaux de taille moyenne parés, coupés en deux dans le sens de la longueur	3
1	gros fenouil paré, coupé en six dans le sens de la longueur	1
3	panais de taille moyenne de 125 g (4 oz) pelés, coupés en morceaux de 4 cm (1 1/2 po)	3
1	poivron rouge épépiné, coupé en six dans le sens de la longueur	1
50 ml	huile d'olive ou huile végétale	3 c. à table
25 ml	romarin frais haché ou 10 ml (2 c. à thé) de romarin séché	2 c. à table
375 ml	bouillon de légumes ou de poulet	1 1/2 tasse

1 Dans un plat à rôtir, mélanger la courge, la patate douce, les poireaux, le fenouil, les panais, le poivron rouge, l'huile, le romarin, ainsi que le sel et le poivre au goût. Étendre les légumes en une couche simple.

2 Verser le bouillon et bien couvrir le plat à rôtir de papier d'aluminium. Mettre au four à 200 ºC (400 ºF) 20 à 30 minutes ou jusqu'à ce que le liquide se soit évaporé et que les légumes soient presque tendres.

3 Enlever le papier d'aluminium et retourner les légumes. Réduire le feu à 190 ºC (375 ºF). Faire rôtir les légumes à découvert 15 à 30 minutes ou jusqu'à ce qu'ils soient presque tendres et dorés.

Donne 8 portions.

La volaille et la viande

NOTES SUR LA NUTRITION

Brochette de poulet, saucisse italienne et poivrons (page 191) →

Poulet au gingembre

3/4   1

Portions du *Guide alimentaire canadien*

Le gingembre frais et la coriandre fraîche transforment un banal poulet en un plat digne d'une réception. Servez avec du riz basmati et des carottes aux fines herbes.

500 g	poitrines de poulet désossées sans la peau	1 lb
15 ml	huile végétale	1 c. à table
2	gousses d'ail émincées	2
1	poivron vert ou rouge coupé en fines lanières	1
250 ml	champignons tranchés finement	1 tasse
25 ml	de chacun : gingembre émincé et sauce soja	2 c. à table
15 ml	sauce d'huîtres	1 c. à table
5 ml	sucre granulé	1 c. à thé
2 ml	fécule de maïs	1/2 c. à thé
1 ml	piment de Cayenne	1/4 c. à thé
50 ml	feuilles de coriandre fraîche	1/4 tasse

APPORT NUTRITIONNEL PAR PORTION	
calories	185
protéines	27 g
gras total	5 g
gras saturés	1 g
cholestérol	67 mg
glucides	7 g
fibres alimentaires	1 g
sodium	687 mg

AQR : Vit. A 3 %, E 10 %, C 38 %, acide folique 6 %, Ca 1 % (15 mg), fer 8 %, zinc 11 %.

1 Couper le poulet en lanières de 5 cm sur 2,5 cm (2 po sur 1 po).

2 Chauffer l'huile à feu vif dans une poêle antiadhésive ou un wok. Faire sauter le poulet et l'ail pendant 2 minutes. Ajouter le poivron vert et les champignons puis faire sauter 1 minute.

3 Mélanger le gingembre, la sauce soja et la sauce d'huîtres, 15 ml (1 c. à table) d'eau, le sucre, la fécule de maïs et le piment de Cayenne. Faire sauter dans la poêle pendant 1 minute ou jusqu'à ce que le poulet ait perdu sa couleur rosée à l'intérieur et que la sauce ait épaissi. Garnir de coriandre.

Donne 4 portions.

Poulet à l'orientale

~ ON PREND DE L'AVANCE ~

On peut préparer cette recette à l'avance jusqu'à la première étape inclusivement. Dans un contenant fermé, le poulet se conserve alors 1 journée au réfrigérateur.

~ LA POUDRE DE CINQ-ÉPICES ~

Ce condiment piquant est un mélange d'anis étoilé, de grains de poivre du Sichuan, de fenouil, de clous de girofle et de cannelle. On en trouve dans beaucoup de supermarchés et dans les épiceries chinoises. Il est utilisé dans les marinades et les sauces.

11/2

Portion du *Guide alimentaire canadien*

J'ai modifié une de mes façons préférées d'apprêter le poulet en ajoutant de la poudre de cinq-épices et de la pâte de piments. Je mets parfois de l'ail émincé. J'aime servir ce poulet sur des nouilles chinoises précuites de type chow mein (non pas les nouilles frites vendues en conserve) que je mélange avec des germes de haricots et des oignons verts ainsi qu'avec la sauce proposée ici (que je prépare souvent en bonnes quantités) ou de la sauce hoisin.

75 ml	sauce hoisin	1/3 tasse
25 ml	vin de riz, scotch ou xérès	2 c. à table
15 ml	sauce soja	1 c. à table
15 ml	gingembre émincé	1 c. à table
5 ml	pâte de piments ou 2 ml (1/2 c. à thé) de sauce piquante au piment	1 c. à thé
5 ml	huile de sésame	1 c. à thé
5 ml	poudre de cinq-épices	1 c. à thé
1,5 kg	pilons et cuisses de poulet sans la peau	3 lb
4	oignons verts hachés	4

1 Dans un petit bol, mélanger la sauce hoisin, le vin de riz, la sauce soja, le gingembre, la pâte de piments, l'huile de sésame et la poudre de cinq-épices. Mettre le poulet dans un plat allant au four ; badigeonner du mélange à base de sauce hoisin. Couvrir et mettre au réfrigérateur 1 heure ou jusqu'à 24 heures.

2 Cuire au four à 180 °C (350 °F) en arrosant de temps à autre, 40 minutes ou jusqu'à ce que le liquide qui s'échappe du poulet quand on le pique soit transparent. Servir garni d'oignons verts.

Donne 6 portions.

Poulet à l'orientale sur le gril

Préparer la recette jusqu'à la première étape. Cuire sur le barbecue à feu moyen, le couvercle abaissé, en retournant de temps à autre, 25 à 35 minutes ou jusqu'à ce que le liquide qui s'échappe du poulet quand on le pique soit transparent.

Poulet au cumin et à l'ail à la mexicaine

11/2

Portion du *Guide alimentaire canadien*

Pour cette recette, vous pouvez utiliser des pilons, des cuisses ou des poitrines de poulet. Si vous aimez manger piquant, augmentez la quantité de flocons de piment. Servez avec du maïs frais.

5 ml	cumin moulu	1 c. à thé
1 ml	de chacun : sel, poivre et flocons de piment rouge	1/4 c. à thé
15 ml	huile végétale	1 c. à table
1 kg	morceaux de poulet sans la peau	2 lb
3	gousses d'ail émincées	3
2	clous de girofle (facultatif)	2
10 ml	jus de citron ou de lime fraîchement pressé	2 c. à thé
50 ml	coriandre fraîche hachée ou persil frais haché	1/4 tasse

APPORT NUTRITIONNEL PAR PORTION

calories	240
protéines	36 g
gras total	9 g
gras saturés	2 g
cholestérol	112 mg
glucides	1 g
sodium	248 mg

AQR : Vit. A 3 %, E 11 %, C 2 %, acide folique 4 %, Ca 2 % (23 mg), fer 12 %, zinc 26 %.

~ CUISINER ET MANGER MOINS GRAS ~

Le fait d'utiliser du poulet sans la peau réduit considérablement la quantité de matières grasses dans l'assiette.

1 Mélanger le cumin, le sel, le poivre et les flocons de piment rouge. Réserver.

2 Chauffer l'huile à feu mi-vif dans une grande poêle antiadhésive. Y faire dorer le poulet de toutes parts. Saupoudrer le poulet du mélange à base de cumin. Ajouter 250 ml (1 tasse) d'eau, l'ail, les clous de girofle (si on en utilise) et le jus de citron. Réduire le feu, couvrir et laisser mijoter 15 minutes.

3 Jeter les clous de girofle. Retirer le poulet et garder au chaud. Faire bouillir le liquide environ 5 minutes ou jusqu'à ce qu'il ait réduit à 50 ml (1/4 tasse). Incorporer la coriandre. Arroser le poulet de cette sauce.

Donne 4 portions.

Cari de poulet au lait de coco à la thaïlandaise

1   11/4

Portions du *Guide alimentaire canadien*

Je suis une inconditionnelle du mélange de saveurs de ce plat, exotique mais pourtant facile à faire. Vous pouvez utiliser de la pâte de cari thaïlandaise ou indienne et jouer sur les quantités pour rendre ce poulet juteux plus ou moins épicé. Servez avec du riz basmati et un légume vert.

15 ml	huile végétale	1 c. à table
20 ml	pâte de cari rouge (moyenne)	4 c. à thé
625 g	poulet désossé sans la peau en fines lanières	1 1/4 lb
1	oignon haché grossièrement	1
1	poivron rouge en fines lanières zeste râpé d'un citron de taille moyenne	1
250 ml	lait de coco allégé	1 tasse
25 ml	sauce de poisson ou sauce soja	2 c. à table
15 ml	jus de citron fraîchement pressé	1 c. à table
75 ml	coriandre fraîche hachée	1/3 tasse

1 Chauffer l'huile à feu vif dans une grande poêle antiadhésive. Faire sauter la pâte de cari 30 secondes.

2 Ajouter le poulet et faire sauter 3 minutes. Incorporer l'oignon puis faire sauter 1 minute.

3 Ajouter le poivron rouge et le zeste de citron. Faire sauter 1 minute ou jusqu'à ce que l'oignon ait ramolli.

4 Incorporer le lait de coco, la sauce de poisson et le jus de citron puis porter à ébullition. Cuire environ 2 minutes ou jusqu'à ce que le liquide ait réduit légèrement. Incorporer la coriandre.

Donne 4 portions.

Poulet de choix

Je préfère le poulet étiqueté «refroidi à l'air» pour sa saveur et sa texture. Sa peau est plus sèche (elle n'est pas luisante) que celle du poulet «refroidi à l'eau» et légèrement jaunâtre. Bien que ce poulet soit légèrement plus cher, sa texture est plus ferme, car il contient moins d'eau ; il ne «pleure» pas dans son emballage et rétrécit moins à la cuisson.

La pâte de cari

On trouve de la pâte de cari dans beaucoup de supermarchés. Cette préparation conserve mieux sa fraîcheur que la poudre de cari, qui s'affadit avec le temps. Les pâtes achetées en bocal de verre se conservent sans problème des mois au réfrigérateur. Si vous ne pouvez trouver de pâte de cari, remplacez-la par de la poudre de cari.

Le lait de coco

On trouve du lait de coco allégé en conserve dans certains supermarchés. Si on ne peut en dénicher, prendre 125 ml (1/2 tasse) de lait de coco ordinaire (qui est plus épais et environ 75 % plus riche en matières grasses que la version allégée) et mélanger à une quantité égale d'eau.

Poulet piquant au four avec salsa aux tomates

~ ON PREND DE L'AVANCE ~

On peut préparer cette recette à l'avance jusqu'à la première étape inclusivement. Dans un contenant fermé, le poulet se garde 8 heures au réfrigérateur.

1/2   1 1/2

Portions du *Guide alimentaire canadien*

Délicieux chaud ou froid, ce poulet est également parfait pour le pique-nique.

10 ml	poudre de chili	2 c. à thé
5 ml	de chacun : cumin et paprika moulus	1 c. à thé
1 ml	curcuma	1/4 c. à thé
5 ml	origan séché	1 c. à thé
2 ml	de chacun : sel et poivre	1/2 c. à thé
1 ml	piment de cayenne	1/4 c. à thé
2	gousses d'ail émincées	2
25 ml	jus de citron fraîchement pressé	2 c. à table
15 ml	huile végétale	1 c. à table
4	morceaux de poulet sans la peau (cuisses et poitrines), soit environ 1 kg (2 lb)	4

Salsa aux tomates

2	tomates coupées en dés	2
125 ml	coriandre fraîche hachée	1/2 tasse
1 ml	de chacun : sel et poivre	1/4 c. à thé

1 Faire rôtir la poudre de chili, le cumin, le paprika et le curcuma à feu moyen dans une petite poêle antiadhésive environ 20 secondes ou jusqu'à ce que ces épices commencent à brunir. Retirer du feu.

2 Disposer les morceaux de poulet dans un plat à rebords allant au four. Cuire à découvert au four à 190 °C (375 °F) en retournant à mi-chemin de la cuisson et en arrosant 2 fois avec les sucs, 30 à 40 minutes ou jusqu'à ce que le liquide qui s'échappe du poulet quand on le pique soit transparent.

3 Préparation de la salsa aux tomates : Entre-temps, mélanger ensemble dans un petit bol la tomate, la coriandre, le sel et le poivre. Servir avec le poulet.

Donne 4 portions.

Poitrines de poulet au four, sauce au chutney à la mangue

1
Portion du *Guide alimentaire canadien*

Ce plat de poulet facile à faire est incroyablement juteux, tendre et délicieux. Vous pouvez décorer l'assiette d'un morceau de mangue fraîche et d'un brin de cresson de fontaine. Servez avec du chutney et du riz basmati cuit dans du bouillon de poulet et une cuillerée ou deux de gingembre frais râpé.

75 ml	chutney à la mangue	1/3 tasse
75 ml	yogourt nature à 1 ou 2 %	1/3 tasse
15 ml	de chacun : moutarde de Dijon et gingembre râpé	1 c. à table
10 ml	farine tout usage	2 c. à thé
1 kg	poitrines de poulet sans la peau, soit environ 4 avec les os	2 lb

1 Dans un petit bol, mélanger le chutney, le yogourt, la moutarde, le gingembre et la farine. Mettre les poitrines de poulet, côté osseux orienté vers le bas, en une couche simple sur une plaque à biscuits. À l'aide d'une cuillère, napper le poulet du mélange à base de chutney.

2 Cuire à découvert au four à 180 °C (350 °F) 45 minutes ou jusqu'à ce que le poulet ait perdu sa couleur rosée au centre. Retirer du four et laisser reposer 5 minutes. Arroser le poulet des liquides de cuisson avant de servir.

Donne 4 portions.

APPORT NUTRITIONNEL PAR PORTION	
calories	258
protéines	41 g
gras total	3 g
gras saturés	1 g
cholestérol	103 mg
glucides	15 g
fibres alimentaires	1 g
sodium	198 mg

AQR : Vit. A 7 %, E 3 %, C 15 %, acide folique 4 %, Ca 5 % (57 mg), fer 9 %, zinc 16 %.

~ ON PREND DE L'AVANCE ~
On peut préparer cette recette à l'avance jusqu'à la première étape inclusivement. Dans un contenant fermé, le poulet se conserve 3 heures au réfrigérateur.

Manipuler la volaille avec prudence

Après avoir manipulé du poulet cru ou partiellement cuit, lavez la planche à découper, la surface de travail et les ustensiles à l'eau très chaude et au détergent puis rincez-les. Mélanger 15 ml (1 c. à table) d'eau de Javel dans 1 l (4 tasses) d'eau. Lavez bien tous les articles en laissant la solution d'eau de Javel agir sur les surfaces entrées en contact avec le poulet pendant 45 secondes avant de rincer.

À l'aide !
Le médecin me dit que
mon cholestérol est trop élevé !

Des taux de cholestérol et de triglycérides trop élevés dans le sang comptent parmi les facteurs de risque de maladies cardiaques et d'accidents vasculaires cérébraux, au même titre que le tabagisme, l'hypertension artérielle ou le manque d'activité physique. Heureusement, en modifiant vos habitudes alimentaires, vous pouvez réduire considérablement ce risque.

L'ABC des gras sanguins : le cholestérol et les triglycérides

♦ Le cholestérol des LDL, ou cholestérol des lipoprotéines de basse densité, est celui qu'on appelle le «mauvais cholestérol». Il obstrue les artères, cause l'hypertension, les infarctus et les accidents vasculaires cérébraux. Plus les taux de cholestérol des LDL sont bas, mieux c'est.

♦ Le cholestérol des HDL, ou cholestérol des lipoprotéines de haute densité, est le «bon» cholestérol. Des taux élevés signifient que le cholestérol parvient bien au foie, où il est traité et éliminé comme il se doit. Plus les taux de cholestérol des HDL sont élevés, mieux vous vous porterez.

♦ Le CT, ou cholestérol total, correspond à la somme du cholestérol des LDL et du cholestérol des HDL. Bien qu'un taux de CT faible soit en général une bonne nouvelle, il est toujours possible d'être exposé à des risques élevés d'infarctus et d'accidents vasculaires cérébraux si les taux de cholestérol des HDL sont faibles également.

♦ Les TG, ou triglycérides, sont un type de gras sanguin qui, à l'instar du cholestérol des LDL, peut accroître le risque de maladies cardiaques, notamment chez les femmes. Des taux élevés de triglycérides vont habituellement de pair avec l'embonpoint, la consommation d'alcool, l'hypertension, les taux de cholestérol des HDL faibles et le diabète.

Quels sont les taux acceptables ?

Voici les taux de cholestérol et de triglycérides habituellement considérés comme acceptables :

CLDL	moins de 3,4 mmol/l
CHDL	plus de 0,9 mmol/l
CT	moins de 5,2 mmol/l
TG	moins de 2,3 mmol/l

Des taux de CT, de cholestérol des LDL et de TG supérieurs à ces limites ou un taux de cholestérol des HDL inférieur à cette valeur sont associés à des risques accrus de maladies cardiaques.

Conseils nutritionnels pour baisser les taux de cholestérol sanguin

♦ Réduisez la quantité totale de gras consommée, notamment les gras saturés et les gras trans (huile végétale hydrogénée ou partiellement hydrogénée), en suivant les conseils «Cuisiner et manger moins gras» disséminés un peu partout dans le livre. Pour faire chuter des concentrations élevées de gras dans le sang, les matières grasses ne devraient pas apporter plus de 25 % des calories ingérées quotidiennement. Pour que 25 % ou moins de calories soient tirées des matières grasses, l'homme moyen devrait limiter sa consommation de matières grasses à 75 grammes par jour ou moins, et la femme à 53 grammes ou moins.

♦ Mangez beaucoup de fibres alimentaires, notamment des fibres solubles, qui aident à abaisser les taux de cholestérol des LDL. Les aliments à base de céréales complètes, les légumes, les fruits et les légumineuses (haricots, pois et lentilles) sont riches en fibres *(voir page 258)*.

♦ Quand une recette exige une matière grasse, utilisez un peu de margarine molle ou une huile riche en gras polyinsaturés ou monoinsaturés plutôt que du beurre ou du shortening. Les huiles recommandables sont les huiles d'olive, de canola, de carthame, de tournesol et de maïs.

♦ Limitez votre consommation de cholestérol à 250 mg par jour. Les principaux aliments à éviter sont les abats, comme le foie, ainsi que les œufs entiers. Ne mangez pas plus de 2 œufs entiers par semaine, et n'oubliez pas qu'on peut utiliser des blancs d'œufs (qui ne contiennent pas de cholestérol) dans la préparation des aliments. Dans la plupart des recettes, deux blancs d'œufs mélangés à 5 ml (1 c. à thé) d'huile peuvent remplacer 1 œuf entier.

♦ Si vos triglycérides sont élevés également, évitez toute forme de sucre (sucre blanc, cassonade, miel, sirop) et l'alcool, car les sucres et l'alcool, une fois digérés, sont facilement convertis en triglycérides. Le fait de consommer davantage de poisson riche en acides gras oméga-3 *(voir page 231)* peut aussi contribuer à abaisser les taux de triglycérides.

♦ Si vous faites de l'embonpoint, perdez du poids. Des pertes pondérales, même minimes, peuvent être salutaires *(voir page 22)*.

Conseils nutritionnels pour élever les taux de bon cholestérol (cholestérol des HDL)

Il est plus difficile d'élever les taux de cholestérol des HDL que d'abaisser ceux des TG ou du cholestérol des LDL, mais l'effort en vaut la peine si vos taux de cholestérol des HDL est trop faible. Suivez les conseils qui s'appliquent à la baisse du taux de cholestérol des LDL en portant une attention particulière aux éléments suivants :

♦ Faites de l'exercice tous les jours. C'est plus important que jamais.

♦ Utilisez la margarine et les huiles comme l'huile d'olive et de canola, composées essentiellement de gras monoinsaturés, plutôt que les huiles de carthame, de tournesol ou de maïs, qui contiennent surtout des gras polyinsaturées. Les gras monoinsaturés n'abaissent pas le cholestérol des HDL tandis que les gras polyinsaturés le font.

♦ Les femmes ménopausées devraient envisager une hormonothérapie de substitution car les œstrogènes ont la propriété d'élever les taux de cholestérol des HDL.

♦ Certaines personnes ont peut-être intérêt à consommer un peu d'alcool. *(Voir les détails page 42.)*

Cuisiner et manger moins gras

Pour diminuer la consommation de gras en provenance de la viande ou de la volaille, réduire la taille des portions. Au lieu d'un bifteck de 250 g (8 oz), se contenter d'un bifteck de 125 g (4 oz). Se satisfaire d'une côtelette de porc ou d'une brochette de poulet plutôt que de deux. Façonner des galettes de hamburgers plus petites.

Brochettes de poulet, saucisses italiennes et poivrons

13/4   11/2

Portions du *Guide alimentaire canadien*

Dans ce plat estival, les saucisses jouent le rôle de complément au poulet et aux légumes colorés. Je sers habituellement les brochettes accompagnées de riz.
Voir photo page 180.

3	petites saucisses italiennes fortes, soit 375 g (12 oz)	3
500 g	poitrines de poulet désossées, sans la peau	1 lb
2	poivrons de taille moyenne (rouge, jaune ou vert)	2
2	petites courgettes jaunes ou vertes	2
1/2	oignon rouge ou un quart d'oignon espagnol	1/2
50 ml	vinaigre balsamique	1/4 tasse
15 ml	moutarde de Dijon	1 c. à table
2	gousses d'ail émincées	2
1 ml	de chacun : thym, basilic et poivre	1/4 c. à thé
15 ml	huile d'olive	1 c. à table

1 Piquer les saucisses en plusieurs points à l'aide d'un couteau bien aiguisé. Les mettre dans une casserole, couvrir d'eau et porter à ébullition. Réduire le feu et laisser mijoter 15 minutes ou jusqu'à ce que les saucisses soient fermes. Égoutter. Couper les saucisses et le poulet en morceaux de 2,5 cm (1 po).

2 Étrogner et épépiner les poivrons puis les couper en morceaux de 2,5 cm (1 po). Couper les extrémités des courgettes ; couper les courgettes en tranches de 2 cm (3/4 po) d'épaisseur. Couper l'oignon en 3 ou 4 morceaux puis les séparer en quartiers de 4 cm (1 1/2 po) d'épaisseur.

3 Dans un plat peu profond, mélanger la saucisse, le poulet, les poivrons, la courgette et l'oignon. Dans une tasse à mesurer, battre au fouet le vinaigre, la moutarde, l'ail, le thym, le basilic et le poivre. Incorporer l'huile. Verser sur le mélange à base de poulet et bien mélanger en retournant. Couvrir et laisser au moins 2 heures au réfrigérateur (8 heures au maximum).

4 Enfiler en alternance la saucisse, le poulet, le poivron, l'oignon et la courgette sur six brochettes de bois de 30 cm (12 po) trempées dans l'eau.

5 Cuire les brochettes sur un gril graissé à feu moyen. Badigeonner du reste de marinade. Fermer le couvercle et cuire en retournant de temps à autre 10 à 15 minutes ou jusqu'à ce que le poulet ait perdu sa couleur rosée à l'intérieur.

Donne 6 portions.

APPORT NUTRITIONNEL PAR PORTION	
calories	234
protéines	26 g
gras total	9 g
gras saturés	3 g
cholestérol	68 mg
glucides	10 g
fibres alimentaires	2 g
sodium	402 mg

AQR : Vit. A 13 %, E 3 %, C 110 %, acide folique 10 %, Ca 3 % (29 mg), fer 10 %, zinc 13 %.

~ ON PREND DE L'AVANCE ~
On peut préparer cette recette jusqu'à la troisième étape 8 heures à l'avance et jusqu'à la quatrième étape 1 heure à l'avance.

~ CONSEIL CULINAIRE ~
Je préfère les brochettes de bois aux brochettes de métal, les aliments adhèrent mieux aux premières, ce qui les empêche de glisser quand on tourne les brochettes. Pour empêcher les brochettes de brûler, les faire tremper 30 minutes dans l'eau avant de les utiliser.

~ CONSEIL NUTRITIONNEL ~
Les poivrons rouges et jaunes sont très riches en vitamine C.

Pâté au poulet, aux épinards et canneberges en pâte phyllo

APPORT NUTRITIONNEL PAR PORTION	
calories	308
protéines	24 g
gras total	14 g
gras saturés	5 g
cholestérol	92 mg
glucides	24 g
fibres alimentaires	4 g
sodium	476 mg

AQR : Vit. A 61 %, D 22 %, E 14 %, C 23 %, acide folique 40 %, Ca 24 % (261 mg), fer 22 %, zinc 26 %.

~ ON PREND DE L'AVANCE ~

On peut préparer cette recette à l'avance jusqu'à la cinquième étape inclusivement. Recouverte, la tarte se garde 3 heures au réfrigérateur.

~ CONSEIL CULINAIRE ~

Pour obtenir 500 ml (2 tasses) de cubes de poulet cuit, cuire au micro-ondes 2 grosses poitrines de poulet désossées, soit 625 g (1 1/4 lb), légèrement recouvertes, à intensité élevée 7 minutes ou jusqu'à ce que le poulet ait perdu sa couleur rosée à l'intérieur.

1/2	1 3/4	1/4	1

Portions du *Guide alimentaire canadien*

Ce pâté est un des mets préférés des traiteurs torontois Caroline McRobbie et Laurien Trowell de C'est Cheese Encore. Servez-le au cours d'un brunch, d'un dîner ou d'un souper, accompagné de salade et de pain chaud.

300 ml	lait concentré à 2 %	1 1/4 tasse
20 ml	farine tout usage	4 c. à thé
2 ml	sel	1/2 c. à thé
1 ml	poivre et muscade râpée	1/4 c. à thé
2	paquets de 300 g d'épinards surgelés hachés, décongelés	2
25 ml	beurre	2 c. à table
2	gousses d'ail émincées	2
50 ml	pignons ou graines de tournesol	1/4 tasse
50 ml	canneberges séchées	1/4 tasse
1	œuf	1
500 ml	cubes de poulet cuits en morceaux de 2 cm (3/4 po)	2 tasses
4	feuilles de pâte phyllo	4

1 Dans une petite casserole, battre le lait et la farine au fouet. Porter à faible ébullition à feu mi-vif, en remuant jusqu'à ce que la sauce ait épaissi. Ajouter le sel, le poivre et la muscade. Laisser refroidir un peu.

2 Égoutter les épinards en exerçant une pression pour exprimer le liquide. Dans une poêle antiadhésive, faire fondre 15 ml (1 c. à table) de beurre à feu mi-vif. En remuant, y cuire les épinards, l'ail, les pignons et les canne-berges jusqu'à ce que l'ail commence à dorer, soit environ 5 minutes.

3 Incorporer l'œuf à la béchamel et verser celle-ci dans le mélange à base d'épinards ainsi que le poulet.

4 Faire fondre les 15 ml (1 c. à table) de beurre restants. Vaporiser un moule à tarte de 23 cm (9 po) d'un enduit anticollant. Couper les feuilles de pâte phyllo en deux en diagonale. Étendre une moitié de feuille de pâte phyllo en travers du moule de manière à ce qu'un tiers de la pâte déborde du moule. Badigeonner légèrement de beurre ; foncer dans le moule. Répéter ces opérations avec chaque feuille, en empilant les feuilles et en les décalant de manière à ce qu'elles se chevauchent légèrement et qu'elles couvrent le moule uniformément.

5 Déposer la garniture sur la pâte. Replier les bords sur la garniture de manière à former un bord de 7 cm (2 3/4 po).

6 Mettre la tarte sur une plaque à biscuits. Couvrir légèrement d'un papier d'aluminium. Cuire au four à 190 °C (375 °F) 35 à 40 minutes ou jusqu'à ce que la pâte soit dorée. Laisser reposer 5 minutes avant de servir.

Donne 6 portions.

Poulet aux fines herbes et au sésame

APPORT NUTRITIONNEL PAR PORTION	
calories	282
protéines	38 g
gras total	11 g
gras saturés	2 g
cholestérol	111 mg
glucides	6 g
fibres alimentaires	traces
sodium	373 mg

AQR : Vit. A 2 %, E 10 %, acide folique 6 %, Ca 4 % (47 mg), fer 15 %, zinc 30 %.

~ ON PREND DE L'AVANCE ~

On peut préparer cette recette à l'avance jusqu'à la deuxième étape inclusivement. Dans un contenant fermé, le poulet se conserve 4 heures au réfrigérateur. Ou bien, si on veut le servir froid, cuire le poulet, couvrir et garder 2 jours au réfrigérateur.

1/4   1 3/4

Portions du *Guide alimentaire canadien*

Ces cuisses et poitrines de poulet croustillant aux fines herbes et à la moutarde se cuisent au four ou sur le barbecue.

75 ml	chapelure fine sèche	1/3 tasse
25 ml	graines de sésame rôties	2 c. à table
50 ml	moutarde de Dijon	3 c. à table
15 ml	huile végétale	1 c. à table
10 ml	assaisonnement à l'italienne	2 c. à thé
1 ml	de chacun : sel et poivre	1/4 c. à thé
1 kg	morceaux de poulet sans la peau	2 lb

1 Mélanger dans un plat peu profond la chapelure et les graines de sésame.

2 Dans un petit bol, mélanger la moutarde, l'huile, l'assaisonnement à l'italienne, le sel et le poivre. Enrober le poulet de cette pâte. Rouler dans la chapelure.

3 Mettre les morceaux de poulet sur une plaque à biscuits. Cuire au four à 180 °C (350 °F) 40 à 45 minutes ou jusqu'à ce que le poulet ait perdu sa couleur rosée à l'intérieur et que le liquide qui s'échappe des cuisses quand on les pique soit transparent. Mettre sous le grilloir 1 à 2 minutes ou jusqu'à ce que la croûte soit dorée. Ou bien, faire cuire sur le barbecue, l'os orienté vers le haut, ou sur un gril préchauffé à feu moyen, le couvercle fermé, 25 à 35 minutes, en retournant une fois ou deux.

Donne 4 portions.

Poulet au safran à la provençale

2 1/2   1 1/2

Portions du *Guide alimentaire canadien*

Voici la version allégée d'une recette que j'ai apprise à l'école de cuisine de Lydie Marshall à Nyons en France.

2 kg	poulet sans la peau	4 lb
5 ml	de chacun : paprika et curcuma	1 c. à thé
2 ml	de chacun : sel et poivre	1/2 c. à thé
25 ml	huile d'olive	2 c. à table
5 ml	brins de safran	1 c. à thé
6	oignons de taille moyenne tranchés finement, soit 1,5 l (6 tasses)	6
5 ml	sucre granulé	1 c. à thé
8	grosses gousses d'ail hachées	8
6	grosses tomates, pelées et hachées grossièrement ou 2 boîtes de 540 ml (19 oz) de tomates hachées	6
25 ml	gingembre haché	2 c. à table
5 ml	zeste de citron haché grossièrement	1 c. à thé
150 ml	olives noires dénoyautées	2/3 tasse

APPORT NUTRITIONNEL PAR PORTION

calories	327
protéines	39 g
gras total	11 g
gras saturés	2 g
cholestérol	112 mg
glucides	19 g
fibres alimentaires	4 g
sodium	556 mg

AQR : Vit. A 23 %, E 12 %, C 58 %, acide folique 15 %, Ca 5 % (56 mg), fer 19 %, zinc 30 %.

~ ON PREND DE L'AVANCE ~

On peut préparer cette recette 1 journée à l'avance jusqu'à la première étape inclusivement. On peut aussi la faire à l'avance jusqu'à la quatrième étape; dans un contenant hermétique, le poulet se conserve 1 journée au réfrigérateur. Réchauffer ensuite.

1 Disposer les morceaux de poulet dans un grand plat allant au four. Dans un petit bol, mélanger le paprika, le curcuma, le sel et le poivre. Incorporer 15 ml (1 c. à table) d'huile. Badigeonner le poulet de ce mélange. Couvrir et laisser au moins 4 heures au réfrigérateur.

2 Dans un petit plat, verser 25 ml (2 c. à table) d'eau très chaude sur le safran. Laisser reposer 20 minutes.

3 Chauffer le reste de l'huile à feu mi-vif dans une grande poêle antiadhésive. Y faire dorer le poulet puis mettre les morceaux dans une assiette. Mettre les oignons, le sucre et le reste de marinade dans la poêle. Cuire les oignons à feu moyen en remuant de temps à autre jusqu'à ce qu'il soit tendre, soit environ 10 minutes. Ajouter l'ail, les tomates et le gingembre puis cuire 10 minutes.

4 Remettre le poulet dans la poêle. Incorporer le zeste de citron et le safran au liquide. Couvrir et laisser mijoter 20 à 25 minutes ou jusqu'à ce que le liquide qui s'échappe du poulet quand on le pique soit transparent.

5 Ajouter les olives puis laisser cuire le temps de les réchauffer.

Donne 8 portions.

Poulet grillé au citron sur laitue romaine

~ ON PREND DE L'AVANCE ~

On peut préparer cette recette à l'avance jusqu'à la deuxième étape inclusivement. Dans un contenant fermé, on peut garder le poulet 1 journée au réfrigérateur. On peut aussi faire cette recette jusqu'à la quatrième étape inclusivement. Dans un contenant fermé, le poulet se garde 4 heures au réfrigérateur.

~ CONSEIL NUTRITIONNEL ~

La romaine est une excellente source d'acide folique (vitamine B), une source importante de vitamine A et une source intéressante de zinc et des vitamines C et E. Environ les deux tiers de la vitamine E contenue dans cette salade proviennent de l'huile d'olive.

2 3/4   1

Portions du *Guide alimentaire canadien*

C'est chez Ellen et Dwain Wright, nos voisins de chalet, que j'ai dégusté pour la première fois ce magnifique plat estival. J'aime l'accompagner de roquette, de croûtons, de tranches d'oignon doux ou de parmesan fraîchement râpé. Servez avec la Focaccia (page 280) ou de la bruschetta.

50 ml	de chacun : vinaigre balsamique et jus de citron	3 c. à table
	zeste râpé d'un petit citron	
10 ml	moutarde de Dijon	2 c. à thé
2 ml	de chacun : sel, sucre granulé et poivre	1/2 c. à thé
1	gousse d'ail émincée	1
50 ml	huile d'olive	3 c. à table
4	poitrines de poulet désossées, sans la peau, soit 500 g (1 lb)	4
1,5 l	feuilles de laitue romaine déchiquetée	6 tasses
750 ml	champignons tranchés, soit 250 g (1 lb)	3 tasses
500 ml	radicchio tranché, légèrement tassé	2 tasses
75 ml	aneth ou persil frais haché	1/3 tasse

1 Dans un petit bol, mélanger le vinaigre, le jus et le zeste de citron, 15 ml (1 c. à table) d'eau, la moutarde, le sel, le sucre, le poivre et l'ail. Incorporer au fouet 15 ml (1 c. à table) d'huile.

2 Déposer les morceaux de poulet dans un plat allant au four peu profond en verre. Verser 25 ml (2 c. à table) du mélange à base de citron sur le poulet et l'enrober en le retournant. Couvrir et garder le poulet et le reste du mélange (séparément) au moins 1 heure au réfrigérateur (24 heures au maximum).

3 Chauffer le poulet à feu mi-vif sur un gril graissé ou sous le grilloir du four. Fermer le couvercle du barbecue et cuire 5 minutes de chaque côté ou jusqu'à ce que le poulet ne soit plus rosé à l'intérieur. Mettre le poulet dans une assiette et couvrir d'une feuille de papier d'aluminium. Laisser reposer 5 minutes.

4 Entre-temps, mélanger dans un grand bol la laitue romaine, les champignons, le radicchio et l'aneth.

5 Incorporer au fouet l'huile restante dans le mélange à base de citron réservé. Verser sur la salade et retourner.

6 Répartir la salade entre 4 assiettes. Découper le poulet en biseau en fines lanières et disposer celles-ci sur la salade.

Donne 4 portions.

Poitrine de dinde glacée aux canneberges

1/2   2

Portions du *Guide alimentaire canadien*

La première fois que j'ai préparé une poitrine de dinde entière pour ma famille, nous avons tous été étonnés de voir à quel point cette chair était tendre et juteuse. Cette recette fait maintenant partie des préférées de la famille. La poitrine de dinde se prépare très facilement pour les repas du dimanche, pour l'Action de grâce ou pour Noël, quand on ne souhaite pas cuire une dinde entière.

1,5 kg	poitrine de dinde avec l'os	3 lb
375 ml	sauce de canneberges fraîche ou 1 boîte de 398 ml (14 oz) de sauce de canneberges	1 1/2 tasse
50 ml	cassonade bien tassée	1/4 tasse
50 ml	sauce soja	1/4 tasse
25 ml	jus de citron fraîchement pressé	2 c. à table
15 ml	gingembre haché ou 5 ml (1 c. à thé) de gingembre haché	1 c. à table
15 ml	moutarde de Dijon ou 5 ml (1 c. à thé) de moutarde sèche	1 c. à table
1	grosse gousse d'ail émincée	1

1 Débarrasser la dinde de sa peau et de son gras. La placer, côté charnu orienté vers le haut, dans un plat allant au four vaporisé d'un enduit anticollant ou doublé de papier d'aluminium.

2 Dans un bol, mélanger la sauce de canneberges, le sucre, la sauce soja, le jus de citron, le gingembre, la moutarde et l'ail. Mettre environ 75 ml (1/3 tasse) de ce mélange sur la dinde.

3 Faire rôtir à découvert dans un four à 160 °C (325 °F) en arrosant aux 30 minutes pendant 1 1/2 heure ou jusqu'à ce que le thermomètre introduit dans la partie la plus charnue de la volaille indique 77 °C (170 °F). Couvrir légèrement de papier d'aluminium et laisser reposer environ 15 minutes avant de trancher. Réchauffer le reste de mélange à base de canneberges au micro-ondes et servir séparément.

Donne 6 portions.

APPORT NUTRITIONNEL PAR PORTION	
calories	363
protéines	42 g
gras total	3 g
gras saturés	1 g
cholestérol	94 mg
glucides	41 g
fibres alimentaires	1 g
sodium	835 mg

AQR : Vit. A 2 %, C 5 %, acide folique 5 %, Ca 4 % (44 mg), fer 18 %, zinc 32 %.

~ CONSEIL CULINAIRE ~

La taille des poitrines de dinde est très variable. J'ai déjà acheté une poitrine entière qui pesait 1 kg (2 lb) et une autre fois un quart de poitrine qui pesait 1,5 kg (3 lb). On trouve des poitrines avec l'os ou désossées, ouvertes en papillon. Les grosses poitrines désossées sont plus faciles à découper. Les poitrines désossées ouvertes en papillon sont faciles à cuire sur le barbecue quand elles sont aplaties ; on peut facilement les rouler et les farcir.

~ RÉDUIRE SA CONSOMMATION DE SODIUM ~

Dans un régime réduit en sodium, omettre la sauce soja.

Poulet rôti, fenouil et patates douces

4   1

Portions du *Guide alimentaire canadien*

Voici un repas dominical savoureux et facile à faire. En farcissant le poulet (sous la peau) d'un mélange de fines herbes, on emprisonne les saveurs dans la chair, même si on dépouille le poulet de sa peau avant de le découper. Les panais, carottes, oignons et poireaux sont également délicieux rôtis de cette façon. Voir photo page 181.

4 ml	de chacun : romarin, thym, sauge et paprika*	3/4 c. à thé
2 ml	de chacun : sel et poivre	1/2 c. à thé
1	poulet de 1,5 kg (3 lb)	1
3	grosses gousses d'ail hachées	3
2	oignons coupés en quartiers	2
2	bulbes de fenouil	2
2	patates douces, soit 750 g (1 1/2 lb) au total	2

1 Émietter le romarin dans un petit bol ; mélanger le thym, la sauge, le paprika, 1 ml (1/4 c. à thé) de sel et la même quantité de poivre. Farcir le poulet de la moitié de ce mélange. En commençant par le cou et en s'aidant des doigts, détacher la peau de la poitrine jusqu'à la cuisse de manière à obtenir une cavité ; frotter la chair du reste de mélange d'herbes.

2 Farcir la cavité d'ail et d'oignon. Attacher les cuisses avec de la ficelle et enfoncer les ailes sous le dos. Mettre le poulet dans une rôtissoire. Rôtir au four à 160 °C (325 °F) 2 heures ou jusqu'à ce que les jus soient transparents quand on pique le poulet et que le thermomètre à viande marque 85 °C (185 °F).

3 Entre-temps, couper la base, le haut et toutes les parties meurtries du fenouil puis le découper en quartiers. Peler les patates douces et les couper en tranches de 1 cm (1/2 po) d'épaisseur. Mettre les patates et le fenouil dans un plat peu profond allant au four. Prélever 50 ml (3 c. à table) de jus de poulet et ajouter 25 ml (2 c. à table) d'huile végétale s'il n'y a pas suffisamment de jus. Arroser les légumes de ce liquide et les retourner pour les enrober. Saupoudrer du sel et du poivre restants. Faire rôtir au four 1 heure ou jusqu'à ce que les légumes soient très tendres sous la fourchette.

4 Mettre le poulet dans une assiette et laisser reposer 10 minutes. Disposer les légumes autour du poulet. Verser les jus dans une saucière et les dégraisser. Servir séparément. Enlever la peau du poulet avant de servir.

Donne 4 portions.

*   Possibilité de substitution : Remplacer le romarin, le thym et la sauge séchés par15 ml (1 c. à table) de sauge, de romarin et de thym frais hachés.

Poulet rôti au pesto

Au lieu du mélange de fines herbes, mettre quelques cuillerées de Pesto (page 94) sous la peau du poulet.

Poulets de Cornouailles farcis au basilic et aux cèpes

~ FAIRE SA PROPRE CHAPELURE ~

Il est très aisé de faire sa propre chapelure. Prendre des tranches de pain de la veille ou de l'avant-veille. Les hacher au robot culinaire ou les râper à la main. Ne pas remplacer par de la chapelure fine sèche achetée dans le commerce.

1/2   3/4   2

Portions du *Guide alimentaire canadien*

J'adore les poulets de Cornouailles mais je me suis abstenue d'en cuisiner pendant des années, car je croyais qu'il fallait en servir un par personne, ce qui est trop, ou qu'il fallait les désosser, ce qui est fastidieux. Depuis que j'ai découvert que ces poulets sont très faciles à couper en deux une fois cuits, j'en sers quand je reçois.

J'utilise ici des cèpes séchés à cause de leur merveilleuse saveur et de leur disponibilité. Vous pouvez également utiliser d'autres champignons frais ou séchés, comme les shiitakes ou les portobellos.

30 g	cèpes séchés	1 oz
15 ml	huile d'olive	1 c. à table
250 g	champignons frais hachés grossièrement, soit 625 ml (2 1/2 tasses)	8 oz
1	poireau (partie blanche seulement) coupé en fines tranches, soit 375 ml (1 1/2 tasse)	1
1	grosse gousse d'ail émincée sel et poivre	1
500 ml	chapelure fraîche à base de pain	2 tasses
75 ml	basilic frais haché, bien tassé	1/3 tasse
25 ml	xérès	2 c. à table
3	poulets de Cornouailles d'environ 670 g (1 1/3 lb) chacun	3

Sauce au xérès

250 ml	bouillon de poulet et liquide de trempage des champignons	1 tasse
2	oignons verts émincés	2
1	gousse d'ail émincée	1
15 ml	farine tout usage	1 c. à table
25 ml	xérès	2 c. à table

1   Rincer les cèpes sous l'eau froide pour les débarrasser de leur terre. Les mettre dans un petit bol et les arroser de 250 ml (1 tasse) d'eau très chaude. Laisser reposer 30 minutes ou jusqu'à ce qu'ils aient ramolli. Égoutter en réservant le liquide de trempage. Couper les champignons les plus gros en morceaux.

2   Chauffer l'huile à feu moyen dans une poêle. Y faire cuire les champignons frais, le poireau et l'ail 5 minutes en remuant souvent. Saler et poivrer au goût.

3 Dans un bol, mélanger le poireau, la chapelure, 50 ml (1/4 tasse) du liquide de trempage des champignons réservé ainsi que les cèpes, le basilic, le xérès, 2 ml (1/2 c. à thé) de sel et 1 ml (1/4 c. à thé) de poivre. Farcir les cavités des poulets de ce mélange. Refermer les volailles à l'aide de brochettes. Ficeler les pattes et enfoncer les ailes sous le dos.

4 Mettre les volailles sur la grille de la rôtissoire. Rôtir au four à 190 °C (375 °F) en arrosant 2 ou 3 fois, 50 à 60 minutes ou jusqu'à ce que le liquide qui s'échappe du poulet quand on le pique soit transparent. Mettre dans une assiette chaude et couvrir de papier d'aluminium.

5 Préparation de la sauce au xérès : Verser les jus du plat dans une passoire à sauce ou une tasse à mesurer puis dégraisser. Ajouter du liquide de trempage des champignons réservé et du bouillon de poulet de manière à obtenir 250 ml (1 tasse) de liquide puis mettre de côté. Dans la même rôtissoire, cuire les oignons verts et l'ail en remuant 2 minutes. Saupoudrer de farine et poursuivre la cuisson 1 minute en remuant. Incorporer le mélange à base de bouillon de poulet et le xérès en battant au fouet. Laisser mijoter en fouettant 3 à 5 minutes ou jusqu'à ce que la sauce ait légèrement épaissi.

6 À l'aide de ciseaux de cuisine, couper les poulets de chaque côté de l'épine dorsale. À l'aide de ciseaux ou d'un grand couteau, couper la cage thoracique de manière à couper les poulets en deux. Déposer la farce au centre de chaque moitié. Napper de sauce et servir.

Donne 6 portions.

Repas des grands jours
Crevettes piquantes (page 36)
Salade de roquette et de chèvre chaud (page 58)
Soupe aux patates douces et au gingembre (page 76)
Poulets de Cornouailles farcis au basilic et aux cèpes
Purée de carottes et de courge à l'orange (page 171)
Gâteau au fromage et au citron, glaçage aux framboises (page 318) ou
Tarte au citron à la française (page 317)

Croquettes de pomme de terre et de dinde

~ ON PREND DE L'AVANCE ~

On peut préparer cette recette à l'avance jusqu'à la première étape inclusivement. Dans un contenant fermé, la préparation se garde 2 heures au réfrigérateur.

~ CONSEIL NUTRITIONNEL ~

La poitrine de dinde désossée est très pauvre en matières grasses. C'est une excellente source de niacine et de protéines et une bonne source de potassium, de thiamine, de riboflavine et de fer.

1/2   3/4

Portions du *Guide alimentaire canadien*

Voici une excellente façon de passer un reste de purée de pommes de terre et de dinde (ou de poulet) cuite. Servez avec de la relish, du chutney, de la sauce chili ou de la salsa, de la salade de chou et un légume vert. Si vous le désirez, ajoutez quelques cuillerées de fines herbes fraîches hachées comme du persil, du basilic ou de l'aneth.

375 ml	purée de pommes de terre	1 1/2 tasse
250 ml	dinde cuite hachée finement	1 tasse
75 ml	oignons verts hachés	1/3 tasse
1	œuf battu légèrement	1
25 ml	mayonnaise allégée	2 c. à table
5 ml	moutarde de Dijon	1 c. à thé
2 ml	de chacun : sel et sauce Worcestershire poivre	1/2 c. à thé
10 ml	beurre ou margarine molle	2 c. à thé

1 Dans un petit bol, mélanger la purée de pommes de terre, la dinde et les oignons. Incorporer l'œuf, la mayonnaise, la moutarde, le sel, la sauce Worcestershire et le poivre au goût. Façonner quatre croquettes de 1 cm (1/2 po) d'épaisseur à partir de ce mélange.

2 Faire fondre le beurre à feu moyen dans un poêle antiadhésive. Y cuire les croquettes jusqu'à ce qu'elles soient dorées, soit environ 5 minutes de chaque côté, en les retournant délicatement à la spatule.

Donne 4 portions.

Escalopes de dinde grillées, sauce au gingembre et aux agrumes

1/4   1

Portions du Guide alimentaire canadien

Cette marinade à base d'orange, de citron, d'ail et de gingembre relève les escalopes de dinde et sert de base à une sauce délicieuse qui se prépare en un tournemain. Servez les escalopes accompagnées de courgettes grillées (page 177) ainsi que de Riz sauvage et riz basmati au citron et aux herbes (page 113).

500 g	escalopes de dinde	1 lb
50 ml	bouillon de poulet	1/4 tasse
25 ml	crème sure sans gras	2 c. à table
25 ml	persil frais haché finement	2 c. à table

Marinade

2	gousses d'ail émincées	2
2	oignons verts hachés	2
	zeste râpé d'une orange	
50 ml	de chacun : jus d'orange et de citron fraîchement pressé	3 c. à table
25 ml	sauce soja	2 c. à table
15 ml	de chacun : huile végétale et gingembre émincé	1 c. à table
10 ml	de chacun : sucre granulé et moutarde de Dijon	2 c. à thé

1 Préparation de la marinade : Dans un petit bol, mélanger l'ail, les oignons, le zeste d'orange, le jus d'orange, le jus de citron, la sauce soja, l'huile, le gingembre, le sucre et la moutarde.

2 Disposer les escalopes de dinde dans un plat peu profond et y verser la marinade. Couvrir et garder au moins 2 heures au réfrigérateur (au plus 4 heures).

3 En réservant la marinade, mettre la dinde sur un gril chauffé à feu mi-vif. Cuire 1 1/2 minute de chaque côté ou jusqu'à ce que la dinde ait perdu sa couleur rosée à l'intérieur. Mettre la dinde dans une assiette.

4 Entre-temps, verser la marinade dans une petite casserole. Incorporer le bouillon de poulet. Porter à ébullition et laisser réduire 1 minute. Retirer du feu. Incorporer au fouet la crème sure et le persil. Servir la sauce séparément ou en napper la dinde.

Donne 4 portions.

~ ON PREND DE L'AVANCE ~

On peut préparer cette recette à l'avance jusqu'à la deuxième étape inclusivement. Dans un contenant fermé, la dinde se garde 4 heures.

~ CONSEIL CULINAIRE ~

La crème sure sans gras ne tourne pas quand on l'ajoute à cette sauce. Cependant, il faut bien battre au fouet pour obtenir une sauce onctueuse.

Escalopes de dinde aux tomates et fines herbes

APPORT NUTRITIONNEL PAR PORTION	
calories	202
protéines	27 g
gras total	6 g
gras saturés	1 g
cholestérol	68 mg
glucides	8 g
fibres alimentaires	1 g
sodium	275 mg

AQR : Vit. A 3 %, E 8 %, C 18 %, acide folique 9 %, Ca 3 % (32 mg), fer 14 %, zinc 22 %.

~ ON PREND DE L'AVANCE ~

On peut préparer cette recette jusqu'à la première étape inclusivement, 4 heures à l'avance.

1/2   1

Portions du *Guide alimentaire canadien*

On trouve maintenant dans la plupart des supermarchés des escalopes de dinde très fines, qui cuisent en quelques minutes. Servez ce plat accompagné d'asperges et de pommes de terre nouvelles.

3	gousses d'ail émincées	3
50 ml	vinaigre balsamique	1/4 tasse
25 ml	huile d'olive	2 c. à table
15 ml	de chacun : thym, romarin et origan, frais hachés ou 2 ml (1 c. à thé) de ces mêmes herbes séchées	1 c. à table
2 ml	de chacun : sel et poivre	1/2 c. à thé
500 g	escalopes de dinde	1 lb
125 ml	oignon vert haché finement	1/2 tasse
1	grosse tomate coupée en dés	1

1 Dans un bol, mélanger l'ail, le vinaigre, l'huile, le thym, le romarin, l'origan, le sel et le poivre. Disposer les escalopes de dinde dans un grand plat peu profond. Mettre la moitié du mélange de fines herbes sur la dinde et y disperser la moitié de l'oignon vert. Couvrir et garder 15 minutes au réfrigérateur (4 heures au maximum).

2 Incorporer le reste de l'oignon vert et la tomate dans le reste du mélange de fines herbes. Réserver.

3 Déposer les escalopes de dinde sur un gril légèrement graissé chauffé à feu mi-vif. Cuire 2 minutes de chaque côté ou jusqu'à ce que la dinde ait perdu sa couleur rosée à l'intérieur.

4 Pour servir, napper les escalopes de la sauce aux tomates.

Donne 4 portions.

Bœuf et brocoli sautés au gingembre

21/2   **1**

Portions du *Guide alimentaire canadien*

Le fait de faire mariner des tranches de bœuf dans un mélange de fécule de maïs et de sauce soja, ne serait-ce que dix minutes, attendrit et aromatise considérablement la viande.

15 ml	de chacun : fécule de maïs, sauce soja et xérès	1 c. à table
2 ml	de chacune : sauce piquante au piment et huile de sésame	1/2 c. à thé
25 ml	gingembre émincé	2 c. à table
500 g	bœuf à sauter découpé en fines lanières	1 lb
10 ml	huile végétale	2 c. à thé
1	oignon tranché	1
3	gousses d'ail émincées	3
1,5 l	morceaux de brocoli de 2,5 cm (1 po)	6 tasses
125 ml	eau	1/2 tasse

Sauce

125 ml	eau	1/2 tasse
25 ml	sauce soja	2 c. à table
15 ml	fécule de maïs	1 c. à table

1 Dans un bol, mélanger la fécule de maïs, la sauce soja, le xérès, la sauce piquante au piment, l'huile de sésame et la moitié du gingembre. Incorporer les lanières de bœuf et bien les enrober de marinade. Laisser reposer au moins 10 minutes.

2 Préparation de la sauce : Mélanger l'eau, la sauce soja et la fécule de maïs. Réserver.

3 Chauffer 5 ml (1 c. à thé) d'huile à feu vif dans une poêle antiadhésive ou un wok. Y faire sauter le bœuf en deux étapes jusqu'à ce qu'il soit doré. Mettre de côté dans une assiette.

4 Réduire le feu à mi-vif. Mettre le reste de l'huile dans la poêle ou le wok. Y faire sauter l'oignon et le reste du gingembre 1 minute. Ajouter le brocoli et l'eau. Couvrir et cuire à l'étuvée 3 minutes.

5 Remettre le bœuf dans la poêle ou le wok. Remuer la sauce et l'ajouter au contenu de la poêle. Porter à ébullition en retournant pour bien enrober le bœuf.

Donne 4 portions.

APPORT NUTRITIONNEL PAR PORTION	
calories	258
protéines	30 g
gras total	9 g
gras saturés	2 g
cholestérol	55 mg
glucides	14 g
fibres alimentaires	3 g
sodium	879 mg

AQR : Vit. A 14 %, E 23 %, C 130 %, acide folique 29 %, Ca 6 % (66 mg), fer 25 %, zinc 73 %.

~ ON PREND DE L'AVANCE ~

On peut préparer cette recette à l'avance jusqu'à la première étape inclusivement. Dans un contenant fermé, la sauce se garde 2 heures au réfrigérateur.

~ CUISINER ET MANGER MOINS GRAS ~

Débarrasser la viande et la volaille de tout gras visible et apprendre à les accommoder sans matières grasses. Grillées, cuites au four, pochées, étuvées ou braisées, les viandes seront beaucoup plus maigres.

Riz aux haricots verts et au bœuf à la mode du Sichuan

~ ON PREND DE L'AVANCE ~

On peut préparer cette recette à l'avance jusqu'à la troisième étape inclusivement. Dans un contenant fermé, le riz et la viande se conservent 2 heures au réfrigérateur. Réchauffer le riz et la viande au micro-ondes.

2 1/2	2	3/4

Portions du *Guide alimentaire canadien*

Au lieu du riz ordinaire blanc ou brun, un riz parfumé au jasmin convient bien à ce plat épicé. Vous pouvez facilement ajuster le degré de piquant en jouant sur la quantité de pâte de piments ou de flocons de piment rouge.

375 ml	riz à grain long	1 1/2 tasse
250 g	bœuf haché maigre ou très maigre	8 oz
10 ml	huile végétale	2 c. à thé
500 g	haricots verts coupés en morceaux de 2,5 cm (1 po), soit 1 l (4 tasses)	1 lb
6 à 8	gousses d'ail émincées	6 à 8
5 ml	pâte de piments ou 2 ml (1/2 c. à thé) de flocons de piment rouge broyés	1 c. à thé
4	oignons verts (avec les tiges) coupés en biseau	4

Sauce

50 ml	sauce soja	3 c. à table
25 ml	de chacun : sucre granulé et vinaigre de cidre ou de riz	2 c. à table
20 ml	fécule de maïs	4 c. à thé

1 Porter 750 ml (3 tasses) d'eau à ébullition dans une casserole. Y jeter le riz. Couvrir, réduire le feu et laisser mijoter 20 minutes (40 minutes pour le riz brun) ou jusqu'à ce que le liquide ait été absorbé.

2 Préparation de la sauce : Entre-temps, dans un petit bol mélanger la sauce soja, le sucre, le vinaigre, la fécule de maïs et 125 ml (1/2 tasse) d'eau. Réserver.

3 Cuire le bœuf à feu mi-vif dans une poêle antiadhésive en défaisant la viande à la cuillère pendant 5 minutes ou jusqu'à ce qu'elle ait bruni. Mettre la viande de côté dans un plat. Enlever le gras qui a pu s'accumuler dans la poêle.

4 Verser l'huile dans la poêle. Y mettre les haricots et l'ail et faire sauter 1 minute. Incorporer la pâte de piments puis 175 ml (3/4 tasse) d'eau. Couvrir et, tout en remuant de temps en temps, cuire 2 à 3 minutes ou jusqu'à ce que les haricots soient tendres mais encore croquants.

Incorporer la viande réservée puis le mélange à base de sauce soja. Porter à ébullition. Ajouter les oignons verts et cuire 1 minute. Servir sur le riz.

Donne 4 portions.

Version végétarienne

Omettre le bœuf. Si on le désire, incorporer 250 ml (1 tasse) de tofu ferme émietté ou 500 ml (2 tasses) de pois chiches égouttés et rincés, à la fin de la quatrième étape.

Pain de viande avec salsa

~ ON PREND DE L'AVANCE ~

On peut préparer cette recette à l'avance jusqu'à la deuxième étape inclusivement. Dans un contenant fermé, la préparation se conserve 3 heures au réfrigérateur.

11/4   1/4   1

Portions du Guide alimentaire canadien

Ce plat est l'un des préférés de mon fils Jeff. Personnellement, nous aimons y ajouter de la coriandre, mais vous pouvez très bien l'omettre. J'y mets parfois du poivron vert haché, du céleri et des carottes ou encore du maïs en grain. Choisissez la salsa en fonction du degré de piquant que vous désirez. Les restes sont toujours bons chauds ou froids ou en sandwiches.

500 g	bœuf haché très maigre	1 lb
1	gros oignon haché finement	1
2	gousses d'ail émincées	2
3	tranches de pain de blé entier émiettées	3
7 ml	de chacun : thym et origan séchés broyés	1 1/2 c. à thé
250 ml	salsa aux tomates	1 tasse
1	œuf battu légèrement	1
50 ml	de chacun : coriandre fraîche hachée ou persil frais haché	1/4 tasse
2 ml	de chacun : sel et poivre	1/2 c. à thé

1 Dans un bol, mélanger le bœuf, l'oignon, l'ail, le pain, le thym, l'origan, la moitié de la salsa, l'œuf, la coriandre (ou le persil), le sel et le poivre. Bien mélanger. Déposer dans un moule à pain de 2 l (9 po sur 5 po), en aplanissant la surface.

2 Étendre le reste de la salsa uniformément sur la surface.

3 Cuire le pain de viande au four à 180 °C (350 °F) 55 minutes ou jusqu'à ce qu'il soit ferme au toucher et que le thermomètre à viande indique 75 °C (170 °F). Dégraisser.

Donne 4 portions.

Alerte à la maladie du hamburger

S'il n'y a pas de risque à manger un steak saignant pourquoi n'en est-il pas de même avec un hamburger saignant? Il faut savoir que la viande est facilement contaminée par une bactérie appelée *Escherichia coli* productrice de vérocytotoxine. Retrouvée en temps normal à la surface de la viande seulement, l'*Escherichia coli* est facilement détruite par la chaleur dégagée par la cuisson. Cependant, dans le cas de la viande hachée, la bactérie se trouve distribuée dans toute la masse de la viande, d'où la nécessité de bien la cuire.

Picadillo

3   1

Portions du *Guide alimentaire canadien*

Le picadillo est un plat espagnol ou mexicain à base de viande hachée contenant des légumes et habituellement des câpres. Servez-le sur un lit de riz ou utilisez cette préparation comme farce pour les poivrons, les tortillas, les coquilles de taco, les pitas ou sur des petits pains rôtis.

APPORT NUTRITIONNEL PAR PORTION

calories	264
protéines	20 g
gras total	10 g
gras saturés	3 g
cholestérol	45 mg
glucides	27 g
fibres alimentaires	4 g
sodium	464 mg

AQR : Vit. A 10 %, E 18 %, C 67 %, acide folique 10 %, Ca 4 % (47 mg), fer 26 %, zinc 47 %.

500 g	bœuf haché maigre	1 lb
2	oignons hachés	2
4	gousses d'ail émincées	4
2	petits poivrons verts hachés	2
1	boîte de 156 ml (5 1/2 oz) de pâte de tomates*	1
250 ml	eau	1 tasse
125 ml	raisins secs	1/2 tasse
50 ml	olives vertes dénoyautées, hachées	1/4 tasse
25 ml	câpres égouttées	2 c. à table
25 ml	de chacun : sauce Worcestershire** et vinaigre de vin rouge	2 c. à table
1 ml	de chacun : sel et poivre	1/4 c. à thé

1 Cuire le bœuf à feu moyen dans une grande poêle antiadhésive en défaisant la viande à la cuillère jusqu'à ce qu'elle ait bruni. Dégraisser.

2 Ajouter les oignons. Cuire en remuant souvent 5 minutes ou jusqu'à ce qu'ils soient presque tendres. Ajouter l'ail et les poivrons verts. Cuire en remuant souvent 2 à 3 minutes ou jusqu'à ce que les oignons aient ramolli.

3 Diluer la pâte de tomates dans l'eau. Ajouter à la viande avec les raisins secs, les olives, le câpres et la sauce Worcestershire. Laisser mijoter 5 minutes pour laisser aux saveurs le temps de se marier. Incorporer le vinaigre, le sel et le poivre.

Donne 5 portions.

Possibilité de substitution :

* Remplacer la pâte de tomates additionnée d'eau par 1 boîte de 398 ml (14 oz) de sauce tomate. Cependant, on obtient ainsi beaucoup plus de sodium.

** Remplacer la sauce Worcestershire par 7 ml (1 1/2 c. à thé) de cumin moulu et ajouter aux autres ingrédients en même temps que l'ail.

La viande rouge et la santé

Bien des gens ont cessé de manger de la viande rouge à cause de sa teneur en matières grasses. Cependant, même si la viande rouge n'est pas essentielle au maintien d'une bonne santé, elle est de loin la meilleure source de fer. Par ailleurs, nous savons que les femmes qui mangent de la viande rouge ont de meilleures réserves de fer et sont moins sujettes à souffrir de carence en fer et d'anémie ferriprive *(voir page 210)*.

Coneils nutritionnels : La viande rouge

♦ Consommez moins de viande rouge en réduisant la taille des portions : une portion de 90 à 125 g (3 à 4 oz) est amplement suffisante.

♦ Choisissez de préférence les coupes les plus maigres.

♦ Choisissez la viande hachée maigre ou très maigre. Quand c'est possible, soumettez la viande hachée à une cuisson préalable et retirez le gras.

♦ Enlevez toujours le gras visible de la viande avant de la faire cuire.

♦ Utilisez les modes de cuisson qui requièrent peu de matières grasses : sur le gril, au four, braisé ou sauté dans une poêle antiadhésive.

Les coupes de viande rouge les plus maigres

Bœuf: noix de ronde, toutes les coupes de ronde, faux-filet, bifteck de flanc, surlonge et bifteck de contre-filet, rôti de croupe, bœuf à bouillir en cubes, filet mignon ou bœuf haché maigre ou très maigre.

Porc: rôti de milieu de longe, jarret, filet, rôti d'épaule picnic (soc roulé).

Agneau: filet, gigot.

Charcuterie: jambon, pastrami, bacon de dos.

Longe de porc à la mexicaine

11/4

Portion du *Guide alimentaire canadien*

Ce sont les graines de sésame rôties et les piments verts doux qui donnent du goût à ce rôti de porc. Servez avec de la salsa ou du chutney aux fruits.
Voir photo page 212.

Voir photo page 212.

25 ml	graines de sésame	2 c. à table
25 ml	piments verts doux en conserve ou frais hachés	2 c. à table
25 ml	vinaigre de cidre	2 c. à table
3	gousses d'ail émincées	3
1 ml	de chacun : flocons de piment rouge broyés et cannelle	1/4 c. à thé
pincée	clou de girofle moulu	pincée
1 kg	longe de porc désossée	2 lb

1 Faire rôtir les graines de sésame à feu mi-vif dans une petite poêle. Remuer jusqu'à ce qu'elles soient dorées, soit 3 ou 4 minutes. Dans un petit bol, mélanger les graines de sésame, les piments verts doux, le vinaigre, l'ail, le poivre, les flocons de piment rouge, la cannelle et le clou de girofle. Réserver.

2 Débarrasser le porc de tout gras visible. Mettre dans un plat à rôtir. Pratiquer quelques entailles sur le dessus du rôti et tartiner du mélange à base de graines de sésame.

3 Verser environ 5 mm (1/4 po) d'eau chaude dans le plat. Faire cuire le rôti au four à 160 °C (325 °F) environ 90 minutes ou jusqu'à ce qu'un thermomètre à viande indique 70 °C (160 °F). Mettre le rôti sur une planche à découper, le couvrir d'une feuille de papier d'aluminium et laisser reposer 10 minutes avant de découper.

Donne 6 portions.

Côtelettes de porc minute à la sauce hoisin

Enrober des côtelettes de porc de sauce hoisin ; les cuire à feu mi-vif le temps qu'elles perdent leur couleur rosée à l'intérieur, soit 2 à 3 minutes de chaque côté pour des côtelettes de 5 mm (1/4 po) d'épaisseur ou de 5 à 7 minutes de chaque côté pour des côtelettes de 1 cm (1/2 po) d'épaisseur. Garnir de coriandre fraîche.

APPORT NUTRITIONNEL PAR PORTION	
calories	210
protéines	30 g
gras total	9 g
gras saturés	3 g
cholestérol	81 mg
glucides	1 g
sodium	69 mg

AQR : Vit. A 3 %, E 1 %, C 10 %, acide folique 3 %, Ca 3 % (34 mg), fer 10 %, zinc 28 %.

~ ON PREND DE L'AVANCE ~

On peut préparer cette recette à l'avance jusqu'à la deuxième étape inclusivement. Dans un contenant fermé, le rôti se garde 6 heures au réfrigérateur.

Fajitas au bœuf

2 1/4   2   1/2

Portions du *Guide alimentaire canadien*

Ce mets populaire dans les restaurants fait de viande hachée épicée à la mexicaine et emprisonnée dans une tortilla roulée constitue un repas facile à faire à la maison. Les fajitas sont délicieuses aussi avec du poulet.

250 g	biffteck d'intérieur de ronde désossé ou surlonge, coupé en fines lanières	8 oz
125 ml	coriandre fraîche hachée	1/2 tasse
15 ml	jus de lime ou de citron fraîchement pressé	1 c. à table
5 ml	de chacun : poudre de chili et cumin moulu	1 c. à thé
2 ml	poivre	1/2 c. à thé
5 ml	huile végétale	1 c. à thé
1	oignon tranché	1
2	gousses d'ail émincées	2
1	de chacun : poivron rouge et vert tranché finement	1
250 ml	maïs en grains	1 tasse
4	tortillas de blé de 25 cm (10 po)	4
125 ml	yogourt nature à 2 % ou crème sure allégée à 5 %	1/2 tasse
5 ml	jalapeño frais émincé ou 1 ml (1/4 c. à thé) de sauce piquante au piment	1 c. à thé

1 Dans un bol, mélanger le bœuf, 25 ml (2 c. à table) de coriandre, le jus de lime, la poudre de chili, le cumin et la moitié du poivre. Laisser reposer 10 minutes.

2 Chauffer l'huile à feu mi-vif dans une poêle antiadhésive à fond épais. Faire sauter le bœuf 3 minutes ou jusqu'à ce qu'il ait bruni. Mettre dans une assiette.

3 Mettre l'oignon et l'ail dans la poêle. Faire sauter 2 minutes en versant 15 ml (1 c. à table) d'eau au besoin pour empêcher de brûler. Ajouter les poivrons rouge et vert, 25 ml (2 c. à table) de la coriandre restante et le reste du poivre. Saler au goût. Faire sauter 3 à 5 minutes ou jusqu'à ce que les ingrédients soient tendres. Incorporer le bœuf et le maïs. Bien réchauffer.

4 Entre-temps, envelopper les tortillas dans du papier d'aluminium et réchauffer au four à 180 °C (350 °F) 5 minutes.

5 Mélanger le yogourt, le reste de coriandre et le jalapeño. Étendre uniformément sur les tortillas. Déposer le mélange à base de bœuf au centre des tortillas. Fermer en roulant.

Donne 4 portions.

Fajitas au bœuf sans produits laitiers

Omettre le yogourt. Réduire 1 avocat bien mûr en purée avec 25 ml (2 c. à table) de jus de lime ou de citron fraîchement pressé et du piment jalapeño. Étendre cette purée sur les tortillas, garnir de la préparation de bœuf et de la coriandre restante.

Fajitas-burgers

Remplacer les lanières de bœuf par du bœuf haché maigre, du poulet ou de la dinde.

Fajitas épicées au poulet

Remplacer le bœuf par de la poitrine de poulet désossée et dépouillée de sa peau.

La cuisine mexicaine :
Comparaison entre différents ingrédients

Ingrédient	Calories	Grammes de gras
Croustilles de tortilla de maïs ordinaires (28 g/1 oz)	144	6 à 7
Croustilles de tortilla de maïs maison (28 g/1 oz)	110	0,8
Crème sure à 14 % (25 ml/ 2 c. à table)	44	4
Crème sure à 1 % (25 ml/ 2 c. à table)	31	0,4
Guacamole (25 ml/2 c. à table)	43	4
Cheddar râpé (25 ml/2 c. à table)	57	5
Cheddar allégé râpé (25 ml/ 2 c. à table)	42	3
Salsa (25 ml/2 c. à table)	9	traces
Poivron vert coupé en dés (25 ml/ 2 c. à table)	5	traces
Tomates hachées (25 ml/ 2 c. à table)	5	traces

Cioppino (page 240)

Filets de porc grillés à la chinoise

~ ON PREND DE L'AVANCE ~

On peut préparer cette recette à l'avance jusqu'à la première étape inclusivement. Dans un contenant fermé, la marinade se conserve 1 journée au réfrigérateur.

1

Portion du *Guide alimentaire canadien*

La poudre de cinq-épices, qui donne de la profondeur à ce savoureux plat de porc, se vend dans beaucoup de supermarchés. Servez ces filets de porc accompagnés d'un légume vert et de purée de pommes de terre ou encore de nouilles chinoises relevées de sauce hoisin, de coriandre et d'oignons verts. Garnissez la viande d'oignon vert haché ou de coriandre fraîche hachée et présentez-la accompagnée d'un chutney aux fruits ou de Salsa à la mangue (page 16).

50 ml	sauce hoisin	1/4 tasse
15 ml	saké, scotch ou xérès	1 c. à table
15 ml	gingembre râpé	1 c. à table
2 ml	poudre de cinq-épices	1/2 c. à thé
2 ml	pâte de piments ou sauce piquante au piment	1/2 c. à thé
2	filets de porc d'environ 375 g (12 oz) chacun	2

1 Dans un petit bol, bien mélanger la sauce hoisin, le saké, le gingembre, la poudre de cinq-épices et la pâte de piments. Badigeonner uniformément la viande de ce mélange. Couvrir et laisser au moins 1 heure au réfrigérateur.

2 Mettre la viande sur un gril chauffé à feu mi-vif. Cuire 3 minutes de chaque côté ou jusqu'à ce que la viande soit grillée uniformément. Réduire à feu faible. Refermer le couvercle et cuire en badigeonnant de temps à autre avec le reste de la marinade 15 à 20 minutes ou jusqu'à ce qu'il ne reste plus qu'un soupçon de rose au centre de la viande. Déposer la viande sur une planche à découper, la couvrir d'une feuille d'aluminium et laisser reposer 5 minutes. Découper les filets selon la diagonale en tranches de 5 mm (1/4 po) d'épaisseur.

Donne 6 portions.

Filets de porc au four à la chinoise

Faire rôtir les filets de porc marinés au four à 180 °C (350 °F) 25 à 35 minutes ou jusqu'à ce qu'il ne reste plus qu'un soupçon de rose au centre de la viande et que le liquide qui s'échappe de la viande quand on la pique soit transparent.

Cari de porc et de légumes au basilic frais à la thaïlandaise

2 1/2   1

Portions du *Guide alimentaire canadien*

L'influence de la cuisine indienne sur la cuisine thaïlandaise transparaît dans ce cari.

15 ml	huile végétale	1 c. à table
25 ml	pâte de cari rouge* ou 7 ml (1 1/2 c. à thé) de poudre de cari	5 c. à thé
500 g	porc désossé maigre, coupé en fines tranches	1 lb
1	oignon coupé en quartiers	1
250 ml	haricots verts coupés en morceaux de 4 cm (1 1/2 po)	1 tasse
25 ml	sauce de poisson	2 c. à table
375 ml	maïs en grains surgelés ou en conserve ou épis de maïs nain	1 1/2 tasse
250 ml	champignons coupés en tranches épaisses (ordinaires ou chinois)	1 tasse
1	poivron rouge tranché finement	1
75 ml	basilic frais haché	1/3 tasse
5 ml	sucre granulé	1 c. à thé

1 Chauffer l'huile à feu vif dans un wok ou une poêle antiadhésive. Faire sauter la pâte de cari pendant 1 minute. Ajouter le porc et faire sauter pendant 3 minutes.

2 Ajouter l'oignon, les haricots verts et la sauce de poisson. Faire sauter pendant 5 minutes (ou couvrir pendant 2 minutes au lieu de faire sauter au besoin pour cuire les haricots).

3 Ajouter le maïs, les champignons et le poivron rouge. Faire sauter jusqu'à ce que les légumes soient tendres, soit pendant 2 minutes. Parsemer de basilic frais et saupoudrer de sucre puis faire sauter pendant 1 minute.

Donne 4 portions.

* On trouve de la pâte de cari dans de nombreux supermarchés. Elle conserve mieux sa fraîcheur que la poudre de cari, qui perd de son intensité avec le temps. Les pâtes vendues en bocal de verre se conservent bien pendant des mois au réfrigérateur.

Cari de poulet et de légumes au basilic frais à la thaïlandaise

Remplacer le porc par du poulet désossé et sans peau.

Carrés d'agneau au vin
avec raïta au concombre et à la menthe

1/2   11/2

Portions du *Guide alimentaire canadien*

Tendres et vites cuits, les carrés d'agneau sont parfaits pour les réceptions. On les vend dans la section des produits surgelés des supermarchés. Pour servir huit personnes, prenez 4 carrés d'agneau mais la même quantité de marinade. Servez avec du chutney, de la Salsa à la mangue (page 16) ou le rafraîchissant raïta indien et une sauce faite à partir de la marinade.

2	gousses d'ail émincées	2
2	oignons verts hachés	2
50 ml	de chacun : sauce soja et vin rouge*	1/4 tasse
15 ml	de chacun : moutarde de Dijon et sucre granulé	1 c. à table
	jus et zeste râpé d'une orange de taille moyenne	
5 ml	poudre de cari	1 c. à thé
2 ml	de chacun : thym séché et poivre	1/2 c. à thé
2	carrés d'agneau d'environ 500 g (1 lb) chacun**, débarrassés de tout gras visible	2
	Raïta au concombre et à la menthe *(voir page suivante)*	

APPORT NUTRITIONNEL PAR PORTION (AVEC RAÏTA)

calories	224
protéines	22 g
gras total	9 g
gras saturés	4 mg
cholestérol	73 mg
glucides	14 g
fibres alimentaires	2 g
sodium	857 mg

AQR : Vit. A 4 %, E 1 %, C 38 %, acide folique 9 %, Ca 10 % (109 mg), fer 21 %, zinc 35 %.

~ ON PREND DE L'AVANCE ~

On peut préparer cette recette à l'avance jusqu'à la deuxième étape inclusivement. Dans un contenant fermé, la préparation se gardera 1 journée au réfrigérateur.

1   Dans un petit bol, bien mélanger l'ail, les oignons verts, la sauce soja, le vin, la moutarde, le sucre, le zeste et le jus d'orange, la poudre de cari, le thym et le poivre.

2   Mettre l'agneau dans un plat peu profond. Verser la marinade et retourner pour enrober. Couvrir et garder au réfrigérateur au moins 4 heures (24 heures au maximum)

3   Retirer du réfrigérateur 30 minutes avant la cuisson. En réservant la marinade, mettre l'agneau sur le gril à feu mi-vif, ou dans un plat à rôtir. Cuire sur le barbecue, le couvercle abaissé, ou rôtir au four à 220 °C (425 °F), en arrosant de temps à autre, 15 à 20 minutes pour une cuisson mi-saignante ou jusqu'à ce que le centre de la viande soit d'une couleur rouge-rosée. Mettre sur une planche à découper, envelopper d'une feuille de papier d'aluminium et laisser reposer 5 à 10 minutes avant de couper les carrés en deux entre les os.

4   Entre-temps, verser la marinade dans une petite casserole. Porter à

ébullition et cuire 1 minute. Servir dans une petite saucière avec l'agneau et le raïta au concombre et à la menthe.

Donne 4 portions.

Possibilité de substitution :

* On peut remplacer le vin rouge par du vin blanc. On peut remplacer le vin par 25 ml (2 c. à table) de jus de citron mélangé à la même quantité d'eau.

** Si les carrés d'agneau pèsent moins de 500 g (1 lb) chacun, prévoir 3 carrés pour quatre personnes.

Raïta au concombre et à la menthe

APPORT NUTRITIONNEL PAR QUANTITÉ DE 50 ML (1/4 TASSE)	
calories	23
protéines	2 g
gras total	traces
cholestérol	1 mg
glucides	3 g
fibres alimentaires	traces
sodium	167 mg

AQR : Vit. A 3 %, C 8 %, acide folique 5 %, Ca 6 % (64 mg), fer 3 %, zinc 4 %.

~ ON PREND DE L'AVANCE ~

On peut préparer cette recette à l'avance jusqu'à la première étape. Dans un contenant fermé, la préparation se conserve 2 heures au réfrigérateur. On peut aussi faire cette recette jusqu'à la deuxième étape. Le raïta se conserve alors 1 heure au réfrigérateur dans un contenant fermé.

1/2

Portion du *Guide alimentaire canadien*

Cette sauce rafraîchissante accompagne parfaitement les caris et l'agneau. Vous pouvez préparer le raïta six heures à l'avance environ. Il suffit de saupoudrer le concombre de sel, de l'égoutter durant 1 heure puis de mélanger tous les ingrédients.

125 ml	yogourt nature à 1 ou 2 % (ordinaire ou très épais)	1/2 tasse
25 ml	de chacun : persil frais haché et feuilles de menthe fraîches hachées	2 c. à table
7 ml	oignon haché finement	1 1/2 c. à thé
1 ml	de chacun : sel et cumin moulu	1/4 c. à thé
250 ml	concombre pelé, épépiné et haché finement	1 tasse

1 Dans un bol, mélanger le yogourt, le persil, la menthe, le sel et le cumin.

2 Incorporer le concombre.

Donne 250 ml (1 tasse).

Souper spécial

Salade de crevettes marinées et de mangues (page 56)
Carrés d'agneau au vin avec raïta au concombre et à la menthe (page précédente)
Tomates à la provençale (page 161)
Purée de pommes de terre
Brocoli au cumin (page 156)
Tartelettes aux fraises avec crème au citron (page 316)
ou Tarte meringuée à l'orange (page 323)

Conseils durs comme fer

Trouver quotidiennement la quantité de fer suffisante représente davantage un problème pour les femmes et pour les enfants que pour les hommes, car les femmes et les enfants mangent moins d'aliments riches en fer. Si l'on ne consomme pas suffisamment de fer, les réserves de fer de l'organisme s'épuisent peu à peu, créant une situation qui prépare le terrain à une anémie ferriprive. Les personnes carencées en fer ont souvent le teint pâle, se sentent faibles, fatiguées et ont le souffle court. Chez les jeunes enfants, on a établi un lien entre le manque de fer et les difficultés d'apprentissage.

Il existe deux types de fer : le fer héminique et le fer non héminique. Le fer héminique, qui est le plus facilement absorbé, ne se trouve que dans la viande, le poulet et le poisson. Toutes les autres sources de fer, y compris les suppléments de fer, sont du fer non héminique, lequel n'est pas toujours bien absorbé, même s'il existe des méthodes pour en faciliter l'absorption.

Conseils nutritionnels pour améliorer sa consommation de fer

Voici comment tirer le meilleur parti du fer trouvé dans les aliments :

♦ Si vous n'êtes pas végétarien, prévoyez plusieurs repas de viande rouge par semaine. La truite grise, ou la truite de lac, les palourdes et les huîtres sont également riches en fer.

♦ Mélangez de petits morceaux de viande, de volaille et de poisson avec des pâtes et du riz enrichis de fer. La viande, la volaille et le poisson contiennent une substance appelée «facteur viande» qui améliore l'absorption du fer contenu dans les autres aliments ingérés dans le même repas.

♦ Les pâtes enrichies peuvent constituer une source intéressante de fer.

♦ Prévoyez une source de vitamine C à chaque repas (voir page 243).

♦ Évitez de boire du café ou du thé dans les deux heures qui suivent un repas. Le café entrave l'absorption du fer dans une proportion de 35 à 39 %, tandis que le thé la réduit dans une proportion de 60 %.

♦ Ne mangez pas de son de blé naturel si vous souffrez d'une carence chronique en fer, car le son nuit considérablement à l'absorption du fer.

Ce que Popeye ignorait...

Les épinards vert foncé, la bette à carde, les feuilles de betterave et les autres légumes vert foncé sont peut-être intéressants sur le plan alimentaire, mais ils ne constituent pas de bonnes sources de fer. L'oxalate contenu dans ces légumes fixe le fer, ce qui le rend peu disponible pour l'organisme humain. Le fer des légumineuses (haricots, pois et lentilles), des noix, des graines oléagineuses et des céréales complètes subit le même sort, sauf qu'avec ces aliments, c'est le phytate qui fixe le fer. Les effets du phytate peuvent être réduits par l'absorption de vitamine C au même repas, ce qui transforme ces aliments en source de fer.

Les suppléments de fer

Si vous prenez des suppléments de fer, gardez ces règles présentes à l'esprit :

♦ Les suppléments de fer renferment du fer non héminique ; ils sont mieux absorbés quand ils sont pris avec de la viande, de la volaille, du poisson ou un aliment riche en vitamine C, comme le jus d'orange.

♦ Des doses trop importantes de fer sont susceptibles de provoquer des nausées, de la constipation ou de la diarrhée ou d'aggraver les troubles gastro-intestinaux comme la recto-colite hémorragique.

♦ Rangez les suppléments de fer hors de la portée des enfants. En effet, ces suppléments sont souvent à l'origine d'empoisonnements accidentels à la maison.

♦ La prise prolongée de suppléments de fer élémentaire à raison de 30 mg ou plus réduit l'absorption du cuivre et du zinc ; ne prenez donc pas de telles doses sur une longue période sans consulter votre médecin.

♦ Si vous souffrez d'une carence en fer et que vous prenez des suppléments de calcium, prenez ces suppléments entre les repas, car le calcium peut réduire l'absorption du fer de 50 %.

Les aliments les plus riches en fer

♦ viande rouge

♦ volaille

♦ poisson : truite de lac, palourdes, huîtres

♦ céréales pour petit déjeuner

♦ pâtes enrichies (ce ne sont pas toutes les pâtes qui le sont)

♦ légumineuses (haricots, pois et lentilles), noix, graines oléagineuses et céréales entières

Gigot d'agneau mariné à la grecque

11/2
Portion du *Guide alimentaire canadien*

L'auteure de livres de cuisine Rose Murray, elle-même grande cuisinière, a conçu cette recette d'inspiration grecque à notre chalet situé dans la région de la Gatineau au Québec. Tout le monde a adoré. Servez avec du tzatziki ou du Fromage de yogourt aux fines herbes (page 28).

APPORT NUTRITIONNEL PAR PORTION	
calories	216
protéines	31 g
gras total	9 g
gras saturés	4 g
cholestérol	112 mg
glucides	1 g
sodium	51 mg

AQR : Vit. E 4 %, C 2 %, Ca 1 % (11 mg), fer 19 %, zinc 51 %.

~ ON PREND DE L'AVANCE ~

On peut préparer cette recette jusqu'à la deuxième étape inclusivement 1 journée à l'avance.

2	gigots d'agneau désossés de 1 kg (2 lb) ou 1 gros gigot	2
2	grosses gousses d'ail émincées	2
15 ml	origan séché	1 c. à table
	zeste râpé d'un citron	
75 ml	jus de citron fraîchement pressé	1/3 tasse
25 ml	huile d'olive vierge extra	2 c. à table
5 ml	poivre	1 c. à thé

1 Débarrasser l'agneau de tout gras visible. S'il n'est pas écrasé en papillon, le couper horizontalement et l'ouvrir à plat à la manière d'un livre. Le mettre dans un contenant peu profond juste assez grand pour l'accommoder en une couche simple.

2 Mettre l'ail, l'origan, le zeste et jus de citron, l'huile et le poivre sur la viande. Couvrir et laisser mariner 6 heures au réfrigérateur (24 heures au maximum).

3 Retirer du réfrigérateur 30 minutes avant la cuisson. Sortir l'agneau de la marinade. Mettre sur un gril légèrement graissé chauffé à feu vif, ou sous le grilloir du four, en badigeonnant de temps à autre de marinade, 10 minutes de chaque côté pour une cuisson mi-saignante. Laisser reposer 5 à 10 minutes avant de trancher.

Donne 10 portions.

Repas à la grecque

Hoummos piquant (page 17) avec crudités ou pain pita
Gigot d'agneau mariné à la grecque (ci-dessus) avec tzatziki
ou Fromage de yogourt aux fines herbes (page 28)
Pommes de terre et oignons rôtis aux fines herbes (page 164)
Grillades de poivrons, de courgettes et d'aubergines naines (page 177)
Salade grecque (page 52)
Salade de fruits frais et pâtisseries grecques

Les poissons

NOTES SUR LA NUTRITION

Bar glacé à la sauce hoisin

1

Portion du *Guide alimentaire canadien*

Toutes mes dégustatrices ont adoré ce plat, qui se prépare aussi bien avec de l'espadon, qu'avec du thon, du flétan ou du saumon. Il se cuit au four, sur le gril ou au micro-ondes. Des lanières d'oignon vert ou de la ciboulette ajoutent une note colorée.

25 ml	sauce hoisin	2 c. à table
5 ml	gingembre émincé	1 c. à thé
5 ml	huile de sésame	1 c. à thé
1 ml	pâte de piments (facultatif)	1/4 c. à thé
4	filets de bar de 2,5 cm (1 po) d'épaisseur, pesant 125 g (4 oz) chacun	4

1 Dans un petit bol, mélanger la sauce hoisin, le gingembre, l'huile et la pâte de piments (si on en utilise).

2 Tartiner cette pâte des deux côtés des filets. Mettre les filets sur un gril graissé, dans une lèchefrite ou sur une plaque à biscuits. Griller à feu moyen, le couvercle refermé, en arrosant du mélange à base de sauce hoisin aux 5 minutes. Tourner et griller 5 minutes de l'autre côté ou jusqu'à ce que la chair du poisson se défasse aisément sous les dents de la fourchette. Ou bien cuire au four à 220 °C (425 °F) 10 minutes.

Donne 4 portions.

Darnes de saumon glacées à la sauce hoisin

Ma façon préférée d'apprêter le saumon sur le gril consiste tout simplement à le badigeonner de sauce hoisin. Le griller à feu mi-vif, le couvercle du gril abaissé, 3 à 5 minutes de chaque côté ou jusqu'à ce que la chair du poisson se défasse sous les dents de la fourchette.

APPORT NUTRITIONNEL PAR PORTION	
calories	135
protéines	21 g
gras total	3 g
gras saturés	1 g
cholestérol	47 mg
glucides	4 g
fibres alimentaires	traces
sodium	207 mg

AQR : Vit. A 6 %, acide folique 3 %, Ca 1 % (14 mg), fer 3 %, zinc 5 %.

~ CONSEIL CULINAIRE ~

Pour obtenir un poisson très tendre et moelleux, chauffer le bar glacé à la sauce hoisin dans le four à micro-ondes à intensité élevée 5 minutes au lieu de le faire cuire sur le gril ou au four.

Vivaneau mariné à la lime et à la coriandre

13/4

Portion du *Guide alimentaire canadien*

Ces filets tendres et savoureux sont faciles à préparer et se cuisent rapidement. Vous pouvez également remplacer les filets de vivaneau par des filets de bar, de truite arc-en-ciel, de mérou ou d'espadon. Servez avec des quartiers de lime et garnissez l'assiette de brins de coriandre.

750 g	filets de vivaneau	1 1/2 lb
50 ml	coriandre fraîche hachée	1/4 tasse
	zeste râpé d'une lime de taille moyenne	
50 ml	jus de lime fraîchement pressée	1/4 tasse
25 ml	huile d'olive	2 c. à table
2	gousses d'ail émincées	2
5 ml	piments verts en conserve ou frais émincés (facultatif)	1 c. à thé
1 ml	de chacun : sel et poivre	1/4 c. à thé

1 Mettre les filets dans un plat carré allant au four d'une capacité de 2 l (8 po). Battre ensemble au fouet la coriandre, le zeste et jus de lime, l'huile, l'ail, les piments, le sel et le poivre. Arroser les filets de ce mélange. Couvrir et laisser mariner 30 minutes.

2 Cuire au four à 220 °C (425 °F) 15 minutes ou jusqu'à ce que la chair du poisson se défasse facilement sous les dents de la fourchette.

Donne 4 portions.

Filets de poisson marinés à la lime et à la coriandre et grillés

Faire la recette jusqu'à la première étape inclusivement. Graisser et préchauffer le barbecue à feu moyen. Faire griller les filets 3 à 5 minutes de chaque côté (le temps de cuisson dépendra de l'épaisseur des filets, de la température du barbecue et de l'air ambiant) ou jusqu'à ce que la chair du poisson se défasse facilement sous les dents de la fourchette.

Baudroie aux tomates séchées, câpres et basilic

1/4   2

Portions du *Guide alimentaire canadien*

La baudroie est un poisson délicieusement tendre qui donne des résultats magnifiques dans cette recette d'inspiration provençale, facile à faire. Si vous ne pouvez trouver de baudroie, prenez des filets de morue fraîche, de bar ou de flétan. J'ai fait l'essai de cette recette avec des filets de morue surgelés mais c'est la morue fraîche que je préfère.

75 ml	tomates séchées et conditionnées à sec	1/3 tasse
2	gousses d'ail	2
125 ml	persil italien frais, légèrement tassé	1/2 tasse
50 ml	feuilles de basilic frais, légèrement tassées	1/4 tasse
15 ml	câpres égouttées	1 c. à table
6	olives noires dénoyautées et hachées	6
3	anchois hachés	3
7 ml	huile d'olive	1 1/2 c. à thé
750 g	filets de baudroie débarrassés de leur peau	1 1/2 lb

1 Recouvrir les tomates séchées d'eau très chaude. Laisser reposer 15 minutes ou jusqu'à ce qu'elles aient ramolli, puis égoutter.

2 Hacher grossièrement au robot culinaire les tomates, l'ail, le persil, le basilic, les câpres, les olives, les anchois et l'huile.

3 Mettre le poisson sur une plaque à biscuits légèrement graissée. Tartiner uniformément le poisson du mélange à base de tomates.

4 Cuire au four à 190 ºC (375 ºF) 10 à 15 minutes ou jusqu'à ce que la chair du poisson soit opaque de part en part. Le temps de cuisson variera en fonction de l'épaisseur du poisson.

Donne 4 portions.

Repas printanier à la méditerranéenne
Baudroie aux tomates séchées, câpres et basilic (ci-dessus)
Riz pilaf aux poireaux (page 128)
Asperges au parmesan (page 154)
Tarte au citron à la française (page 317)

APPORT NUTRITIONNEL PAR PORTION	
calories	178
protéines	27 g
gras total	6 g
gras saturés	1 g
cholestérol	45 mg
glucides	5 g
fibres alimentaires	1 g
sodium	349 mg

AQR : Vit. A 7 %, E 6 %, C 17 % acide folique 11 %, Ca 4 % (49 mg), fer 11 %, zinc 11 %.

~ ON PREND DE L'AVANCE ~
On peut préparer cette recette à l'avance jusqu'à la troisième étape inclusivement. Dans un contenant fermé, la préparation se conserve 4 heures au réfrigérateur.

~ LE POISSON ~
Mangez du poisson au moins deux fois par semaine. Le poisson est très faible en matières grasses et quand il en contient, ce sont des gras oméga-3, bons pour la santé.

Filets de poisson au four

1/2   1 1/4

Portions du *Guide alimentaire canadien*

Servez cet agréable repas familial avec des Pommes de terre au four aux graines de sésame (page 163). Vous pouvez utiliser ici des filets d'à peu près n'importe quelle sorte de poisson. Si vous en prenez des surgelés, assurez-vous bien de les décongeler avant la cuisson.

125 ml	chapelure sèche fine	1/2 tasse
7 ml	assaisonnement à l'italienne (ou basilic et origan)	1 1/2 c. à thé
5 ml	zeste de citron râpé	1 c. à thé
2 ml	de chacun : sel et poivre	1/2 c. à thé
1	œuf ou deux blancs d'œufs	1
5 ml	eau	1 c. à thé
500 g	filets de poisson (flétan ou morue)	1 lb
5 ml	huile végétale	1 c. à thé

1 Dans un plat peu profond, mélanger la chapelure, l'assaisonnement à l'italienne (ou les fines herbes), le zeste de citron, le sel et le poivre.

2 Dans un petit bol, battre les œufs ou les blancs avec l'eau.

3 Tremper les filets de poisson dans l'œuf battu puis les passer dans le mélange à base de chapelure.

4 Huiler une plaque à biscuits puis la mettre au four à 230 °C (450 °F) 30 secondes. Disposer les filets en une couche simple sur la plaque à biscuits très chaude. Cuire dans la moitié supérieure du four 4 minutes, retourner les filets et cuire encore 4 minutes pour des filets de 1 cm (1/2 po) d'épaisseur et encore 6 minutes pour des filets de 2,5 cm (1 po) d'épaisseur.

Donne 4 portions.

CONSEIL CULINAIRE

La friture au four permet de réduire la quantité de matières grasses tout en gardant intactes la panure et la saveur du poisson frit. Il suffit de mettre 5 ml (1 c. à thé) d'huile sur la plaque à biscuits.

~ MÉTHODE AU
FOUR-GRILLOIR ~

Ces filets de poisson se préparent très bien au four-grilloir. Prendre soin de préchauffer le four. Cuire deux filets de poisson à la fois 10 minutes ou jusqu'à ce que la chair du poisson se défasse sous les dents de la fourchette.

Thon grillé, sauce teriyaki

1

Portion du *Guide alimentaire canadien*

Le thon est le seul poisson que je mange volontiers un peu moins cuit. S'il a le malheur d'être trop cuit, sa chair, au départ délicate, tendre et fondante, devient sèche et floconneuse. On a donc intérêt à surveiller de près le poisson toute la durée de la cuisson, heureusement brève. Servez les filets sur un lit de laitue avec un peu de coriandre fraîche et une vinaigrette légère, comme la Vinaigrette au gingembre et aux fines herbes (page 66).

APPORT NUTRITIONNEL PAR PORTION	
calories	180
protéines	27 g
gras total	6 g
gras saturés	2 g
cholestérol	43 mg
glucides	2 g
sodium	352 mg

AQR : Vit. A 67 %, acide folique 1 %, Ca 1 % (11 mg), fer 9 %, zinc 8 %.

25 ml	de chacune : sauce soja et eau	2 c. à table
25 ml	vin de riz ou xérès	2 c. à table
15 ml	gingembre haché finement	1 c. à table
5 ml	de chacun : huile de sésame et sucre granulé	1 c. à thé
1	gousse d'ail émincée	1
4	filets de thon de 2 à 2,5 cm (3/4 à 1 po) d'épaisseur, soit 125 g (4 oz) chacun	4

~ ON PREND DE L'AVANCE ~

On peut préparer cette recette jusqu'à la première étape inclusivement 2 heures à l'avance.

~ CONSEIL CULINAIRE ~

Pour faire griller les légumes et les poissons à chair délicate, servez-vous d'un panier métallique à gril vaporisé d'un enduit antiadhésif. Le panier vous permet de retourner le poisson sans le briser et empêche les légumes de tomber dans la braise. Le temps de cuisson variera en fonction de l'épaisseur et de la température du poisson, de la température extérieure (dans le cas d'un barbecue) et de la distance entre l'objet et la source de chaleur.

1 Mélanger la sauce soja, l'eau, le vin de riz, le gingembre, l'huile de sésame, le sucre et l'ail. Disposer les filets en une couche simple dans un plat peu profond et arroser de sauce. Couvrir et laisser mariner 15 minutes ou jusqu'à 2 heures au réfrigérateur.

2 Mettre le poisson sur un gril graissé à feu vif. Cuire en arrosant une fois de marinade, environ 3 minutes ou jusqu'à ce que la chair du poisson soit brunie à une profondeur de 3 mm (1/8 po). Retourner et poursuivre la cuisson 3 minutes en arrosant une fois de marinade ou jusqu'à ce que la chair du poisson soit brunie à une profondeur de 3 mm (1/8 po) mais encore rouge au centre. Retirer du feu. Couvrir et laisser reposer jusqu'à ce que le centre soit d'une couleur rosée-rougeâtre (la cuisson se poursuit hors du feu).

Donne 4 portions.

Espadon grillé, sauce teriyaki

Remplacer les filets de thon par des darnes d'espadon. Griller à feu moyen 3 à 4 minutes de chaque côté (ou 5 minutes le premier côté et 2 ou 3 minutes de l'autre) ou jusqu'à ce que la chair du poisson soit blanche à l'extérieur mais encore rosée au centre.

Filets de poisson, tomates et champignons en papillote

3/4   1 3/4

Portions du *Guide alimentaire canadien*

Ce repas simple est facile à préparer pour une personne ou deux. Vous pouvez prendre n'importe quel légume qui cuit en moins de 10 minutes, comme le poivron, les artichauts en conserve, les épinards, le céleri tranché finement ou des légumes décongelés. On peut également utiliser des légumes qui mettent davantage de temps à cuire, mais il faut prendre soin de les faire sauter d'abord. Assurez-vous de bien avoir préchauffé le four. Servez avec du riz cuit, du couscous, de l'orge ou de la purée de pommes de terre.

2	filets de poisson de 175 g (6 oz) chacun	2
1	tomate de taille moyenne hachée grossièrement	1
125 ml	champignons tranchés	1/2 tasse
25 ml	basilic ou aneth frais, bien tassés ou 1 ml (1/4 c. à thé) de basilic séché, d'herbes de Provence ou d'origan	2 c. à table
5 ml	de chacun : jus de citron frais et huile d'olive	1 c. à thé
1	gousse d'ail émincée	1
1	oignon vert tranché en diagonale	1

1 Mettre chaque filet dans une feuille de papier d'aluminium de 30 cm (12 po) de côté.

2 Dans un bol, mélanger la tomate, les champignons, le basilic, le jus de citron, l'huile, l'ail, l'oignon vert, le sel et le poivre au goût et déposer uniformément sur le poisson. Refermer le papier d'aluminium légèrement sur le poisson et bien sceller. Mettre les papillotes sur une plaque à biscuits. Cuire au four à 230 °C (450 °F) environ 10 minutes ou jusqu'à ce que la chair du poisson se défasse aisément sous les dents de la fourchette.

Donne 2 portions.

Le poisson riche en acides gras oméga-3

Deux acides gras oméga-3 importants, l'acide éicosapentanoïque (AEP) et l'acide docosahexanoïque (ADH), se trouvent principalement dans les poissons plus gras, comme le saumon, l'espadon, la truite, la morue, le hareng, le maquereau et le tassergal. On a établi un lien entre l'AEP et l'ADH et certains avantages sur le plan de la santé, tels qu'une réduction des niveaux de triglycérides, un abaissement de la tension artérielle, un soulagement des symptômes de la polyarthrite rhumatoïde et du syndrome prémenstruel. La quantité de gras oméga-3 dans les œufs enrichis est petite en comparaison de ce qu'on trouve dans le poisson, et les avantages de ce type d'œufs pour le cœur n'ont pas encore été établis.

Conseil nutritionnel

Ne vous inquiétez pas de la quantité de matières grasses contenues dans certains poissons comme le saumon. Les huiles du poisson renferment des acides gras oméga-3 que nous avons intérêt à consommer en plus grande quantité.

Alerte au poisson cru

Le poisson cru des sushis présente-t-il des risques ? Avec le poisson cru, il y a toujours le risque d'empoisonnement alimentaire ou de parasitose (vers). Le fait de faire mariner ne tue ni les bactéries ni les parasites. Le poisson cru utilisé dans les bars à sushis de bonne réputation est du poisson surgelé décongelé ; la congélation tue les parasites. Si vous préparez des sushis à la maison, ne prenez que du poisson surgelé commercialement. Selon Santé Canada, les mollusques (moules, palourdes ou huîtres) crus ou qui ne sont pas suffisamment cuits présentent des risques élevés.

Saumon entier au four avec mayonnaise à la lime et au gingembre

~ ON PREND DE L'AVANCE ~

On peut préparer cette recette à l'avance jusqu'à la troisième étape inclusivement. Dans un contenant fermé, le poisson se conservera 1 journée au réfrigérateur.

1

Portion du *Guide alimentaire canadien*

Ce plat est mon favori pour les réceptions. Quand je reçois de nombreux invités, je prépare le saumon à l'avance, je l'enveloppe dans du papier d'aluminium et je le sers froid. Si je prévois de le servir chaud, je le place sur une plaque à biscuits doublée de papier d'aluminium, car j'aime sa saveur quand il est rôti à découvert. Pour faciliter le service, je demande à mon poissonnier de le désosser.

1	saumon entier nettoyé et étêté de 2,7 kg (6 lb)	1
1	botte d'aneth frais	1
2	citrons	2
	Mayonnaise à la lime et au gingembre (page ci-contre)	

Garniture

laitue, tomates cerises, tranches de citron, concombre, aneth frais

1 Rincer le saumon à l'eau froide et l'éponger avec de l'essuie-tout. Laisser reposer à température ambiante 30 minutes. Découper une feuille de papier d'aluminium suffisamment grande pour envelopper le saumon et étendre celle-ci sur une plaque à biscuits. Mettre un tiers de l'aneth sur le papier d'aluminium et y déposer le saumon.

2 Découper un des citrons en fines tranches. Mettre la moitié des tranches et la moitié de l'aneth restant dans la cavité abdominale du saumon. Saler et poivrer au goût. Disposer le reste de l'aneth et des tranches de citron sur le saumon.

3 Exprimer le jus de l'autre citron et en arroser le saumon. Fermer le papier d'aluminium et sceller les bords. Cuire au four à 220 °C (425 °F) environ 40 minutes ou jusqu'à ce qu'il soit à peine opaque et que la chair se défasse aisément sous les dents de la fourchette. (Faire le test en pratiquant une petite entaille dans la partie la plus épaisse du poisson.)

4 Pour servir chaud : Mettre le poisson entier dans une grande assiette de service ; enlever le citron et l'aneth. Garnir l'assiette, puis découper et servir à table. Ou bien couper le poisson dans le sens de la longueur le long de la ligne médiane. Enlever la peau et la jeter. Couper dans le sens de la longueur le long de la ligne médiane. Découper de travers

en portions. En s'aidant d'une spatule, mettre les morceaux de saumon dans une assiette de service chaude. Enlever les arêtes si cela n'a pas déjà été fait. Reprendre ces opérations avec la moitié inférieure, en détachant la chair de la peau. Servir la Mayonnaise à la lime et au gingembre séparément.

5 Pour servir froid : Enlever le papier d'aluminium. Laisser refroidir au moins 1 heure. Enlever délicatement la peau du dessus du saumon. À l'aide d'un couteau bien tranchant, enlever en raclant la chair grasse de couleur brun foncé et la jeter. Jeter les jus, l'aneth cuit et les tranches de citron. Découper le saumon en portions tel que décrit à la quatrième étape. Ou bien, dans le cas d'un saumon entier, mettre le saumon dans une assiette de service en renversant l'assiette sur le saumon et en renversant le saumon et l'assiette de manière à exposer le côté peau. Enlever ce qui reste de papier d'aluminium, la peau et la chair grasse brun foncé. Garnir l'assiette. Servir la Mayonnaise au citron et au gingembre séparément.

Donne 14 à 16 portions.

Filets de saumon au pesto

Tartiner les filets de saumon de Pesto (page 85). Cuire au four à 220 °C (425 °F) ou sur un gril graissé chauffé à feu moyen, le couvercle du gril abaissé, 10 minutes.

Mayonnaise à la lime et au gingembre

Cette mayonnaise se sert avec n'importe quel poisson ou fruit de mer.

125 ml	mayonnaise légère	1/2 tasse
125 ml	yogourt nature à 2 %	1/2 tasse
	zeste râpé d'une lime	
10 ml	jus de lime fraîchement pressé	2 c. à thé
10 ml	gingembre émincé finement	2 c. à thé
1	gousse d'ail émincée	1

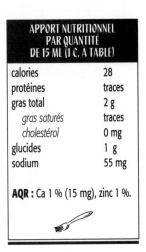

APPORT NUTRITIONNEL PAR QUANTITÉ DE 15 ML (1 C. A TABLE)	
calories	28
protéines	traces
gras total	2 g
gras saturés	traces
cholestérol	0 mg
glucides	1 g
sodium	55 mg

AQR : Ca 1 % (15 mg), zinc 1 %.

Dans un petit bol, mélanger la mayonnaise, le yogourt, le zeste et le jus de lime, le gingembre et l'ail. Couvrir et garder au moins 1 heure au réfrigérateur (24 heures au maximum). Donne 250 ml (1 tasse).

Filets de saumon en papillotes de pâte phyllo et riz à la noix de coco

~ ON PREND DE L'AVANCE ~

On peut préparer cette recette à l'avance jusqu'à la troisième étape inclusivement. Dans un contenant fermé, les papillotes se conservent 4 heures au réfrigérateur. Retirer du réfrigérateur 30 minutes avant de mettre au four ou, sinon, prolonger le temps de cuisson de 3 à 5 minutes.

~ CONSEIL CULINAIRE ~

Les filets de saumon devraient avoir une épaisseur de 2,5 cm (1 po). Achetez-les déjà découpés ou procurez-vous un gros filet de saumon débarrassé de sa peau pesant environ 500 à 625 g (1 à 1 1/4 lb) que vous débiterez en quatre en diagonale.

2   11/2

Portions du *Guide alimentaire canadien*

Ce repas fascinant peut être préparé en début de journée et servi plus tard. Accompagnez-le de Purée de carottes et de courge à l'orange (page 171) ou d'épinards vapeur et d'une salade verte.

1	Saumon en sauce de soja noir (recette suivante)	1
1	Riz au lait de coco (page 140)	1
4	feuilles de pâte phyllo	4
125 ml	coriandre fraîche hachée grossièrement	1/2 tasse
20 ml	beurre fondu	4 c. à thé

1 Faire la recette de Saumon en sauce de soja noir jusqu'à la première étape. Préparer le Riz à la noix de coco ; laisser refroidir.

2 Étendre une feuille de pâte phyllo sur la surface de travail (protéger les autres d'un linge humide). À environ 5 cm (2 po) du bord long de la pâte, déposer un quart du riz en une bande large de 8 à 10 cm (3 à 4 po), soit de la largeur du filet de saumon, en laissant une marge de 10 cm (4 po) de chaque côté. Garnir de 15 ml (1 c. à table) de coriandre.

3 Déposer le saumon sur le riz. Garnir de 15 ml (1 c. à table) de coriandre puis saler et poivrer au goût. Badigeonner la pâte de 2 ml (1/2 c. à thé) de beurre. Rabattre 5 cm (2 po) de la marge sur la garniture. Replier les deux côtés et rouler. Placer la papillote côté fermeture orienté vers le bas sur une plaque à biscuits. Badigeonner de beurre. Reprendre ces étapes de manière à obtenir 4 papillotes.

4 Cuire les papillotes au four à 220 °C (425 °F) 15 minutes ou jusqu'à ce qu'elles soient dorées. Laisser reposer 5 minutes.

Donne 4 portions.

Buffet chaud

Saumon entier au four avec mayonnaise à la lime
et au gingembre (page 232)
Riz au lait de coco (page 140) ou Patates douces
et pommes de terre à la normande (page 168)
Carottes à la provençale (page 167) ou Fenouil braisé
au parmesan (page 172)
Salade d'épinards avec vinaigrette à l'huile de noix de Grenoble (page 47)
Tarte aux pommes et aux abricots en pâte phyllo (page 311)

Saumon en sauce de soja noir

11/2
Portion du *Guide alimentaire canadien*

La sauce de soja noir chinoise ajoute une saveur salée et particulière au saumon ou à tout autre poisson. Cependant, allez-y doucement, car son goût est très marqué. J'aime parsemer le saumon de coriandre fraîche hachée et le servir avec du Riz au jasmin ou du Riz au lait de coco (page 140).

25 ml	sauce de soja noir chinoise	2 c. à table
15 ml	sauce soja	1 c. à table
10 ml	gingembre émincé	2 c. à thé
7 ml	xérès	1 1/2 c. à thé
5 ml	miel liquide	1 c. à thé
5 ml	vinaigre de riz	1 c. à thé
4	filets de saumon de 150 g (5 oz) chacun	4

1 Mélanger la sauce de soja noir, la sauce soja, le gingembre, le xérès, le miel et le vinaigre. Disposer les filets en une couche simple dans un plat allant au four et les arroser du mélange. Couvrir et laisser mariner 30 minutes ou réfrigérer 24 heures au maximum.

2 Cuire au four à 200 °C (400 °F) 14 minutes ou jusqu'à ce que la chair soit opaque et que la chair du poisson se défasse aisément sous les dents de la fourchette.

Donne 4 portions.

Repas à préparer d'avance
Bisque de cèpes (page 82)
Filets de saumon en papillotes de pâte phyllo et riz au lait de coco (recette précédente)
Légumes en vinaigrette au gingembre et aux fines herbes (page 66)
Gâteau au citron avec coulis de framboises (page 295)

APPORT NUTRITIONNEL PAR PORTION

calories	231
protéines	29 g
gras total	9 g
gras saturés	1 g
cholestérol	78 mg
glucides	6 g
fibres alimentaires	traces
sodium	446 mg

AQR : Vit. A 1 %, D 227 %, E 27 %, acide folique 15 %, Ca 2 % (18 mg), fer 9 %, zinc 10 %.

~ ON PREND DE L'AVANCE ~
On peut préparer cette recette à l'avance jusqu'à la première étape inclusivement. Dans un contenant fermé, le poisson se garde 1 journée au réfrigérateur.

~ CONSEILS CULINAIRES ~
Pour cuire au micro-ondes deux filets de saumon, les couvrir légèrement de papier ciré et chauffer à intensité élevée environ 4 minutes. Il ne faut pas trop cuire le poisson. Il est cuit dès que sa chair se défait sous les dents de la fourchette et qu'elle est opaque. Il faut se rappeler que le poisson continue de cuire un peu sous l'effet de sa propre chaleur une fois retiré du feu.

Tenir l'hypertension artérielle en échec

L'hypertension artérielle est un problème médical courant et l'un des principaux facteurs de risque de maladies cardiaques, d'accidents vasculaires cérébraux et de maladies rénales.

Conseils nutritionnels : L'hypertension

Si vous souffrez d'hypertension, les comportements alimentaires suivants sont suscep-tibles de vous aider.

◆ Perdez du poids si c'est nécessaire. Une perte de poids, même petite, peut être salutaire.

◆ Réduisez votre consommation de sel à 2000 mg par jour ou moins (voir plus loin).

◆ Évitez l'alcool.

◆ Augmentez votre consommation de potassium en mangeant tous les jours des fruits et légumes qui en sont riches : cantaloup, brocoli, oranges, bananes, carottes, courges.

◆ Consommez tous les jours 2 à 4 portions de produits laitiers pour le calcium et mangez du poisson riche en gras oméga-3 *(voir page 231)* deux fois par semaine ou plus. Le lien entre la baisse de la tension artérielle d'un côté et le calcium alimentaire et les gras oméga-3 de l'autre n'est pas encore parfaitement compris, mais les conclusions préliminaires des études donnent à penser que ces éléments nutritifs sont utiles.

Le sel en question

Bien que la question de savoir si les personnes en santé devraient réduire leur consommation de sel soit controversée, les personnes atteintes d'hypertension, elles, devraient prendre cette restriction très au sérieux.

Conseils nutritionnels : Réduire sa consommation de sel et de sodium

◆ Réduisez les quantités de sel utilisées dans la préparation des aliments. Les recettes de ce livre vous indiquent comment aromatiser les aliments en utilisant les fines herbes et les épices, sans recourir à de grandes quantités de sel. Une cuillerée de sel (5 ml) contient environ 2400 mg de sodium.

◆ Consommez aussi peu d'aliments commerciaux que possible. Environ 75 % du sel que nous consommons provient de ces aliments. Les aliments habituellement riches en sel sont les fromages, notamment les fromages fondus, les viandes froides et la charcuterie, les soupes et les légumes en conserve, les bouillons, les craquelins, les biscuits, les préparations culinaires en sachets, les grignotines, les aliments surgelés et le *fast food*.

◆ Dans la mesure du possible, achetez les aliments, comme les craquelins, en version hyposodique. Rappelez-vous toutefois que « 50 % moins de sel » ne signifie pas forcément «faible en sodium». Lisez bien les étiquettes, car ces aliments peuvent quand même contenir beaucoup de sodium.

Tension artérielle : quelles sont les valeurs normales?

La valeur de la tension artérielle est exprimée par deux chiffres : le chiffre le plus élevé correspond à la tension systolique et le plus faible à la tension diastolique.

♦ La tension artérielle à viser est de 120 sur 80 mm Hg ou moins.

♦ Une tension artérielle de 140 sur 90 mm Hg est jugée élevée.

♦ Les tensions intermédiaires, par exemple 130 sur 85, devraient être considérées comme une invitation à modifier son mode de vie, car elles sont associées à un risque accru de maladie.

Tomates, moules et riz

~ CONSEIL CULINAIRE ~

Ne pas laisser les moules au réfrigérateur dans un sac de plastique. Les sortir plutôt du sac de plastique, les mettre dans un bol, les couvrir de glace puis les mettre au réfrigérateur.

~ CONSEIL NUTRITIONNEL ~

Les moules sont faibles en gras mais riches en fer, en acide folique, en zinc et elles constituent une bonne source de protéines.

11/4   3/4   1

Portions du *Guide alimentaire canadien*

Dans ce plat rappelant la paella, le riz acquiert un délicat arôme maritime quand les moules s'ouvrent et que leur liquide s'échappe.

15 ml	huile d'olive	1 c. à table
175 ml	riz étuvé à grain long	3/4 tasse
2	gousses d'ail émincées	2
1 ml	curcuma	1/4 c. à thé
pincée	flocons de piment rouge	pincée
1	feuille de laurier	1
5 ml	brins de safran (facultatif)	1 c. à thé
375 ml	tomates hachées*	1 1/2 tasse
150 ml	jus de palourde en bouteille ou bouillon de poulet	2/3 tasse
125 ml	vin blanc sec	1/2 tasse
1 kg	moules	2 lb
50 ml	persil frais haché	1/4 tasse

1 Chauffer l'huile à feu moyen dans une grande poêle. Y cuire le riz, l'ail, le curcuma, les flocons de piment rouge, la feuille de laurier, le safran (si on en utilise) en remuant souvent pendant 2 minutes. Incorporer les tomates, le jus de palourde et le vin puis porter à ébullition. Réduire le feu à mi-doux, couvrir et laisser mijoter 15 minutes.

2 Entre-temps, laver les moules et les débarrasser de leur barbe. Jeter toutes les moules qui se seraient brisées ou qui ne se referment pas quand on les frappe. Enfoncer les moules dans le mélange à base de riz, et cuire jusqu'à ce que les moules s'ouvrent et que le riz soit tendre, soit 5 à 8 minutes. Jeter toute moule qui ne se serait pas ouverte. Jeter la feuille de laurier. Garnir de persil.

Donne 3 portions.

* Possibilité de substitution : Remplacer les tomates fraîches par 1 boîte de 540 ml (19 oz) de tomates hachées et égouttées.

Crevettes et pétoncles au lait de coco

1/4   11/4

Portions du *Guide alimentaire canadien*

Ce plat populaire réunit certaines de mes saveurs préférées: gingembre, ail, citron et coriandre. Il est facile à préparer et a belle apparence. On trouve du lait de coco en conserve dans bien des supermarchés et dans les épiceries orientales. Le lait de coco confère une texture crémeuse et un goût délicieux aux plats; il est toutefois passablement riche en matières grasses. Utilisez-en donc en quantités modérées et choisissez la variété allégée. Servez sur un lit de riz avec des Haricots verts à l'ail et à l'huile aromatisée (page 49).

1	citron de taille moyenne	1
15 ml	huile végétale	1 c. à table
125 ml	oignon haché	1/2 tasse
6	gousses d'ail émincées	6
50 ml	gingembre haché finement	1/4 tasse
15 ml	farine tout usage	1 c. à table
175 ml	lait de coco allégé	3/4 tasse
50 ml	vin blanc	1/4 tasse
1 ml	flocons de piment rouge broyés	1/4 c. à thé
750 g	crevette géantes (crues ou cuites), décortiquées et déveinées	1 1/2 lb
250 g	gros pétoncles	8 oz
75 ml	de chacun : persil frais haché et coriandre fraîche hachée	1/3 tasse
3	oignons verts hachés	3

1 Râper le zeste du citron et en exprimer le jus. Réserver. Chauffer l'huile à feu moyen dans une grande casserole antiadhésive. Y cuire l'oignon, l'ail et le gingembre, en remuant, jusqu'à ce que l'oignon soit tendre, soit environ 5 minutes.

2 Saupoudrer de farine et mélanger. Incorporer le lait de coco, le vin, le zeste et le jus de citron et les flocons de piment rouge. Porter à ébullition en remuant constamment.

3 Incorporer les crevettes et les pétoncles. Couvrir et cuire en remuant constamment 5 à 10 minutes ou jusqu'à ce que les crevettes soient roses et que les pétoncles soient opaques. Incorporer le persil et la coriandre. Garnir d'oignons verts.

Donne 6 portions.

APPORT NUTRITIONNEL PAR PORTION	
calories	223
protéines	30 g
gras total	6 g
gras saturés	2 g
cholestérol	185 mg
glucides	9 g
fibres alimentaires	1 g
sodium	245 mg

AQR : Vit. A 8 %, E 6 %, C 20 %, acide folique 10 %, Ca 5 % (57 mg), fer 19 %, zinc 18 %.

~ ON PREND DE L'AVANCE ~

On peut préparer cette recette à l'avance jusqu'à la deuxième étape inclusivement. Dans un contenant fermé, la préparation peut être gardée 2 heures.

SOUFFREZ-VOUS D'ALLERGIES ALIMENTAIRES OU D'ASTHME ?

L'Association d'information sur l'allergie et l'asthme peut fournir de l'information précieuse sur les produits susceptibles de causer des allergies, de l'asthme ou des réactions anaphylactiques. Cette association publie une revue trimestrielle (en anglais) approuvée médicalement qui fait état des dernières découvertes et donne des conseils pratiques sur la manière de composer avec les différentes allergies. Écrivez à l'adresse suivante :
172, chemin Andover, Beaconsfield, Québec, H9W 2Z8, (514) 694-0679. Ailleurs au Canada, composez le 1 800-611-7011.

Cioppino

~ ON PREND DE L'AVANCE ~

On peut préparer cette recette à l'avance jusqu'à la deuxième étape inclusivement. Dans un contenant fermé, la préparation se garde 6 heures au réfrigérateur. Il suffit de réchauffer.

~ CONSEIL CULINAIRE ~

On peut laisser le crabe dans sa carapace ou bien le décortiquer. Si on le laisse dans sa carapace, briser les pattes afin que la chair soit plus facile à retirer.

~ CONSEIL POUR LE SERVICE ~

Servez le Cioppino dans des bols, accompagné de pain grillé au fromage ou de tranches de pain italien grillé frottées d'ail et arrosées d'huile d'olive, le tout avec une salade verte.

1 3/4   2

Portions du *Guide alimentaire canadien*

Voici un excellent plat pour un repas entre amis. Les crustacés lui donnent une allure et un goût spécial. Pourtant, ce mets est facile à préparer.
Voir photo page 213.

15 ml	huile d'olive	1 c. à table
1	oignon haché	1
4	gousses d'ail émincées	4
1	poivron rouge haché	1
1	boîte de 796 ml (28 oz) de tomates avec leur jus	1
250 ml	vin blanc ou rouge sec	1 tasse
1	bouteille de 240 ml (8 oz) de jus de palourde	1
75 ml	persil frais haché	1/3 tasse
2 ml	de chacun : basilic, origan séchés, graines de fenouil	1/2 c. à thé
1 ml	sauce piquante au piment ou flocons de piment rouge	1/4 c. à thé
500 g	filets de poisson blanc (baudroie, morue ou flétan)	1 lb
500 g	moules dans leurs coquilles	1 lb
500 g	pattes de crabe (dans la carapace) coupées en segments de 8 cm (3 po)*	1 lb
500 g	grosses crevettes décortiquées et déveinées	1 lb
50 ml	basilic frais haché	1/4 tasse

1 Chauffer l'huile à feu moyen dans une grande casserole. Y cuire l'oignon, l'ail et le poivron rouge en remuant souvent jusqu'à ce que l'oignon soit tendre, soit environ 5 à 8 minutes. Incorporer les tomates en les défaisant au couteau. Ajouter le vin, le jus de palourde, le persil, le basilic séché, l'origan, les graines de fenouil et la sauce piquante au piment. Porter à ébullition. Réduire le feu et laisser mijoter à découvert 20 minutes en remuant à l'occasion.

2 Couper les filets de poisson en morceaux de 5 cm (2 po). Nettoyer les moules à la brosse et enlever la barbe. Jeter celles qui ne se referment pas quand on les frappe.

3 Ajouter les filets, les moules et le crabe s'il est cru. Couvrir et laisser mijoter 2 minutes. Incorporer les crevettes et le basilic frais (et le crabe s'il est précuit), laisser mijoter 3 à 5 minutes ou jusqu'à ce que les crevettes deviennent roses et que les moules s'ouvrent. Jeter celles qui ne se seraient pas ouvertes. Saler et poivrer au goût.

Donne 6 portions.

* Possibilité de substitution : Si on ne trouve pas de crabe, ajouter des petites palourdes ou 250 g (8 oz) de pétoncles avec le poisson ou porter la quantité de moules à 1 kg (2 lb).

Les crevettes

L'achat

♦ Recherchez les emballages bien scellés. Les crevettes doivent être bien surgelées, sans cristaux de glace ni givre.

♦ Les crevettes sont conditionnées selon le nombre à la livre (500 g). Dans un emballage contenant 21 à 30 crevettes à la livre, les crevettes sont plus grosses que dans un paquet de 36 à 45. Dans la plupart des recettes, on peut interchanger la grosseur des crevettes. Cependant, les petites crevettes sont utilisées plus souvent dans les salades, les sandwiches et les trempettes, tandis que les grosses sont employées dans les cocottes, les plats de pâtes et autres plats de résistance.

La décongélation

♦ La plupart du temps, les crevettes sont surgelées ou l'ont été.

♦ Ne recongelez pas les crevettes décongelées ; utilisez-les immédiatement.

♦ Décongélation au micro-ondes : Réchauffez les crevettes en mode « décongélation » jusqu'à ce qu'elles soient partiellement décongelées.

♦ Décongélation au réfrigérateur : Laissez les crevettes, au réfrigérateur, dans un contenant fermé toute une nuit.

♦ Décongélation à l'eau froide : Mettez l'emballage scellé dans l'eau froide pendant 30 à 60 minutes (la durée dépend de la taille de l'emballage et du degré de congélation).

Décorticage et déveinage

♦ Servez-vous de ciseaux de cuisine pour couper la carapace molle. Pelez la crevette en y laissant la carapace de la queue si vous le désirez.

♦ Il n'est pas nécessaire de déveiner les crevettes petites ou de taille moyenne. Il est cependant conseillé de déveiner les grosses crevettes, car la veine peut contenir du sable. Coupez dans le côté arrondi de la crevette et enlevez la veine noire à la pointe d'un couteau.

Cuisson

♦ La plupart des crevettes surgelées sont vendues cuites et ne demandent qu'à être décongelées puis réchauffées. La cuisson prolongée durcit la chair.

♦ Pour les crevettes non décortiquées déjà cuites : Rincez et égouttez. Couvrez les crevettes d'eau très chaude et portez à ébullition. Retirez-les dès que l'eau se met à bouillir. Décortiquez en laissant la queue si vous le désirez.

♦ Pour les crevettes décortiquées déjà cuites : Faites décongeler et égouttez. Utilisez-les telles quelles ou intégrez-les à la préparation des recettes vers la fin du temps de cuisson.

♦ Crevettes crues : Qu'elles soient décortiquées ou non, les crevettes crues décongelées peuvent être cuites à l'eau frémissante 3 à 8 minutes, selon leur taille. Les crevettes sont cuites dès qu'elles se recourbent et que leur couleur passe au rouge vif ou au rose.

Arthrite?
Ce que vous mangez peut faire une différence

L'arthrite est sans doute la maladie la plus visée par les traitements non éprouvés. En tête de liste, on parle de régimes et de suppléments, mais rares sont les traitements qui s'appuient sur des données scientifiques. Le principal traitement demeure les anti-inflammatoires. Cependant, les habitudes alimentaires saines peuvent jouer un rôle important dans la gestion de cette maladie, qui épuise et enlève l'appétit. Mais des découvertes récentes laissent entrevoir l'espoir que certains aliments et certaines modifications apportées au régime alimentaire puissent soutenir les traitements traditionnels de l'arthrite.

Conseils nutritionnels : L'arthrite

♦ Perdre du poids est crucial pour soulager l'arthrose aux pieds, aux genoux, aux hanches et aux doigts, surtout si la maladie frappe les articulations portantes. Qui plus est, certaines recherches indiquent que des doses élevées de vitamine C, de bêta-carotène et de vitamine E peuvent ralentir la progression de la maladie et diminuer la douleur.

♦ Si vous présentez les symptômes de la polyarthrite rhumatoïde – articulations sensibles et enflées, raideur matinale, perte de force dans la main et fatigue, vous serez peut-être soulagé en consommant davantage d'acides gras oméga-3 : acide éicosapenta-noïque (AEP) et acide docosahexanoïque (ADH). Pour accroître votre consommation d'acides gras oméga-3, mangez davantage de poisson *(voir page 231)*. Vous pouvez également consulter votre médecin afin d'obtenir un supplément d'acides gras oméga-3. Ne décidez pas seul de prendre des suppléments d'huile de poisson, car ils ne conviennent pas à tout le monde. Les personnes présentant des troubles de coagulation, celles qui prennent des anticoagulants et qui ont une tension artérielle non maîtrisée devraient s'abstenir de prendre des suppléments d'huile de poisson.

♦ Si vous souffrez de la goutte, vous n'avez plus à éliminer les aliments riches en purines comme le foie, les moules et les sardines dans le but de réduire les niveaux d'acide urique. En plus des médicaments, vous trouverez peut-être du soulagement en perdant du poids, en vous abstenant complètement d'alcool et en buvant 6 à 8 verres d'eau par jour afin d'éliminer l'acide urique qui se cristallise dans les articulations et qui est à l'origine de la douleur. Si vous devez perdre du poids, procédez sagement. Un régime hypocalorique strict est susceptible de déclencher une attaque de goutte chez les personnes prédisposées.

Vitamine C : les principales sources

agrumes : oranges, pamplemousses*

papaye

cantaloup

kiwi

fraises

brocoli

choux de Bruxelles

poivrons

pommes de terre

tous les jus de fruit

* Le pamplemousse et le jus de pamplemousse devraient être évités en présence d'un traitement par la cyclosporine.

Vitamine E : les principales sources

huiles végétales

margarine

germe de blé

noix et graines oléagineuses

épinards, bette à carde

Bêta-carotène : les principales sources

carottes

bette à carde, épinards

citrouille cuite

courge

patates douces

cantaloup

mangue

papaye

Roulades de pita au thon et aux légumes (page 268) →

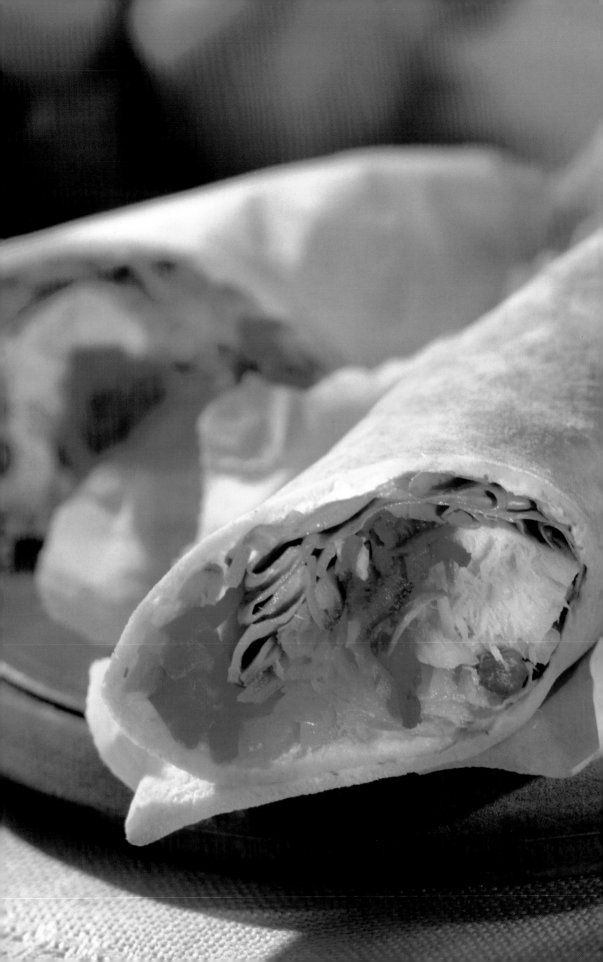

Cocotte de crevettes à la provençale

11/4   23/4   1/4   1

Portions du *Guide alimentaire canadien*

Les arômes provençaux de l'ail, du persil et du basilic frais expliquent la popularité de ce plat que l'on peut très bien préparer à l'avance.

15 ml	huile d'olive	1 c. à table
300 ml	riz étuvé à grain long	1 1/4 tasse
175 ml	persil frais haché	3/4 tasse
75 ml	basilic frais haché ou 10 ml (2 c. à thé) de basilic séché	1/3 tasse
1	gros oignon haché	1
1	poivron vert haché	1
6	grosses gousses d'ail émincée	6
1,5 l	champignons coupés en deux, soit 500 g (1 lb)	6 tasses
796 ml	de tomates hachées	28 oz
1 ml	flocons de piment rouge broyés	1/4 c. à thé
750 g	grosses crevettes décortiquées,	1 1/2 lb
175 ml	parmesan fraîchement râpé	3/4 tasse

1 Chauffer 2 ml (1/2 c. à thé) d'huile à feu moyen dans une casserole. Y cuire le riz en remuant pendant 1 minute. Verser 625 ml (2 1/2 tasses) d'eau bouillante, couvrir, réduire le feu et laisser mijoter 15 à 20 minutes ou jusqu'à ce que l'eau soit absorbée et que le riz soit légèrement ferme. Garnir de 50 ml (1/4 tasse) de persil, de la moitié du basilic ; saler et poivrer au goût. Étendre la préparation dans un plat allant au four d'une capacité de 3 l (13 po sur 9 po).

2 Chauffer le reste de l'huile à feu moyen dans une grande poêle antiadhésive. Y cuire l'oignon et le poivron vert en remuant de temps à autre pendant 5 minutes. Ajouter les deux tiers d'ail et les champignons. Poursuivre la cuisson à feu vif en remuant souvent pendant 5 minutes.

3 Ajouter les tomates et les flocons de piment rouge puis porter à ébullition. Réduire à feu moyen ; laisser mijoter à découvert et en remuant de temps à autre 10 à 15 minutes ou jusqu'à ce que le liquide ait la consistance d'une sauce. Incorporer les crevettes, la moitié du persil restant, la moitié du fromage et le reste du basilic. Étendre le mélange sur le riz.

4 Mélanger le reste du fromage, l'ail haché et le persil et disperser sur le mélange à base de tomates. Cuire à découvert au four à 160 ºC (325 ºF) 20 à 40 minutes ou jusqu'à ce que la préparation bouillonne.

Donne 6 portions.

APPORT NUTRITIONNEL PAR PORTION	
calories	400
protéines	34 g
gras total	9 g
gras saturés	3 g
cholestérol	182 mg
glucides	45 g
fibres alimentaires	4 g
sodium	626 mg

AQR : Vit. A 18 %, E 10 %, C 58 %, acide folique 18 %, Ca 25 % (277 mg), fer 32 %, zinc 29 %.

~ CONSEIL POUR RÉDUIRE SON CHOLESTÉROL ~

Certes, les crevettes contiennent une certaine quantité de cholestérol, mais elles apportent peu de calories et de matières grasses et peuvent être consommées avec modération dans le cadre d'un régime visant à abaisser les taux de cholestérol.

~ ON PREND DE L'AVANCE ~

On peut préparer cette recette à l'avance jusqu'à la troisième étape, mais réduire le temps de cuisson à 8 minutes. Dans un contenant fermé, se conserve 1 journée au réfrigérateur. Prolonger le temps de cuisson au four de 10 à 15 minutes.

Brochettes de crevettes et de pétoncles

~ ON PREND DE L'AVANCE ~

Mettre les fruits de mer dans la marinade. Dans un contenant fermé, la préparation se garde 1 journée au réfrigérateur. Ou encore, on peut préparer cette recette à l'avance jusqu'à la deuxième étape inclusivement. Dans un contenant fermé, les brochettes se gardent 4 heures au réfrigérateur.

1	**11/2**

Portions du *Guide alimentaire canadien*

Chaque année, je crée une nouvelle recette pour le barbecue: voici celle de l'an passé. Ces brochettes sont absolument délicieuses avec toute combinaison de saumon, de requin, de pétoncles et de crevettes. On peut utiliser des crevettes crues ou cuites. Mon mari préfère les brochettes de pétoncles, de poivrons et d'oignon. Servez sur un lit de riz ou de couscous.

500 g	pétoncles de taille moyenne ou gros	1 lb
1	poivron vert coupé en morceaux de 2,5 cm (1 po)	1
moitié	oignon rouge coupé en quatre et séparé en ses couches	moitié
250 g	grosses crevettes décortiquées (crues ou cuites)	8 oz

Marinade

50 ml	sauce hoisin	1/4 tasse
25 ml	coriandre fraîche hachée	2 c. à table
25 ml	de chacun : sauce soja et vinaigre de riz	2 c. à table
25 ml	sucre granulé ou miel liquide	2 c. à table
15 ml	gingembre émincé	1 c. à table
15 ml	ail haché	1 c. à table
1 ml	sauce piquante au piment ou pâte de piments	1/4 c. à thé

1 Préparation de la marinade : Dans un petit bol, mélanger la sauce hoisin, la coriandre, la sauce soja, le vinaigre, le sucre, le gingembre, l'ail et la sauce piquante au piment.

2 Enfiler les pétoncles, le poivron vert, l'oignon et les crevettes sur des brochettes de bois qu'on aura fait tremper au préalable. Les mettre dans une assiette et badigeonner de marinade. Couvrir et garder jusqu'à 4 heures au réfrigérateur.

3 Mettre sur un gril huilé à feu moyen et badigeonner de la marinade contenue dans l'assiette. Refermer le couvercle et faire griller 10 à 12 minutes ou jusqu'à ce que les pétoncles soient opaques et les crevettes rose pâle, en retournant une fois ou deux.

Donne 4 portions.

Brochettes de saumon mariné

Suivre la recette en prenant 500 g (1 lb) de filets de saumon débarrassés de sa peau, de 2 à 2,5 cm (3/4 à 1 po) d'épaisseur qu'on débitera en cubes.

Barbecue estival

Brochettes de crevettes et de pétoncles (ci-contre)
Riz basmati
Tranches de tomates avec
Vinaigrette au gingembre et aux fines herbes (page 66)
Haricots verts à l'ail et à l'huile aromatisée (page 49)
Tarte aux pêches et aux bleuets (page 314)

Bar poêlé à l'oignon rouge et au citron

1/4   1

Portions du *Guide alimentaire canadien*

J'adore le bar; il est juteux et savoureux. Comme la plupart des poissons, il gagne à être apprêté simplement.

4	filets de bar de 125 à 150 g (4 à 5 oz) chacun avec la peau sel et poivre	4
20 ml	huile d'olive	4 c. à thé
125 ml	oignon rouge tranché finement	1/2 tasse
25 ml	jus de citron fraîchement pressé	2 c. à table
4 ml	graines de fenouil broyées	3/4 c. à thé

1   Saler et poivrer les filets au goût. Chauffer 5 ml (1 c. à thé) d'huile à feu mi-vif dans une poêle antiadhésive. Cuire les filets, côté peau vers le bas, 2 minutes. Les retourner et poursuivre la cuisson encore 2 minutes.

2   Réduire à feu moyen. Ajouter l'oignon, couvrir et cuire 4 minutes ou jusqu'à ce qu'il soit opaque. Mettre le poisson dans des assiettes chaudes.

3   Ajouter au contenu de la poêle le reste de l'huile, le jus de citron et les graines de fenouil. Cuire en remuant 1 minute ou jusqu'à ce que l'oignon soit tendre. Saler et poivrer au goût. Arroser les filets du contenu de la poêle et garnir d'oignon.

Donne 4 portions.

Les brunches

Pour d'autres recettes de petits déjeuners et de brunches voir le chapitre Les pâtisseries, les pains et les gâteaux (page 271).

NOTES SUR LA NUTRITION

À propos de la caféine, du café et du thé

Parler de caféine, c'est parler de café et de thé, puisque ces deux boissons apportent 90 % de la caféine consommée. Avec les années, les effets sur la santé de la caféine, et du café en particulier, ont attiré l'attention. Cependant, nous savons maintenant que même si des doses élevées (1000 mg) de caféine par jour peuvent nuire à la santé, une consommation modérée (400 à 450 mg) de caféine par jour, ce qui équivaut à 3 ou 4 tasses de café au percolateur ou filtre, n'entraîne pas de problèmes de santé graves.

Le thé aussi contient de la caféine, mais les personnes qui en consomment se sentent habituellement moins coupables que des buveurs de café. En fait, des études récentes avancent que certaines substances naturelles présentes dans le thé, appelées polyphénols ou tanins, seraient salutaires. Il reste à voir si ces études vont se révéler justes. Entre-temps, les buveurs de thé peuvent consommer leur boisson préférée en paix, assurés qu'une consommation modérée de thé, tout comme de café, ne pose pas de risque sérieux à la santé.

Conseils nutritionnels : Café ou thé

◆ Si vous buvez plus de 3 ou 4 tasses de café ordinaire ou de thé fort par jour, réduisez votre consommation.

◆ Si vous commencez à noter des tremblements, de l'irritabilité, une sensation d'étouffement, des maux de tête, des palpitations ou si vous avez des troubles du sommeil, réduisez votre consommation de café et de thé.

◆ Si vous souffrez d'ulcère d'estomac, d'une hernie hiatale ou de brûlures d'estomac, évitez tout café, normal ou décaféiné.

◆ Évitez le café ou le thé pendant l'heure suivant les repas, car ils risquent d'entraver l'absorption du fer.

◆ Pour augmenter votre consommation de calcium, enrichissez votre café de lait, par exemple en prenant un caffe latte.

* Les cafés non filtrés comme ceux que l'on boit dans certains pays européens (café turc ou grec, ou préparé dans une cafetière à piston) contiennent des substances appelées diterpènes qui font monter légèrement les taux de cholestérol.

Les tisanes

Il existe tellement d'herbes utilisées pour les tisanes qu'il est difficile de donner des conseils quant à leur usage. Plusieurs tisanes offrent une solution de rechange rafraîchissante et sans caféine. Mais certaines herbes comme la ciguë (pruche), la consoude commune ou rugueuse ne sont pas sûres, et certaines comme le dong quai ne sont pas du tout recommandées pendant la grossesse. D'autres peuvent également provoquer des effets secondaires indésirables comme des palpitations, de la polyurie ou de la diarrhée.

Usez de votre bon sens. Buvez des tisanes avec modération comme vous le feriez avec du thé et cessez d'en prendre dès que des symptômes désagréables se manifestent.

Teneur en caféine du café, du thé et du cola

Café: 200 ml (6 oz)

filtre	108 à 180 mg
instantané régulier	60 à 90 mg

Café espresso:

Portion normale de 2 oz	90 à 110 mg
cafés spéciaux faits à partir de 1 portion de café espresso (60 ml)	90 à 110 mg

Thé: 200 ml (6 oz)

faible	18 à 24 mg
fort (5 minutes)	78 à 108 mg

Colas: canette de 355 ml (12 oz)   28 à 64 mg

Strata de saumon et d'épinards

3/4   1/2   1/2   1

Portions du *Guide alimentaire canadien*

L'aneth frais est divin dans ce plat idéal pour un brunch. On peut le préparer une journée à l'avance puis le mettre au four juste avant de servir (voir le menu proposé à la page 299).

1	paquet de 284 g (10 oz) d'épinards frais parés	1
8	tranches de pain de blé entier	8
250 ml	fromage suisse râpé	1 tasse
125 ml	oignon vert haché	1/2 tasse
2	boîte de 213 g (7 1/2 oz) de saumon*	2
3	œufs et 3 blancs œufs	3
625 ml	lait à 1 %	2 1/2 tasses
10 ml	aneth séché ou 75 ml (1/3 tasse) d'aneth frais haché	2 c. à thé
5 ml	de chacun : moutarde sèche et basilic séché	1 c. à thé
1 ml	de chacun : sel et poivre	1/4 c. à thé
25 ml	parmesan fraîchement râpé	2 c. à table

APPORT NUTRITIONNEL PAR PORTION

calories	236
protéines	23 g
gras total	9 g
gras saturés	2 g
cholestérol	96 mg
glucides	17 g
fibres alimentaires	3 g
sodium	520 mg

AQR : Vit. A 34 %, D 117 %, E 11 %, C 7 %, acide folique 34 %, Ca 39 % (431 mg), fer 20 %, zinc 17 %.

~ ON PREND DE L'AVANCE ~

On peut préparer cette recette à l'avance jusqu'à la troisième étape inclusivement. Dans un contenant fermé, la préparation se conserve 12 heures au réfrigérateur.

1 Rincer les épinards et secouer l'excédent d'eau. Cuire les épinards à couvert à feu moyen dans une grande casserole sans ajouter d'eau jusqu'à ce qu'ils se soient affaissés, soit environ 5 minutes. Égoutter en exprimant le liquide par pression. Hacher et réserver.

2 Enlever la croûte du pain et le couper en cubes. Mettre dans un plat allant au four graissé d'une capacité de 3 l (13 po sur 9 po). Garnir de la moitié du fromage suisse, des oignons et des épinards hachés. Égoutter le saumon et jeter la peau. Défaire la chair du saumon en flocons et écraser les arêtes. Étaler sur les épinards. Garnir du reste du fromage suisse.

3 Dans un bol, battre les œufs avec les blancs. Ajouter le lait, l'aneth, la moutarde, le basilic, le sel et le poivre puis verser dans le plat, en aplanissant la surface. Couvrir et laisser au moins 4 heures au réfrigérateur.

4 Parsemer de parmesan. Cuire au four à 180 °C (350 °F) 1 heure ou jusqu'à ce que la surface soit dorée. Laisser reposer 10 minutes avant de servir.

Donne 8 portions.

* Possibilité de substitution : Remplacer le saumon en boîte par 500 g (1 lb) de saumon frais, ce qui donnera environ 500 ml (2 tasses) de saumon en flocons. Augmenter la quantité de sel à 2 ml (1/2 c. à thé).

Tortilla espagnole aux pommes de terre et aux oignons

~ CUISINER ET MANGER MOINS GRAS ~

Le fait de cuire l'oignon et l'ail dans du bouillon de poulet plutôt qu'au beurre ou à l'huile permet d'épargner au moins 15 grammes de gras; prendre 2 blancs d'œufs au lieu d'un œuf entier permet d'éviter 5 grammes de gras; choisir un fromage allégé fait éviter 8 grammes de gras. Ainsi, en combinant ces économies, on épargne 28 grammes de gras dans la recette, soit 14 grammes par portion.

~ CONSEIL CULINAIRE ~

Si le manche de votre poêle est en bois, enveloppez-le de papier d'aluminium avant de la mettre au four.

11/2   1/2   1

Portions du *Guide alimentaire canadien*

Ce repas réconfortant est une version allégée de la tortilla espagnole ou de la frittata italienne.

1	pomme de terre pelée et coupée en dés, soit 375 ml (1 1/2 tasse)	1
1	oignon tranché finement	1
2	gousses d'ail émincées	2
125 ml	bouillon de poulet ou de légumes	1/2 tasse
2	œufs	2
2	blancs œufs	2
50 ml	lait à 1 ou à 2 %	1/4 tasse
25 ml	persil frais haché	2 c. à table
2 ml	moutarde de Dijon	1/2 c. à thé
1 ml	de chacun : sel et poivre	1/4 c. à thé
5 ml	huile d'olive	1 c. à thé
125 ml	cheddar fort allégé, râpé	1/2 tasse

1 Dans une poêle antiadhésive allant au four, cuire à couvert la pomme de terre, l'oignon, l'ail et le bouillon de poulet à feu moyen, en remuant de temps à autre, environ 20 minutes ou jusqu'à ce que la pomme de terre soit tendre et que le bouillon soit absorbé.

2 Dans un bol, battre les œufs, les blancs d'œufs, le lait, le persil, la moutarde, le sel et le poivre. Ajouter le mélange à base de pomme de terre et mélanger en remuant délicatement.

3 Nettoyer la poêle. Verser l'huile et chauffer à feu moyen. Verser le mélange à base d'œufs et cuire 2 minutes ou jusqu'à ce que le fond de la préparation soit pris. Garnir le dessus de fromage.

4 Cuire au four à 180 °C (350 °F) jusqu'à ce que la préparation ait gonflé légèrement, soit environ 10 minutes. Allumer le grilloir et chauffer 2 minutes. Passer un couteau le long des bords de la poêle. Couper en pointes et servir. Ou bien, renverser dans une assiette en secouant délicatement pour détacher.

Donne 2 portions.

Tortilla espagnole au saumon fumé, à la pomme de terre et aux oignons

Ajouter 60 g (2 oz) de saumon fumé haché grossièrement. Remplacer le persil par l'aneth frais (si on en trouve).

Du beurre ou de la margarine ?

Une des questions qu'on pose le plus souvent en nutrition est :« Qu'est-ce qui est meilleur pour la santé, la margarine ou le beurre ? » La réponse, c'est qu'au quotidien une margarine molle de très bonne qualité constitue le meilleur choix. Pourquoi ? Parce que les matières grasses contenues dans une margarine molle de très haute qualité sont surtout insaturées tandis que le gras du beurre est essentiellement saturé. Étant donné que le problème de santé numéro un au Canada, soit les maladies cardiaques, est associé à un régime riche en gras saturés, toute démarche visant une réduction de la consommation des gras saturés est valable. Cependant, même si la margarine est meilleure que le beurre, on devrait quand même en consommer avec modération.

Conseils nutritionnels : Le choix d'une margarine

◆ Recherchez une margarine emballée dans un contenant de plastique, et non sous forme de brique ou de bâton.

◆ Lisez la liste des ingrédients. Évitez les margarines à base d'huile végétale hydrogénée ou partiellement hydrogénée.

◆ Recherchez l'information nutritionnelle sur l'étiquette. Aucune information n'apparaît ? N'achetez pas le produit.

◆ Une portion de 10 g (2 c. à thé) de margarine entière devrait contenir :

  • 6 grammes ou davantage de gras polyinsaturés et de gras monoinsaturés

  • 1,4 gramme ou moins de gras saturés

APPORT NUTRITIONNEL PAR PORTION DE 10 G (2 C. À THÉ) D'UNE MARGARINE DE QUALITÉ	
Énergie	73 cal ou 310 kj
Protéines	0 g
Gras	8 g
Polyinsaturés	3,3 g
Monoinsaturés	3,3 g
Saturés	1,1 g
Cholestérol	0 mg
Glucides	0,1 g

◆ Une portion de margarine légère hypocalorique devrait contenir :

  • 3 grammes ou davantage de gras polyinsaturés et de gras monoinsaturés

  • 0,7 gramme ou moins de gras saturés

◆ Ne vous laissez pas effrayer par la présence de certains gras saturés comme l'huile de palme ou de palmiste dans la liste des ingrédients. Ces matières grasses dures permettent de transformer l'huile en un produit solide et tartinable. La quantité de gras saturés indiquée comptabilise ce type de gras. Si les valeurs données pour les gras saturés sont conformes aux lignes directrices données ici, cette margarine est tout à fait acceptable !

Gratin d'asperges et de champignons

APPORT NUTRITIONNEL PAR PORTION	
calories	144
protéines	11 g
gras total	6 g
gras saturés	2 g
cholestérol	85 mg
glucides	13 g
fibres alimentaires	2 g
sodium	247 mg

AQR : Vit. A 9 %, D 15 %, E 5 %, C 12 %, acide folique 35 %, Ca 19 % (212 mg), fer 11 %, zinc 11 %.

~ ON PREND DE L'AVANCE ~

On peut préparer cette recette à l'avance jusqu'à la première étape inclusivement. Enveloppées dans de l'essuie-tout, les asperges se conservent 1 journée au réfrigérateur.

1/4	13/4	1/4	1/4

Portions du *Guide alimentaire canadien*

Ce gratin est aussi bon qu'une quiche et pourtant beaucoup plus faible en matières grasses. Servez accompagné d'une Salade de carotte et de radicchio (page 48) ou une Salade végétarienne à la thaïlandaise (page 53) et d'un Pain aux figues et au fromage cottage (page 278) et d'une Bagatelle de fruits frais, de granola et de yogourt (page ci-contre).

500 g	asperges	1 lb
10 ml	beurre	2 c. à thé
2	oignons hachés	2
1,5 l	champignons coupés en tranches épaisses, soit environ 500 g (1 lb)	6 tasses
75 ml	farine tout usage	1/3 tasse
3	œufs	3
375 ml	lait à 1 ou à 2 %	1 1/2 tasse
5 ml	moutarde de Dijon	1 c. à thé
2 ml	sel	1/2 c. à thé
pincée	de chacun : piment de Cayenne et muscade moulue	pincée
250 ml	fromage suisse ou danbo allégé, râpé	1 tasse

1 Casser l'extrémité rigide des asperges. Couper les tiges en morceaux de 2,5 cm (1 po). Cuire les asperges à l'eau bouillante dans une casserole jusqu'à ce qu'elles soient tendres mais encore croquantes, soit environ 3 minutes. Égoutter et refroidir à l'eau froide. Éponger et réserver.

2 Faire fondre le beurre à feu mi-vif dans une poêle antiadhésive. Y cuire les oignons, en remuant de temps à autre, 5 minutes. Ajouter les champignons et cuire en remuant souvent jusqu'à ce qu'ils soient dorés, soit environ 8 minutes. Saupoudrer de farine. Cuire en remuant 1 minute. Retirer du feu.

3 Battre les œufs légèrement dans un grand bol. Incorporer au fouet le lait, la moutarde, le sel, le piment de Cayenne et la muscade. Ajouter le mélange à base d'oignons, les asperges et la moitié du fromage. Verser dans un plat graissé allant au four d'une capacité de 2 l (11 po sur 7 po) en aplanissant la surface. Garnir du fromage restant. Cuire au four à 180 °C (350 °F) 45 à 55 minutes ou jusqu'à ce que la préparation soit prise. Faire gratiner 2 minutes.

Donne 8 portions.

Bagatelle de fruits frais, de granola et de yogourt

3/4   1   1/2

Portions du *Guide alimentaire canadien*

C'est Daphna Rabinovitch, directrice adjointe de la section alimentation de la revue
Canadian Living, qui a mis au point ce plat, parfait pour un brunch ou un petit
déjeuner spécial. Elle marie à merveille la mangue, les ananas frais, les kiwis, les
raisins et les fraises. Utilisez des fruits frais quand ils sont de saison et servez dans
le cadre d'un buffet, comme plat de résistance ou à la fin d'un repas.

1	orange	1
500 ml	granolas faibles en matières grasses	2 tasses
750 ml	yogourt nature à 2 %	3 tasses
75 ml	sucre granulé	1/3 tasse
75 ml	cerises séchées (facultatif)	1/3 tasse
1 l	fruits frais*	4 tasses

1 Râper le zeste de l'orange. Peler l'orange à vif et la défaire en quartiers ; réserver.

2 Mettre les granolas dans un bol de service en verre d'une capacité de 2 l (8 tasses). Mélanger le yogourt, le sucre et le zeste d'orange râpé ; réserver 125 ml (1/2 tasse). Mettre le reste de mélange à base de yogourt sur les granolas. Parsemer de quelques cerises séchées (si on en utilise). Couvrir et garder au réfrigérateur 1 heure.

3 Au moment de servir, déposer les fruits frais sur le dessus. Arroser du reste de yogourt réservé.

Donne 8 portions.

* Utiliser 125 ml (1/2 tasse) de mangue pelée coupée en tranches, 250 ml (1 tasse) d'ananas frais coupé en cubes, 2 kiwis pelés, coupés en deux puis tranchés, 250 ml (1 tasse) de raisins sans pépins coupés en deux, 175 ml (3/4 tasse) de fraises tranchées et 1 orange défaite en quartiers.

Faire son propre granola

Dans un grand bol, mélanger 1,25 l (5 tasses) de flocons d'avoine à cuisson rapide, 250 ml (1 tasse) de son de blé, 125 ml (1/2 tasse) de germe de blé rôti et 50 ml (1/4 tasse) de chacun des ingrédients suivants : amandes hachées, graines de sésame et graines de tournesol. Incorporer 175 ml (3/4 tasse) de miel liquide. Étendre le mélange sur deux plaques à biscuits légèrement graissées ; former de petits amas par pression. Cuire au four à 150 °C (300 °F) pendant 20 minutes ou jusqu'à ce que les granolas soient dorés, en remuant souvent afin de faire dorer uniformément. Incorporer 375 ml (1 1/2 tasse) de raisins secs. Laisser refroidir complètement puis mettre dans des bocaux fermés hermétiquement. Donne 2,25 l (9 tasses).

APPORT NUTRITIONNEL PAR PORTION	
calories	237
protéines	8 g
gras total	3 g
gras saturés	1 g
cholestérol	4 mg
glucides	45 g
fibres alimentaires	4 g
sodium	111 mg

AQR : Vit. A 6 %, E 6 %, C 73 %, acide folique 10 %, Ca 19 % (211 mg), fer 8 %, zinc 9 %.

~ ON PREND DE L'AVANCE ~

Dans un contenant fermé, la préparation de fruits se garde 1 journée au réfrigérateur. On peut aussi préparer cette recette à l'avance jusqu'à la deuxième étape inclusivement. Dans un contenant fermé, la préparation se garde 4 heures au réfrigérateur.

Augmentez votre consommation de fibres alimentaires

Les fibres alimentaires et les matières grasses sont les éléments nutritifs qui affectent le plus notre santé. Cependant, si les matières grasses y jouent un rôle négatif, les fibres alimentaires, elles, sont salutaires. Les aliments riches en fibres sont les légumineuses (haricots, pois et lentilles), les céréales entières, les légumes et les fruits.

Voici cinq bonnes raisons d'augmenter votre consommation de fibres.

♦ Les fibres préviennent la constipation mais peuvent aussi soulager la diarrhée.

♦ Les fibres sont un élément clef du traitement de la diverticulose, du syndrome du côlon irritable et des hémorroïdes.

♦ Les fibres réduisent les taux de cholestérol sanguin.

♦ Les fibres aident à maîtriser la glycémie chez les personnes diabétiques en ralentissant l'absorption du glucose et en réduisant les besoins en insuline.

♦ Les fibres sont susceptibles de réduire les risques de cancer du côlon.

Différents types de fibres... effets différents

Il existe deux types de fibres alimentaires : les fibres solubles et les fibres insolubles. La plupart des aliments renfermant des fibres contiennent des fibres des deux types, mais certains types d'aliments sont particulièrement riches en un type ou l'autre. Dans certaines circonstances, vous aurez intérêt à privilégier une sorte de fibres plutôt que l'autre. Ainsi, si vous êtes diabétique ou si votre taux de cholestérol sanguin est trop élevé, vous tirerez un meilleur profit des fibres solubles, tandis que si vous souffrez de troubles gastro-intestinaux tels que la constipation, les hémorroïdes et la diverticulose, ce sont les fibres insolubles qui vous apporteront du soulagement.

Conseils nutritionnels : Les fibres alimentaires

♦ En augmentant votre consommation de fibres, buvez davantage. Le liquide améliore l'efficacité des fibres insolubles.

♦ Quand on augmente sa consommation de fibres, il est courant de souffrir de gaz et de ballonnements. Pour atténuer cette réaction, allez-y progressivement. Si les gaz intestinaux deviennent un problème chronique, suivez les conseils donnés à la page 143.

La consommation souhaitable de fibres

Efforcez-vous d'aller chercher tous les jours 25 à 35 grammes de fibres en consommant du son, des pains de blé entier, des céréales complètes, des légumineuses (haricots, pois et lentilles), des fruits et des légumes.

Les principales sources de fibres insolubles

son de blé

pains, bagels, pitas et tortillas de farine entière

céréales, pâtes et riz complets

fruits et légumes

légumineuses (haricots, pois et lentilles)

céréales contenant du psyllium

Les principales sources de fibres solubles

son et flocons d'avoine

orge

toutes les légumineuses : haricots, pois et lentilles

céréales contenant du psyllium

fruits et légumes

Aliments riches en fibres

Céréales	fibres (g)
250 ml (1 tasse) de céréales cuites	
son d'avoine	4,9
flocons d'avoine	3,0
1 portion de céréales pour le petit déjeuner	
son d'avoine, 175 ml (3/4 tasse)	4,0
flocons de son 175 ml (3/4 tasse)	5,0
All-Bran, 125 ml (1/2 tasse)	11,8
Son de blé naturel, 25 ml (2 c. à table)	3,3

Pain

1 tranche de pain de blé entier	2,0
Pâtes ou riz, cuit, 250 ml (1 tasse)	
pâtes de blé entier	4,8
riz entier	3,5

Légumineuses cuites

haricots au four, 125 ml (1/2 tasse)	10,3
lentilles cuites, 125 ml (1/2 tasse)	4,4

Fruits et légumes

1 fruit ou 1 légume ou 125 ml (1/2 tasse)

plupart des fruits et légumes (en moyenne)	2,0
fruits et légumes exceptionnellement riches en fibres	
pois	4,7
maïs en conserve	2,3
raisins secs	3,2
pomme avec la peau	2,6
orange	2,4
poire	5,1
fraises (8)	2,6

Focaccia au poivron rouge rôti et au maquereau fumé

2 1/2   **3/4**   **1/2**

Portions du *Guide alimentaire canadien*

J'adore servir ces sandwiches en fin de semaine ou en guise de souper rapide. Vous pouvez acheter la focaccia et la couper en portions ou bien la faire vous-même. On trouve du maquereau fumé dans la section des produits réfrigérés de nombreux supermarchés. On peut aussi prendre de la truite fumée, du saumon fumé ou des sardines fumées.
Voir photo page 245.

<table>
<tr><td></td><td>Focaccia (page 280) ou 12 tranches de pain entier</td><td></td></tr>
<tr><td>75 ml</td><td>Fromage de yogourt aux fines herbes (page 28), tzatziki ou fromage à la crème allégé ramolli</td><td>1/3 tasse</td></tr>
<tr><td>6</td><td>grandes feuilles de laitue</td><td>6</td></tr>
<tr><td>6</td><td>grandes feuilles de radicchio</td><td>6</td></tr>
<tr><td>1</td><td>de chacun : poivron rouge et oignon grillés (page 177)</td><td>1</td></tr>
<tr><td>175 g</td><td>maquereau fumé défait en flocons</td><td>6 oz</td></tr>
</table>

1 Couper la focaccia en six portions. Couper chaque portion en deux selon l'horizontale. Tartiner uniformément chaque moitié de fromage de yogourt aux fines herbes.

2 Mettre une feuille de laitue et du radicchio sur la moitié inférieure de chaque portion. Couper le poivron en lanières, défaire l'oignon en rondelles. Mettre ces légumes sur la laitue. Répartir le maquereau uniformément sur les légumes. Terminer le sandwich en déposant sur le tout la moitié supérieure de la focaccia.

Donne 6 portions.

Focaccia végétarienne

Tartiner la focaccia de Pesto (page 94). Remplacer le maquereau par de l'aubergine grillée.

APPORT NUTRITIONNEL PAR PORTION	
calories	333
protéines	15 g
gras total	10 g
gras saturés	2 g
cholestérol	28 mg
glucides	45 g
fibres alimentaires	4 g
sodium	763 mg

AQR : Vit. A 8 %, D 45 %, E 14 %, C 97 %, acide folique 21 %, Ca 9 % (101 mg), fer 23 %, zinc 14 %.

D'OÙ VIENT CE GRAS

Il vaut la peine de voir d'où proviennent les matières grasses dans ces sandwiches. Six grammes (principalement de l'huile d'olive) proviennent de la focaccia et 4 grammes du maquereau fumé. Le gras du maquereau est riche en acides gras oméga-3 susceptibles de réduire les risques de maladies cardiaques. On peut utiliser du fromage à la crème allégé au lieu du Fromage de yogourt aux fines herbes ; cependant, on ajoute ainsi 4 grammes de matières grasses.

Focaccia à l'avocat et au fromage

2 1/2   3/4   1/2

Portions du *Guide alimentaire canadien*

Proposez des sandwiches de focaccia à l'occasion d'un repas pris au bord de la piscine, d'un pique-nique à la plage, d'une collation après le golf ou d'un goûter avant d'aller au théâtre. Vous pouvez faire votre propre focaccia ou l'acheter. On peut garnir les sandwiches de crevettes à salade, de tranches de concombre, d'aubergine ou de courgette rôtie.

	Focaccia (page 280) ou 12 tranches de pain entier	
25 ml	de chacune : crème sure à 1 % et mayonnaise allégée	2 c. à table
6	grandes feuilles de laitue Boston	6
2	petits avocats* de 175 g (6 oz) chacun, pelés et tranchés finement	2
6	fines tranches de Danbo allégé (9 %), de provolone ou de jarlsberg (175 g)	6
1	grosse tomate tranchée grillée ou oignon grillé (page 177)	1

1 Découper la focaccia en 6 portions et couper chaque portion en deux selon l'horizontale. Mélanger la crème sure à la mayonnaise et en tartiner chaque moitié de focaccia.

2 Garnir la moitié inférieure des sandwiches d'une feuille de laitue. Garnir d'avocat, de fromage et de tomate. Recouvrir de la moitié supérieure de la focaccia.

Donne 6 portions.

* Possibilité de substitution : Remplacer le fromage et l'avocat par des champignons portobellos grillés (page 175), des aubergines ou des courgettes grillées (page 177).

Allégez vos brunches

Choisissez

Bagel
(9 cm / 3 1/2 po de diamètre)
200 calories,
2 g de gras

Gratin d'asperges et de champignons
(page 256)
160 calories,
8 g de gras

Bruschetta aux champignons (page 29)
60 calories, 3 g de gras

Strata de saumon et d'épinards (page 253)
235 calories,
9 g de gras

Trempette à base de yogourt
(25 ml/2 c. à table)
20 calories,
2 g de gras

Plutôt que

Croissant
235 calories
12 g de gras

Quiche lorraine
(1/8 de tarte de
20 cm / 8 po)
600 calories, 8 g de gras

Brie (30 g/1 oz)
95 calories, 8 g de gras

Œufs à la bénédictine
495 calories,
40 g de gras

Trempette à base de mayonnaise
(25 ml/2 c. à table)
162 calories,
18 g de gras

Salade de fruits de mer

1/4   1

Portions du *Guide alimentaire canadien*

Servez cette salade sur des bagels ou de la focaccia (page 280), dans des moitiés de pita ou des roulades de tortilla, ou utilisez-la comme garniture à sandwiches. hors-d'œuvre, farcissez-en des Tartelettes de pâte phyllo (page 15). Pour un repas spécial, mettez-en sur des légumes verts feuillus et garnissez de quartiers d'avocat et de tranches de mangue.

~ ON PREND DE L'AVANCE ~

Dans un contenant fermé, la préparation se conserve 1 journée au réfrigérateur.

~ CONSEIL NUTRITIONNEL ~

Les bagels, tout comme le pain, sont faibles en matières grasses et équivalent au pain sur le plan nutritionnel. Cependant, le bagel moyen de 10 cm (4 po) pèse environ 125 g (4 oz), ce qui équivaut à 4 tranches de pain.

250 g	pétoncles (de baie ou géants)	8 oz
175 ml	chair de crabe (200 g) hachée	3/4 tasse
250 ml	crevettes à salade cuites, soit 175 g (6 oz), hachées grossièrement	1 tasse
150 ml	Sauce au yogourt et au persil (page 65)	2/3 tasse
125 ml	céleri haché finement	1/2 tasse
50 ml	aneth frais haché	1/4 tasse
50 ml	oignons verts hachés	3 c. à table
25 ml	câpres égouttées	2 c. à table

1 Couper les pétoncles s'ils sont gros et les mettre dans un bol allant au micro-ondes. Cuire à découvert à intensité élevée 2 minutes puis 1 1/2 minute à intensité moyenne, en remuant après chaque minute. Égoutter en réservant le liquide. Exprimer tout liquide pouvant être contenu dans la chair de crabe.

2 Dans un bol, mélanger délicatement les pétoncles, le crabe, les crevettes, la sauce au yogourt, le céleri, l'aneth, les oignons et les câpres. Verser le liquide des pétoncles si nécessaire pour humecter.

Donne 6 portions d'environ 150 ml (2/3 tasse).

Élever des adolescents en santé

Quand les enfants deviennent adolescents, l'influence des parents sur les habitudes alimentaires diminue. Comme pour les autres attitudes, croyances et comportements, l'alimentation de l'adolescent est dorénavant surtout influencée par les pairs.

Devant les changements d'habitudes alimentaires, parfois bizarres, de leurs enfants, bien des parents se demandent comment distinguer un comportement qui n'est que l'expression d'une manifestation d'indépendance des habitudes qui révèlent un trouble de l'alimentation plus sérieux.

Nous avons constaté qu'en ce qui concerne les habitudes alimentaires modernes, bien des personnes, adultes comme enfants, ont perdu de vue ce qui constitue l'essence d'une alimentation normale et naturelle. De nombreuses habitudes alimentaires propres à l'adolescence (multiplication des collations, oubli du petit déjeuner ou goût trop prononcé pour les grignotines) ne sont pas en soi des motifs d'inquiétude.

Comportements alimentaires sains :

♦ apprécier la nourriture et le fait de manger, parfois avec passion, sans se sentir coupable ;

♦ manger régulièrement ;

♦ être prêt à goûter à de nouveaux aliments, mais se sentir à l'aise également de les repousser ;

♦ manger quand on a faim et s'arrêter une fois rassasié ;

♦ suivre de façon générale les principes de base d'une alimentation saine.

Les signes de troubles de la nutrition

Les troubles de la nutrition, tels que la boulimie et l'anorexie, sont des distorsions de la fonction alimentaire sur fond de difficultés émotionnelles. Si vous pensez que votre enfant souffre d'un trouble de la nutrition, n'hésitez pas à aller chercher de l'aide professionnelle.

Inquiétez-vous si vous voyez qu'un adolescent présente les signes suivants :

♦ préoccupation par rapport à son poids

♦ sensation d'être « gros » alors qu'il ne l'est manifestement pas

♦ préoccupation reliée aux aliments, aux calories, au fait de manger, rites reliés aux repas

♦ le fait de cacher des aliments

♦ obsession reliée à l'exercice physique

♦ périodes de jeûne suivies de phases de rages d'aliments riches en calories

♦ négation de la faim

♦ vomissements provoqués (l'adolescente se rend aux toilettes après le repas)

♦ usage avéré de laxatifs, de diurétiques ou de « pilules pour maigrir »

♦ sentiments de culpabilité ou de honte devant le fait de manger

♦ faible estime de soi, sentiment d'inaptitude chez un adolescent par ailleurs compétent et performant

♦ fatigue chronique, irritabilité et dépression

♦ se plaint d'avoir froid, d'avoir des ballonnements

Roulades de pita au poivron rouge, à l'oignon et au hommos

11/4   11/2   11/4

Portions du *Guide alimentaire canadien*

Cette combinaison est particulièrement savoureuse et colorée. Les aubergines et courgettes grillées (page 177) seraient des ajouts heureux. On peut remplacer les pitas par des tortillas.

3	pitas de 23 cm (9 po) de diamètre	3
750 ml	Hommos piquant (page 17)	3 tasses
375 ml	oignon rouge tranché finement	1 1/2 tasse
6	feuilles de laitue déchiquetées	6
6	feuilles de radicchio déchiquetées	6
2	poivrons rouges rôtis (page 39) tranchés finement	2
12	olives noires dénoyautées et tranchées	12
125 ml	feuilles de coriandre fraîche entières	1/2 tasse
25 ml	piment banane mariné haché (facultatif)	2 c. à table

1 Séparer les pitas en deux de manière à obtenir deux ronds. Tartiner uniformément toute la surface de hommos.

2 En rangées successives et en partant du centre, disposer uniformément l'oignon, la laitue, le radicchio, le poivron rouge, les olives, la coriandre et le piment fort (si on en utilise). Rouler serré, et couper en deux selon la diagonale.

Donne 6 portions de 2 morceaux chacune.

APPORT NUTRITIONNEL PAR PORTION

calories	306
protéines	12 g
gras total	7 g
gras saturés	1 g
cholestérol	0 mg
glucides	51 g
fibres alimentaires	5 g
sodium	501 mg

AQR : Vit. A 12 %, E 7 %, C 93 %, acide folique 40 %, Ca 9 % (95 mg), fer 24 %, zinc 15 %.

~ ON PREND DE L'AVANCE ~

On peut préparer cette recette à l'avance jusqu'à la deuxième étape inclusivement. Enveloppées dans un sac de plastique, les roulades se gardent 3 heures au réfrigérateur.

~ CUISINER ET MANGER MOINS GRAS ~

Prenez du pain ordinaire pour vos sandwiches. Un croissant contient jusqu'à 15 grammes de matières grasses.

Roulades de pita au thon et aux légumes

APPORT NUTRITIONNEL PAR PORTION

calories	200
protéines	15 g
gras total	1 g
gras saturés	traces
cholestérol	10 mg
glucides	32 g
fibres alimentaires	3 g
sodium	417 mg

AQR : Vit. A 19 %, E 4 %, C 115 %, acide folique 26 %, Ca 15 % (169 mg), fer 17 %, zinc 14 %.

~ ON PREND DE L'AVANCE ~

On peut préparer cette recette à l'avance jusqu'à la deuxième étape inclusivement. Enveloppées dans un sac de plastique, les roulades se gardent 3 heures au réfrigérateur.

1 1/4   1 1/2   1/4   1/2

Portions du *Guide alimentaire canadien*

Colorées et croquantes, ces roulades sont parfaites pour le casse-croûte, le pique-nique ou une fête d'enfants. Vous pouvez placer les garnitures sur la table et laisser les enfants composer eux-mêmes leurs roulades. Vous pouvez prendre également de grandes tortillas de blé au lieu des pitas. Faites cuire quelques légumes de trop la veille et gardez-en en prévision d'une roulade de pita ou de tortilla. Variez les garnitures de manière à tenir compte de vos goûts et en fonction de ce que vous avez sous la main. Ne vous en faites pas si vous n'avez pas de pois mange-tout; vous pouvez les remplacer par des asperges ou des haricots verts ou tout simplement les omettre. Voir photo page 244.

125 g	pois mange-tout, soit 250 ml (1 tasse)	4 oz
3	pains pita de 23 cm (9 po)	3
175 ml	tzatziki ou Fromage de yogourt aux fines herbes (page 28)	3/4 tasse
6	feuilles de laitue ordinaire ou Boston, déchiquetées	6
1	gros poivron rouge ou jaune, frais ou rôti, tranché finement	1
1/2	petit bulbe de fenouil, tranché très finement, ou 3 branches de céleri coupées en deux et en lanières	1/2
1	betterave de taille moyenne ou 2 carottes pelées et râpées	1
125 ml	oignon rouge tranché finement	1/2 tasse
15 ml	câpres égouttées (facultatif)	1 c. à table
75 ml	basilic frais haché bien tassé	1/3 tasse
1	boîte de thon conservé dans l'eau, égoutté	1

1 Enlever les extrémités et les fils des pois mange-tout. Cuire à l'eau bouillante dans une casserole ou au micro-ondes dans 25 ml (2 c. à table) d'eau, à couvert et à intensité élevée 2 minutes. Égoutter et refroidir. Trancher finement dans le sens de la longueur.

2 Séparer les pitas en deux de manière à obtenir deux ronds. Tartiner les surfaces de tzatziki. En rangées successives en partant du centre, disposer uniformément la laitue, le poivron rouge, le fenouil, la betterave, les pois mange-tout, l'oignon, les câpres (si on en utilise), le basilic et le thon. Rouler serré puis couper en deux selon la diagonale.

Donne 6 portions de 2 morceaux chacune.

Calzones aux épinards et aux champignons

13/4   3/4   1/4

Portions du *Guide alimentaire canadien*

La combinaison de champignons, d'épinards et de fromage est délicieuse dans cette pizza en poche. Le calzone n'est pas difficile à faire, et vous pouvez gagner du temps en prenant de la pâte à pizza surgelée.

10 ml	huile végétale	2 c. à thé
750 ml	champignons en tranches épaisses	3 tasses
3	gousses d'ail émincées	3
1	œuf	1
1	paquet de 300 g (10 oz) d'épinards surgelés hachés, décongelés	1
250 ml	ricotta ou cottage	1 tasse
2 ml	sel	1/2 c. à thé
1 ml	de chacun : thym, marjolaine et poivre	1/4 c. à thé
500 g	pâte à pizza (décongelée si surgelée)	1 lb
125 ml	mozzarella partiellement écrémée râpée	1/2 tasse

1 Chauffer l'huile à feu moyen dans une poêle antiadhésive. Y cuire les champignons en remuant 3 minutes. Ajouter l'ail. Cuire jusqu'à ce que les champignons soient dorés et tendres. Laisser refroidir un peu.

2 Battre l'œuf dans un bol. Exprimer l'humidité des épinards puis les mettre dans le bol avec la ricotta, le sel, le thym, la marjolaine, le poivre et les champignons. Bien mélanger.

3 Partager la pâte à pizza en deux. Sur une surface légèrement farinée, abaisser une moitié de pâte de manière à obtenir un cercle de 38 cm (15 po). Mettre sur une plaque à biscuits légèrement graissée. Y étendre la moitié du mélange à base de champignons en prévoyant une marge de 1 cm (1/2 po). Y mettre la moitié du fromage. Mouiller les bords de la pâte d'eau. Rabattre sur la garniture et exercer une pression sur les bords afin de bien sceller. Reprendre ces étapes avec le reste de la pâte.

4 Cuire au four à 230 ºC (450 ºF) 10 minutes. Réduire le feu à 180 ºC (350 ºF) et prolonger la cuisson 10 à 15 minutes ou jusqu'à ce que la pâte des calzones soit dorée et ferme. Laisser reposer 5 minutes. Pour servir, couper en pointes.

Donne 2 calzones de 4 portions chacun.

Œufs brouillés et saumon fumé sur focaccia

~ ON PREND DE L'AVANCE ~

On peut préparer cette recette jusqu'à la troisième étape inclusivement 1 heure à l'avance.

4   2   3   1

Portions du *Guide alimentaire canadien*

Mon amie Suzanne Kopas nous a servi ce magnifique plat lors d'un week-end passé à son chalet à la baie Georgienne, en Ontario. Vous pouvez faire votre propre focaccia (page 280) ou en acheter une d'environ 2 cm (3/4 po) d'épaisseur et de 25 à 30 cm (10 à 12 po) de diamètre.

250 ml	crème sure sans matières grasses	1 tasse
75 ml	oignons verts hachés finement	1/3 tasse
10 ml	moutarde de Dijon	2 c. à thé
	Focaccia (page 280) ou focaccia ronde de 30 cm (12 po) de diamètre	
8	œufs	8
4	blancs d'œufs	4
75 ml	lait à 1 ou à 2 %	1/3 tasse
5 ml	sel	1 c. à thé
2 ml	poivre	1/2 c. à thé
10 ml	beurre	2 c. à thé
125 g	saumon fumé tranché finement, haché grossièrement (ou en bouchées)	4 oz
25 ml	persil ou aneth frais haché	2 c. à table

1 Dans un petit bol, mélanger la crème sure, les oignons verts et la moutarde. Réserver.

2 Mettre la focaccia 10 minutes au four à 180 °C (350 °F).

3 Dans un bol, battre ensemble au fouet les œufs, les blancs d'œufs, le lait, le sel et le poivre.

4 Chauffer le beurre à feu mi-vif dans une grande poêle antiadhésive. Y mettre les œufs et cuire en remuant pour les brouiller.

5 Étendre le mélange à base de crème sure sur la focaccia chaude, puis mettre l'œuf brouillé. Garnir de saumon fumé, parsemer de persil ou d'aneth. Servir chaud ou à température ambiante, coupé en pointes.

Donne 8 portions.

Petit déjeuner de fin de semaine ou brunch
Panaché au jus de canneberges*
Assiette de fruits frais
Œufs brouillés et saumon fumé sur focaccia
* Mélanger à parts égales de l'eau gazéifiée (Soda water) et du jus de canneberges. Garnir d'une tranche d'orange.

Les pâtisseries, les pains et les gâteaux

NOTES SUR LA NUTRITION

Muffins à la citrouille et à l'orange

1   1

Portions du *Guide alimentaire canadien*

Délicieux au petit déjeuner ou comme collation, ces muffins se prêtent bien à la congélation. Réchauffés en quelques secondes au micro-ondes, ils gardent leur goût de pâtisserie fraîchement sortie du four.

325 ml	farine de blé entier	11/3 tasse
175 ml	son d'avoine	3/4 tasse
10 ml	de chacune : levure chimique et cannelle	2 c. à thé
2 ml	de chacun : bicarbonate de sodium, muscade, gingembre moulu et sel	1/2 c. à thé
250 ml	raisins secs	1 tasse
1	œuf et 1 blanc d'œuf	1
250 ml	citrouille en purée ou cuite en conserve	1 tasse
125 ml	sirop de maïs	1/2 tasse
	zeste râpé d'une orange de taille moyenne	
125 ml	jus d'orange fraîchement pressé	1/2 tasse
50 ml	huile végétale	1/4 tasse

Streusel (garniture croquante)

50 ml	sucre granulé	1/4 tasse
5 ml	cannelle	1 c. à thé
20 ml	jus d'orange fraîchement pressé	4 c. à thé

~ ON PREND DE L'AVANCE ~

Dans un contenant hermétique, les muffins se conservent 2 jours au réfrigérateur ou 1 mois au congélateur.

~ CUISINER ET MANGER MOINS GRAS ~

Les purées de fruits et de légumes, comme la purée de citrouille, de banane ou la compote de pommes, permettent de faire des pâtisseries tendres et savoureuses, et moins grasses.

~ CONSEIL NUTRITIONNEL ~

Tout comme les légumes et les fruits, les produits céréaliers, c'est-à-dire le pain, les muffins, les céréales pour petit déjeuner, le riz et les pâtes alimentaires, sont une bénédiction pour les personnes qui souhaitent réduire leur consommation de matières grasses, à condition de ne pas les manger avec des ingrédients gras comme du beurre, des sauces à la crème ou des saucisses riches en matières grasses.

1   Graisser légèrement des moules à muffins antiadhésifs ou les vaporiser d'un enduit anticollant. Dans un grand bol, mélanger la farine, le son, la levure chimique, la cannelle, le bicarbonate de sodium, la muscade, le gingembre, le sel et les raisins secs.

2   Dans un autre bol, battre légèrement l'œuf et le blanc d'œuf. Incorporer au fouet la purée de citrouille, le sirop de maïs, le zeste et le jus d'orange ainsi que l'huile. Verser sur le mélange à base de farine et remuer juste assez pour humecter, en prenant soin de ne pas trop mélanger. Déposer à la cuillère dans les moules préparés.

3   Préparation du *streusel* : Dans un petit bol, mélanger le sucre et la cannelle. Incorporer le jus d'orange et remuer jusqu'à l'obtention d'une préparation homogène. Parsemer les muffins de streusel. Cuire au four à 200 °C (400 °F) 20 minutes ou jusqu'à ce que le dessus des muffins soit ferme au toucher.

Donne 12 muffins.

Muffins aux bleuets et au son d'avoine

~ ON PREND DE L'AVANCE ~

Dans un contenant hermétique, les muffins se conservent 2 jours au réfrigérateur ou 1 mois au congélateur.

~ CONSEIL CULINAIRE ~

Pour réchauffer des muffins congelés, les envelopper dans un essuie-tout et chauffer au four à micro-ondes à intensité élevée 30 à 40 secondes.

~ CONSEIL NUTRITIONNEL ~

La farine de blé entier, le son d'avoine, le germe de blé et les bleuets enrichissent les muffins de fibres alimentaires. Le germe de blé est également l'une des meilleures sources de vitamine E.

1   1/4

Portions du *Guide alimentaire canadien*

Ces muffins savoureux regorgent d'éléments nutritifs. Le germe de blé est une des meilleures sources de vitamine E qui soit. Nous avons ici les deux types de fibres alimentaires: l'avoine apporte les fibres solubles qui contribuent à abaisser les taux de cholestérol et le blé contient des fibres insolubles, susceptibles de réduire les risques de cancer du côlon et favorisant la régularité.

250 ml	de chacun : son d'avoine et son de blé entier	1 tasse
175 ml	germe de blé	3/4 tasse
125 ml	cassonade bien tassée	1/2 tasse
10 ml	levure chimique	2 c. à thé
5 ml	bicarbonate de sodium	1 c. à thé
1 ml	sel	1/4 c. à thé
375 ml	bleuets	1 1/2 tasse
	zeste râpé d'un citron de taille moyenne	
2	œufs	2
375 ml	babeurre* ou lait sur	1 1/2 tasse
50 ml	huile végétale	3 c. à table

1 Graisser légèrement des moules à muffins antiadhésifs ou les vaporiser d'un enduit anticollant.

2 Dans un grand bol, mélanger le son d'avoine, la farine de blé entier, le germe de blé, la cassonade, la levure chimique, le bicarbonate de sodium, le sel, les bleuets et le zeste de citron.

3 Battre légèrement les œufs dans un autre bol. Y incorporer le babeurre et l'huile. Verser sur les ingrédients secs et remuer juste assez pour humecter.

4 Déposer la pâte à la cuillère dans les moules préparés. Cuire au four à 200 ºC (400 ºF) 20 minutes ou jusqu'à ce que le dessus soit ferme au toucher.

Donne 12 muffins.

* Possibilité de substitution : Remplacer le babeurre par du lait sur. Mettre 15 ml (1 c. à table) de jus de citron ou de vinaigre dans une tasse à mesurer. Y verser suffisamment de lait pour obtenir 375 ml (1 1/2 tasse) de liquide. Laisser reposer 10 minutes puis remuer.

Muffins au citron et à la courgette

1

Portion du *Guide alimentaire canadien*

La courgette râpée donne une texture moelleuse intéressante à ces muffins aromatisés au citron.

500 ml	farine tout usage	2 tasses
250 ml	courgette non pelée râpée	1 tasse
125 ml	sucre granulé	1/2 tasse
	zeste grossièrement râpé d'un gros citron	
5 ml	de chacun : levure chimique et bicarbonate de sodium	1 c. à thé
2 ml	sel	1/2 c. à thé
1	œuf	1
175 ml	babeurre ou lait sur	3/4 tasse
50 ml	huile végétale	1/4 tasse
50 ml	jus de citron fraîchement pressé	1/4 tasse

1 Graisser légèrement des moules à muffins antiadhésifs ou les vaporiser d'un enduit anticollant.

2 Dans un grand bol, mélanger la farine, la courgette, le sucre, le zeste de citron, la levure chimique, le bicarbonate de sodium et le sel.

3 Battre légèrement l'œuf dans un autre bol. Incorporer au fouet le babeurre, l'huile et le jus de citron. Verser sur le mélange de farine et remuer juste assez pour humecter en prenant soin de ne pas trop mélanger.

4 Déposer la pâte à la cuillère dans les moules préparés. Cuire au four à 190 °C (375 °F) 25 à 30 minutes ou jusqu'à ce que le dessus des muffins soit doré.

Donne 12 muffins.

* Pour faire surir du lait, mettre 10 ml (2 c. à thé) de jus de citron ou de vinaigre dans une tasse à mesurer. Y verser suffisamment de lait pour obtenir 175 ml (3/4 tasse) de liquide. Laisser reposer 5 minutes puis remuer.

APPORT NUTRITIONNEL PAR MUFFIN	
calories	164
protéines	3 g
gras total	5 g
gras saturés	1 g
cholestérol	18 mg
glucides	26 g
fibres alimentaires	1 g
sodium	237 mg

AQR : Vit. A 1 %, D 1 %, E 10 %, C 5 %, acide folique 4 %, Ca 3 % (35 mg), fer 7 %, zinc 3 %.

~ ON PREND DE L'AVANCE ~

Dans un contenant hermétique, les muffins se conservent 2 jours au réfrigérateur ou 2 mois au congélateur.

~ CUISINER ET MANGER MOINS GRAS ~

Ajoutez des fruits râpés, comme de la pomme, ou des légumes comme de la courgette ou de la carotte à vos gâteaux et pains rapides pour éviter qu'ils ne soient trop secs.

Muffins à la banane et à l'ananas glacés aux fraises

~ CONSEIL POUR LA CUISSON AU FOUR ~

Les muffins faibles en gras ont tendance à adhérer aux coupes de papier. Pour obtenir de meilleurs résultats, prendre plutôt des moules antiadhésifs légèrement graissés ou vaporisés d'un enduit anticollant.

~ DAVANTAGE DE FIBRES ~

Les aliments à base de céréales entières apportent des fibres alimentaires à votre alimentation. Mangez du pain, des bagels ou des pâtes de blé entier, du riz brun. Pour vos pains et pâtisseries, utilisez davantage de farine de blé entier.

1   1/4

Portions du *Guide alimentaire canadien*

C'est de la confiture de fraises qui forme la croûte de ces muffins nourrissants.

500 ml	farine de blé entier	2 tasses
125 ml	sucre granulé	1/2 tasse
5 ml	de chacun : levure chimique et bicarbonate de sodium	1 c. à thé
1 ml	sel	1/4 c. à thé
1	œuf	1
250 ml	banane écrasée	1 tasse
125 ml	ananas broyé non sucré, égoutté	1/2 tasse
50 ml	de chacun : huile végétale et lait	1/4 tasse
5 ml	zeste de citron ou d'orange râpé	1 c. à thé
50 ml	confiture de fraises	1/4 tasse

1 Graisser légèrement des moules à muffins ou les vaporiser d'un enduit anticollant.

2 Dans un grand bol, mélanger la farine, le sucre, la levure chimique, le bicarbonate de sodium et le sel.

3 Dans un autre bol, battre légèrement l'œuf. Incorporer la banane, l'ananas, l'huile, le lait et le zeste de citron. Verser dans le mélange à base de farine et remuer juste assez pour humecter la farine en prenant soin de ne pas trop mélanger.

4 Déposer la pâte à la cuillère dans les moules préparés puis étendre une cuillerée de confiture sur chacun des muffins. Cuire au four à 200 ºC (400 º F) 20 à 25 minutes ou jusqu'à ce que le dessus des muffins soit ferme au toucher.

Donne 12 muffins.

Gâteau au chocolat avec glaçage au chocolat et au babeurre (page 300) →

Muffins au son, aux canneberges et à l'orange

1

Portion du *Guide alimentaire canadien*

*Je fais souvent ces muffins au temps des fêtes, lorsque j'ai des canneberges
sous la main.*

250 ml	son de blé	1 tasse
175 ml	de chacune : farine de blé entier et farine tout usage	3/4 tasse
75 ml	cassonade bien tassée zeste râpé d'une orange de taille moyenne	1/3 tasse
7 ml	levure chimique	1 1/2 c. à thé
2 ml	bicarbonate de sodium	1/2 c. à thé
300 ml	canneberges (fraîches ou surgelées)	1 1/4 tasse
1	œuf	1
250 ml	babeurre ou lait sur*	1 tasse
50 ml	de chacune : huile végétale et mélasse	1/4 tasse

1 Graisser légèrement des moules à muffins ou les vaporiser d'un enduit
anticollant.

2 Dans un grand bol, mélanger le son, la farine de blé entier, la farine tout
usage, le sucre, le zeste d'orange, la levure chimique, le bicarbonate de
sodium et les canneberges.

3 Dans un autre bol, battre légèrement l'œuf. Incorporer le babeurre, l'huile
et la mélasse. Verser dans les ingrédients secs et remuer juste assez
pour les humecter.

4 Mettre la pâte dans les moules préparés. Cuire au four à 190 ºC
(375 ºF) 20 à 25 minutes ou jusqu'à ce le dessus des muffins soit
ferme au toucher.

Donne 12 muffins.

* Pour faire surir du lait, mettre 15 ml (1 c. à table) de jus de citron ou
de vinaigre dans une tasse à mesurer. Y verser suffisamment de lait
pour obtenir 250 ml (1 tasse) de liquide. Laisser reposer
5 minutes puis remuer.

**~ CUISINER ET MANGER
MOINS GRAS ~**

*Le babeurre est magnifique
dans les pâtisseries sans gras
car il permet de faire des
muffins, biscuits et pains
moelleux. Et, contrairement à ce
que son nom pourrait laisser
croire, il est faible en matières
grasses.*

~ DAVANTAGE DE FIBRES ~

*Le petit déjeuner est le moment
idéal pour aller chercher jusqu'à
un tiers des fibres alimentaires
dont nous avons besoin
quotidiennement. Profitez des
nombreuses céréales pour petit
déjeuner riches en fibres
existant sur le marché. Pour être
certain que vos céréales sont
riches en fibres alimentaires,
lisez l'information nutritionnelle
apparaissant sur la boîte.
Ajoutez aussi des fruits : raisins
secs, pruneaux, banane ou
orange.*

◄— *Salade d'agrumes au gingembre (page 309)*

Pain aux figues et au fromage cottage

~ ON PREND DE L'AVANCE ~

Bien enveloppé, le pain se conserve 1 journée à température ambiante.

~ CUISINER ET MANGER MOINS GRAS ~

Dans un pain rapide, remplacer une partie du beurre ou de l'huile par du fromage cottage réduit en purée, du yogourt ou du babeurre.

~ CONSEIL NUTRITIONNEL ~

Tartinez les rôties de confiture d'agrumes ou d'autres fruits. Vous ne vous ennuierez pas du beurre ou de la margarine.

1   3/4

Portions du *Guide alimentaire canadien*

J'ai goûté pour la première fois la combinaison de figues et d'anis dans un pain de la boulangerie Tarro de Vancouver. Ce pain facile à préparer est bon au petit déjeuner ou à l'heure du thé. On l'apprécie tout particulièrement rôti et tartiné de confiture ou de marmelade. Au lieu des figues, on peut utiliser des dattes, des pruneaux ou des abricots hachés.

500 ml	farine tout usage	2 tasses
25 ml	sucre granulé	2 c. à table
15 ml	levure chimique	1 c. à table
2 ml	sel	1/2 c. à thé
2 ml	graines d'anis (facultatif)	1/2 c. à thé
250 ml	figues séchées hachées	1 tasse
175 ml	fromage cottage à 2 %	3/4 tasse
25 ml	huile végétale	2 c. à table
1	œuf	1
1	blanc d'œuf	1
10 ml	lait	2 c. à thé

1 Dans un bol, mélanger la farine, le sucre, la levure chimique, le sel et les graines d'anis (si on en utilise). Incorporer les figues.

2 Réduire le fromage cottage en purée au robot culinaire. Incorporer l'huile, l'œuf et le blanc d'œuf. Verser sur le mélange à base de farine. Remuer jusqu'à l'obtention d'une pâte un peu collante. Façonner une boule.

3 Mettre la pâte sur une surface légèrement farinée (il se peut que la pâte soit légèrement collante). Pétrir 2 ou 3 fois ou jusqu'à ce que la pâte se tienne. Mettre sur une plaque à biscuits graissée. Abaisser en un rond de 20 cm (8 po) de diamètre. Badigeonner de lait. Cuire au four à 180 °C (350 °F) 35 minutes ou jusqu'à ce qu'une sonde à gâteau enfoncée au centre en ressorte propre. Laisser reposer 20 minutes.

Donne 16 pointes.

Pain rapide aux fruits

11/4   1/2

Portions du *Guide alimentaire canadien*

À Noël ou à Pâques on dirait que je n'ai jamais le temps de préparer un pain à la levure. Cependant, le pain que je vous propose ici me plaît tout autant, et il peut se préparer en cinq minutes seulement.

1 l	farine tout usage	4 tasses
50 ml	sucre granulé	3 c. à table
15 ml	levure chimique	1 c. à table
5 ml	bicarbonate de sodium	1 c. à thé
2 ml	sel	1/2 c. à thé
75 ml	de chacun : raisins secs, raisins de Corinthe, fruits confits assortis et figues hachées	1/3 tasse
1	œuf	1
425 ml	babeurre	1 3/4 tasse
50 ml	huile végétale zeste râpé d'une orange de taille moyenne	3 c. à table

Glaçage

125 ml	sucre à glacer	1/2 tasse
15 ml	jus d'orange fraîchement pressé	1 c. à table

1 Dans un bol, mélanger la farine, le sucre, la levure chimique, le bicarbonate de sodium et le sel. Incorporer les raisins secs, les raisins de Corinthe, les fruits confits et les figues.

2 Dans un autre bol, battre légèrement l'œuf. Incorporer au fouet le babeurre, l'huile et le zeste d'orange. Verser dans le mélange à base de farine et remuer juste assez pour mélanger.

3 Déposer la pâte sur une surface légèrement farinée. Pétrir à dix reprises ou jusqu'à ce que la pâte se tienne bien. Mettre sur une plaque à biscuits légèrement graissée et abaisser en un rond de 23 cm (9 po) de diamètre. Cuire au four à 180 ºC (350 ºF) 45 à 50 minutes ou jusqu'à ce qu'un cure-dent enfoncé au centre du pain en ressorte propre. Laisser reposer 5 minutes sur une grille.

4 Glaçage : Mélanger le sucre à glacer avec le jus d'orange et remuer jusqu'à l'obtention d'un mélange homogène. Étendre sur le pain chaud. Couper en tranches.

Donne 20 tranches.

APPORT NUTRITIONNEL PAR TRANCHE	
calories	174
protéines	4 g
gras total	3 g
gras saturés	traces
cholestérol	11 mg
glucides	34 g
fibres alimentaires	2 g
sodium	185 mg

AQR : Vit. A 1 %, D 1 %, E 5 %, C 5 %, acide folique 3 %, Ca 5 % (57 mg), fer 9 %, zinc 4 %.

~ ON PREND DE L'AVANCE ~

Bien enveloppé, le pain se conserve 1 journée à température ambiante. Enveloppé en plus dans du papier d'aluminium, le pain se garde 1 mois au congélateur.

~ CUISINER ET MANGER MOINS GRAS ~

Toute combinaison de fruits séchés donne de bons résultats dans cette recette. Si les raisins secs et les raisins de Corinthe sont très secs, les faire gonfler 10 minutes dans de l'eau bouillante puis bien les laisser égoutter. Les fruits trop secs absorberaient l'humidité du pain au lieu de lui donner du moelleux.

Focaccia

APPORT NUTRITIONNEL PAR POINTE	
calories	121
protéines	3 g
gras total	3 g
gras saturés	traces
cholestérol	traces
glucides	20 g
fibres alimentaires	1 g
sodium	251 mg

AQR : Vit. E 4 %, acide folique 5 %, Ca 1 % (11 mg), fer 8 %, zinc 5 %.

~ CONSEIL CULINAIRE ~

Vérifier la date de péremption de la levure avant de l'utiliser. Il existe différents types de levure. La présente recette a été conçue pour de la levure à action rapide qu'on met directement dans la farine (les autres types de levure doivent être dissoutes dans de l'eau chaude). S'assurer que l'eau utilisée est très chaude.

11/4

Portion du *Guide alimentaire canadien*

Chaude au sortir du four, la focaccia garnie de sel et de fines herbes est extraordinaire. Même si la focaccia est habituellement faite à partir de farine tout usage, j'aime utiliser un peu de farine de blé entier à cause de la texture et de la couleur.
Voir photo page 149.

500 ml	farine tout usage	2 tasses
125 ml	farine de blé entier	1/2 tasse
1	sachet de 8 g de levure à action rapide, 15 ml (1/2 c. à table)	1
10 ml	romarin séché émietté	2 c. à thé
5 ml	sel	1 c. à thé
250 ml	eau très chaude ou lait très chaud, soit 50 à 55 °C (120 à 130 °F)	1 tasse
25 ml	huile d'olive vierge extra	2 c. à table
5 ml	sucre granulé	1 c. à thé

Garniture

5 ml	huile d'olive vierge extra	1 c. à thé
5 ml	de chacun : assaisonnement à l'italienne et romarin séché	1 c. à thé
2 ml	gros sel	1/2 c. à thé
1 ml	poivre grossièrement moulu	1/4 c. à thé

1 Dans un grand bol, mélanger la farine tout usage, la farine de blé entier, la levure, le romarin et le sel. Mélanger l'eau, l'huile et le sel puis verser sur les ingrédients secs. À l'aide d'une cuillère de bois, remuer les ingrédients jusqu'à ce que la pâte ait la forme d'une boule.

2 Mettre la pâte sur une surface légèrement farinée. La pétrir environ 10 minutes ou jusqu'à ce qu'elle soit souple et élastique. Mettre la pâte dans un bol légèrement graissé, en la retournant pour l'enrober complètement. Couvrir d'une pellicule de plastique et laisser 1 heure dans un endroit chaud.

3 Retourner la pâte sur une surface légèrement farinée. Aplatir et étirer de manière à obtenir un rectangle de 28 cm sur 25 cm (11 po sur 10 po) et d'environ 2,5 cm (1 po) d'épaisseur. Mettre sur une plaque à biscuits légèrement farinée. Créer des dépressions dans la pâte avec le dos d'une cuillère.

4 Garniture : Badigeonner la pâte d'huile. Couvrir légèrement d'une pellicule de plastique. Laisser reposer 30 minutes à température ambiante.

5 Saupoudrer la pâte de fines herbes italiennes, de romarin, de sel et de poivre. Cuire au four à 200 °C (400 °F) 15 à 20 minutes ou jusqu'à ce que la pâte soit dorée et que la pâtisserie rende un son creux quand on la frappe. Laisser reposer un peu sur une grille avant de découper.

Donne 12 pointes.

Focaccia au robot culinaire

Mélanger les ingrédients de la pâte au robot culinaire en mode pulsation, puis actionner l'appareil à intensité élevée 2 minutes ou jusqu'à ce que la boule de pâte obtenue soit souple et élastique. Faire lever la pâte et poursuivre la recette.

Pain d'épices aux pommes et aux raisins secs

~ ON PREND DE L'AVANCE ~

Bien enveloppé, le pain se conserve 3 jours à température ambiante ou 1 mois au congélateur.

DAVANTAGE DE FIBRES

Au petit déjeuner, ajouter à vos céréales préférées 50 ml (1/4 tasse) de céréales All-Bran ou d'une autre céréale riche en fibres, c'est-à-dire une céréale apportant plus de 4 grammes de fibres alimentaires par portion. Garnir les céréales ou le yogourt de raisins secs, de fruits séchés ou de graines de tournesol.

1   1/2

Portions du *Guide alimentaire canadien*

Ce pain moelleux est un bon choix pour un goûter en soirée ou comme dessert à l'occasion d'un brunch, avec des fruits. Il constitue également une surprise agréable dans un lunch.

500 ml	farine tout usage	2 tasses
10 ml	de chacune : cannelle et levure chimique	2 c. à thé
5 ml	bicarbonate de sodium	1 c. à thé
2 ml	de chacun : gingembre moulu, muscade, quatre-épices et sel	1/2 c. à thé
250 ml	raisins secs	1 tasse
50 ml	beurre ramolli	1/4 tasse
175 ml	sucre granulé	3/4 tasse
1	œuf	1
1	blanc d'œuf	1
150 ml	compote de pommes non sucrée	2/3 tasse
125 ml	yogourt nature à 1 ou à 2 %	1/2 tasse
10 ml	extrait de vanille pur	2 c. à thé

1 Vaporiser un moule à pain d'une capacité de 2 l (9 po sur 5 po) d'un enduit antiadhésif.

2 Dans un grand bol, mélanger la farine, la cannelle, la levure chimique, le bicarbonate de sodium, le gingembre, la muscade, le quatre-épices, le sel et les raisins secs.

3 Dans un autre bol, battre le beurre et le sucre au batteur électrique. Incorporer l'œuf et le blanc d'œuf et battre jusqu'à l'obtention d'un mélange mousseux. Incorporer la compote de pommes, le yogourt et la vanille. Verser dans les ingrédients secs et remuer juste assez pour mélanger. À l'aide d'une cuillère, déposer cette préparation dans le moule.

4 Cuire au four à 180 °C (350 °F) 50 à 60 minutes ou jusqu'à ce qu'une sonde introduite au centre du gâteau en ressorte propre. Laisser refroidir sur une grille 10 minutes. Démouler et laisser refroidir complètement sur la grille.

Donne 1 pain, soit environ 18 tranches.

Aider vos enfants à avoir un poids normal

Dans l'ensemble, les jeunes canadiens sont en santé, mais une troublante tendance à l'embonpoint préoccupe les experts. Les enfants obèses, tout comme les adultes obèses, sont plus susceptibles de souffrir de problèmes de santé tels que l'hypertension, les maladies respiratoires, le diabète ou les problèmes orthopédiques. Et, tout comme les adultes, ils font face aux défis sociaux, émotionnels et psychologiques que pose l'obésité dans une société où la minceur est mise sur un piédestal. À l'heure actuelle, on ne peut qu'émettre des hypothèses quant à savoir pourquoi les enfants ont tendance à être plus gras. Les habitudes alimentaires jouent certainement un rôle dans ce phénomène. Toutefois, si l'expérience américaine peut s'appliquer au Canada, le manque d'exercice physique figurerait en tête de liste des facteurs responsables. On estime que les enfants sont aujourd'hui 40 % moins actifs que ne l'étaient leurs parents.

Comment s'opposer à cette fâcheuse tendance? La réponse réside certainement dans l'acquisition dès l'enfance de saines habitudes d'alimentation et d'activité physique.

Conseils nutritionnels pour aider l'enfant obèse

- Les régimes à calories réduites ne sont pas recommandés. Ce qui importe, ce sont les habitudes alimentaires saines. Acquérez des habitudes alimentaires saines et incitez votre famille à faire davantage d'exercice.

- Offrez à l'enfant une variété d'aliments nutritifs et laissez-le libre de déterminer la quantité qu'il voudra manger. L'imposition de restrictions ou la privation de desserts, de friandises ou de collations peut faire en sorte que l'enfant soit obsédé par la nourriture.

- Incitez votre enfant à s'adonner aux activités qu'il apprécie. Participez-y vous aussi. Trouvez des activités qui plaisent à tous : marche, excursions, patinage, luge, natation, construction de bonshommes de neige, randonnées à vélo. Ne forcez pas un enfant à pratiquer une activité qu'il déteste.

- Soyez sensible aux sentiments de votre enfant par rapport à son poids et au fardeau social et émotionnel qu'il doit porter. Les enfants obèses souffrent souvent terriblement des railleries d'autrui, et ils ont une faible estime d'eux-mêmes.

- Aidez votre enfant à bâtir son amour propre et à s'estimer en faisant des activités qui n'ont aucun lien avec le poids, la taille et le rendement physique. Ne lui donnez pas l'impression que votre amour et votre acceptation sont conditionnels à une perte de poids.

- Enfin, soyez disposé à accepter l'idée que ce ne sont pas tous les enfants qui sont capables d'atteindre leur poids santé. Néanmoins, ces enfants doivent quand même avoir des habitudes de saine alimentation et d'exercice physique régulier.

Stratégies préventives

Si vos enfants ne sont pas obèses, il est facile d'oublier l'importance des habitudes alimentaires saines et de l'activité physique. Toutefois, les habitudes prises durant l'enfance sont critiques pour le maintien du poids santé chez l'adulte. Tous les enfants, obèses ou minces, doivent apprendre à bien s'alimenter, à manger des quantités raisonnables, à consommer les sucreries et les grignotines avec modération et à faire de l'activité physique quotidiennement.

Biscuits aux deux chocolats

Très chocolatés, ces biscuits contiennent deux fois moins de matières grasses que des biscuits aux brisures de chocolat ordinaires. La poudre de cacao contribue à leur riche saveur sans apporter de matières grasses. L'ajout de café souligne le goût du chocolat.

15 ml	de chacun : granules de café instantané et extrait de vanille pur	1 c. à table
1	œuf	1
2	blancs d'œufs	2
175 ml	de chacun : sucre granulé et cassonade bien tassée	3/4 tasse
50 ml	beurre ou margarine fondue	1/4 tasse
50 ml	sirop de maïs doré	3 c. à table
500 ml	farine tout usage	2 tasses
125 ml	poudre de cacao non sucrée, tamisée	1/2 tasse
15 ml	levure chimique	1 c. à table
1 ml	sel	1/4 c. à thé
250 ml	brisures de chocolat	1 tasse

1 Dissoudre les granules de café dans la vanille puis réserver.

2 Dans un grand bol, battre au batteur électrique l'œuf, les blancs d'œufs, le sucre et la cassonade jusqu'à l'obtention d'un mélange léger et mousseux. Incorporer le beurre, le sirop de maïs et le mélange de vanille et de café.

3 Mélanger la farine, le cacao, la levure chimique et le sel. Incorporer progressivement dans le mélange à base d'œuf, à raison de 125 ml (1/2 tasse) à la fois, jusqu'à l'obtention d'une préparation homogène. Incorporer les brisures de chocolat (la préparation devrait être épaisse).

4 Déposer à la cuillère des quantités de 15 ml sur des plaques à biscuits antiadhésives ou vaporisées d'un enduit anticollant, à 5 cm (2 po) d'intervalle. Cuire au four à 180 ºC (350 ºF) 8 à 10 minutes ou jusqu'à ce que les biscuits soient fermes. Laisser reposer sur les plaques posées sur des grilles 2 minutes puis mettre les biscuits sur des grilles pour les laisser refroidir complètement.

Donne 60 biscuits.

Biscuits aux deux chocolats à la menthe

Remplacer les granules de café par 4 ml (3/4 c. à thé) d'extrait de menthe. Ajouter à la pâte en même temps que la vanille.

Biscuits aux deux chocolats à l'orange

Remplacer les granules de café par le zeste râpé d'une orange. Ajouter à la pâte en même temps que la vanille.

Carrés au riz croustillant et à l'avoine

~ ON PREND DE L'AVANCE ~

Dans un contenant fermé, les carrés se conservent 3 jours.

~ ALERTE AU SUCRE ~

Vous pensez que le sucre est à blâmer pour le comportement agité des enfants ? Vous n'êtes pas seul. Pourtant, les données – et elles sont nombreuses – montrent que le sucre a tout au plus un effet calmant. L'hyperactivité chez l'enfant a bien des causes, mais il est peu probable que le sucre soit l'une d'elles. Par contre, d'autres ingrédients, comme la caféine dans les friandises et les boissons gazeuses, risquent de perturber un enfant agité. De plus, la faim et la fatigue sont susceptibles de rendre presque n'importe quel enfant grincheux et turbulent.

1/4   1/4

Portions du *Guide alimentaire canadien*

Avec moins de beurre que les traditionnels carrés croquants aux céréales de riz croustillant et grâce à l'ajout de flocons d'avoine et de raisins secs pour un surplus de fibres alimentaires et de fer, ces bouchées sont aussi nutritives que délicieuses. Laissez les enfants vous aider à mesurer les ingrédients.

250 ml	flocons d'avoine à cuisson rapide	1 tasse
50 ml	beurre	1/4 tasse
1	paquet de guimauves, soit 40 de taille ordinaire	1
5 ml	vanille pure	1 c. à thé
1,25 l	céréales de riz croustillant	5 tasses
250 ml	raisins secs	1 tasse

1 Étendre les flocons d'avoine sur une plaque à biscuits. Les cuire au four à 150 ºC (300 ºF) environ 10 minutes ou jusqu'à ce qu'ils soient rôtis. Graisser légèrement un plat allant au four d'une capacité de 3 l (13 po sur 9 po) ou le vaporiser d'un enduit anticollant. Réserver.

2 Faire fondre le beurre dans une grande casserole à feu doux. Ajouter les guimauves et cuire en remuant fréquemment jusqu'à ce que la préparation soit homogène. Retirer du feu. Incorporer la vanille. En travaillant rapidement, incorporer les céréales, les flocons rôtis et les raisins. Bien mélanger. Mettre le mélange dans le moule préparé. Laisser refroidir complètement puis découper en carrés.

Donne 24 carrés.

Carrés aux canneberges et aux pacanes

1/4   1/4

Portions du *Guide alimentaire canadien*

Les canneberges séchées ajoutent un petit goût amer et de la couleur à ces carrés savoureux, faciles à faire. On trouve des canneberges séchées dans les supermarchés.

175 ml	canneberges séchées bien tassées	3/4 tasse
50 ml	beurre froid	1/4 tasse
250 ml	farine tout usage	1 tasse
175 ml	sucre granulé	3/4 tasse
25 ml	yogourt nature à 1 %	2 c. à table
2	œufs	2
pincée	sel	pincée
125 ml	pacanes hachées grossièrement	1/2 tasse

1 Recouvrir les canneberges d'eau dans une petite casserole. Couvrir et porter à ébullition. Retirer du feu et laisser reposer 1 minute (ou cuire au micro-ondes). Égoutter et laisser refroidir. Réserver.

2 Dans un bol, couper le beurre dans la farine de manière à obtenir un mélange ayant l'apparence d'une chapelure fine. Incorporer 50 ml (1/4 tasse) de sucre et le yogourt en mélangeant bien. Disposer uniformément dans un moule à gâteau d'une capacité de 2 l (8 po de côté) graissé légèrement ou vaporisé d'un enduit anticollant. Cuire au four à 180 °C (350 °F) 15 minutes.

3 Entre-temps, battre dans un bol les œufs avec les 125 ml (1/2 tasse) de sucre restants et le sel jusqu'à l'obtention d'un mélange léger. Incorporer les canneberges. Verser sur la base. Parsemer de pacanes. Cuire au four à 180 °C (350 °F) 30 minutes ou jusqu'à ce que la préparation soit ferme et dorée. Laisser refroidir un peu dans le moule. Couper en carrés.

Donne 18 portions.

APPORT NUTRITIONNEL PAR CARRÉ

calories	125
protéines	2 g
gras total	5 g
gras saturés	2 g
cholestérol	31 mg
glucides	18 g
fibres alimentaires	1 g
sodium	35 mg

AQR : Vit. A 4 %, D 2 %, E 2 %, acide folique 2 %, Ca 1 % (9 mg), fer 3 %, zinc 4 %.

~ ON PREND DE L'AVANCE ~

Dans un contenant hermétique, les carrés se conservent 5 jours. Congelés, ils se conservent 1 mois.

~ CONSEIL CULINAIRE ~

On fait gonfler les canneberges à l'eau très chaude pour les rendre juteuses et tendres. On peut également le faire au micro-ondes. Mettre les canneberges séchées dans un plat allant au micro-ondes et les recouvrir d'eau. Cuire 1 minute à intensité élevée.

Biscuits « Hermits » nouvelle mode

~ ON PREND DE L'AVANCE ~

Dans un contenant fermé, ces biscuits se conservent 1 journée au réfrigérateur. Au congélateur, ils se conservent 1 mois.

~ DAVANTAGE DE FIBRES ~

Pour ajouter des fibres alimentaires aux biscuits « Hermits », utiliser un mélange moitié-moitié de farine de blé entier et de farine tout usage.

~ CONSEIL CULINAIRE ~

Si les raisins sont durs et très secs, les faire gonfler en les mouillant d'eau bouillante et en les laissant tremper 10 minutes. Bien égoutter.

1/4   1/2

Portions du *Guide alimentaire canadien*

Ces fantastiques biscuits font présentement fureur chez nous. Utilisez toute combinaison de fruits séchés (canneberges, cerises, bleuets) qui vous plaira.

150 ml	cassonade bien tassée	2/3 tasse
75 ml	beurre ramolli	1/3 tasse
1	œuf	1
75 ml	sirop de maïs	1/3 tasse
5 ml	de chacun : zeste d'orange râpé et vanille pure	1 c. à thé
25 ml	jus d'orange fraîchement pressé	2 c. à table
425 ml	farine tout usage	1 3/4 tasse
2 ml	de chacun : bicarbonate de sodium et levure chimique	1/2 c. à thé
2 ml	de chacun : cannelle, quatre-épices et muscade	1/2 c. à thé
125 ml	de chacun : bleuets, canneberges, cerises séchés et raisins secs	1/2 tasse

1 Dans un grand bol, battre au batteur électrique la cassonade avec le beurre jusqu'à ce que le mélange soit homogène. Incorporer l'œuf, le sirop de maïs, le zeste d'orange, la vanille et le jus d'orange jusqu'à l'obtention d'un mélange léger et mousseux.

2 Dans un autre bol, mélanger la farine, le bicarbonate de sodium, la levure chimique, la cannelle, les quatre-épices et la muscade. Incorporer les bleuets, les canneberges, les cerises et les raisins. Incorporer cette préparation dans le mélange à base de beurre. Bien mélanger.

3 Mettre la pâte par cuillerées (15 ml), à environ 5 cm (2 po) d'intervalle, sur des plaques à biscuits légèrement graissées. Aplatir le dessus de la pâte avec le dos de la cuillère. Cuire les biscuits au four à 180 °C (350 °F) 8 à 10 minutes ou jusqu'à ce qu'ils soient dorés. Laisser reposer 2 à 3 minutes sur les plaques. Mettre sur des grilles et laisser refroidir complètement.

Donne 30 biscuits.

Petits gâteaux au chocolat et à la banane

3/4

Portion du *Guide alimentaire canadien*

Parfaits pour les fêtes de famille, ces beaux petits gâteaux font bon usage des brisures de chocolat: en effet, il suffit de peu pour les décorer.

175 ml	bananes mûres écrasées (2 petites)	3/4 tasse
175 ml	babeurre	3/4 tasse
175 ml	cassonade	3/4 tasse
50 ml	sirop de maïs	1/4 tasse
50 ml	huile végétale	3 c. à table
10 ml	vanille pure	2 c. à thé
425 ml	farine tout usage	1 3/4 tasse
50 ml	poudre de cacao non sucrée, tamisée	1/4 tasse
5 ml	bicarbonate de sodium	1 c. à thé
2 ml	sel	1/2 c. à thé
125 ml	brisures de chocolat	1/2 tasse
15 ml	sucre à glacer	1 c. à table

1 Dans un bol, mélanger les bananes, le babeurre, la cassonade, le sirop de maïs, l'huile et la vanille.

2 Mélanger la farine, le cacao, le bicarbonate de sodium et le sel. Saupoudrer sur la préparation à base de bananes et retourner afin d'humidifier légèrement les ingrédients.

3 Vaporiser des moules à muffins d'un enduit anticollant. Remplir aux deux tiers. Déposer des brisures de chocolat sur la pâte. Cuire au four à 200 °C (400 °F) 15 à 20 minutes ou jusqu'à ce qu'un cure-dent enfoncé au milieu en ressorte propre. Laisser refroidir les moules sur des grilles. Tamiser le sucre à glacer sur les gâteaux.

Donne 12 gâteaux.

APPORT NUTRITIONNEL PAR GÂTEAU

calories	232
protéines	3 g
gras total	6 g
gras saturés	2 g
cholestérol	1 mg
glucides	43 g
fibres alimentaires	2 g
sodium	221 mg

AQR : E 8 %, C 2 %, acide folique 3 %, Ca 4 % (39 mg), fer 12 %, zinc 5 %.

~ ON PREND DE L'AVANCE ~
Dans un contenant hermétique, les gâteaux se conservent 2 jours.

~ TAMISER OU NE PAS TAMISER ~

• *Quand une recette exige de tamiser la farine, prendre un tamis spécialement conçu pour la pâtisserie ou un tamis à mailles fines.*

• *La farine tout usage ne requiert pas de tamisage.*

• *Tamiser le sucre à glacer et le cacao afin d'éliminer les grumeaux.*

• *Si le mot «tamisé» suit directement le nom d'un ingrédient, il faut tamiser celui-ci avant de le mesurer. Si le mot «tamisé» apparaît après une virgule (par exemple : 50 ml (1/4 tasse) de poudre de cacao, tamisée), il faut d'abord mesurer, ensuite tamiser.*

Gâteau au citron et aux bleuets

~ ON PREND DE L'AVANCE ~

Bien emballé, le gâteau se conserve 2 jours au réfrigérateur ou 1 mois au congélateur.

~ CUISINER ET MANGER MOINS GRAS ~

Le lait concentré donne de bons résultats dans les pâtisseries et gâteaux allégés en matières grasses. Ce gâteau renferme très peu de matières grasses et pourtant, il est tendre et moelleux. De plus, le lait écrémé concentré contient deux fois plus de calcium que le lait frais.

Si vous avez l'habitude de prendre du lait homogénéisé ou du lait à 2 %, passez au lait à 1 % ou au lait écrémé. Si vous buvez 500 ml (2 tasses) de lait par jour, le fait de prendre du lait à 1 % au lieu du lait à 2 % vous fera épargner 5 grammes de matières grasses inutiles par jour. Ce sont 10 grammes de gras que vous épargneriez en passant au lait écrémé.

1

Portion du Guide alimentaire canadien

Vous pouvez servir ce magnifique gâteau à n'importe quelle occasion: au petit déjeuner, au brunch, au dessert avec le café ou comme collation.

750 ml	farine tout usage	3 tasses
250 ml	sucre granulé	1 tasse
15 ml	levure chimique	1 c. à table
5 ml	bicarbonate de sodium	1 c. à thé
2 ml	sel	1/2 c. à thé
	zeste râpé de deux citrons de taille moyenne	
1	boîte de 385 ml de lait concentré à 2 %	1
25 ml	huile végétale	2 c. à table
2	œufs légèrement battus	2
1/2	paquet de 300 g de bleuets surgelés ou 300 ml (1 1/4 tasse) d'autres petits fruits	1/2

Garniture

75 ml	sucre granulé	1/3 tasse
7 ml	cannelle	1 1/2 c. à thé
25 ml	jus de citron fraîchement pressé	2 c. à table

1 Doubler un plat allant au four d'une capacité de 3 l (13 po sur 9 po) de papier d'aluminium et vaporiser d'un enduit anticollant.

2 Dans un grand bol, mélanger la farine, le sucre, la levure chimique, le bicarbonate de sodium, le sel et le zeste de citron. Ajouter le lait concentré, l'huile et les œufs. Remuer juste assez pour humecter les ingrédients. Étendre la moitié de la préparation dans le plat. Parsemer de bleuets. Étendre délicatement le reste de la pâte sur les bleuets.

3 Préparation de la garniture : Dans un petit bol, mélanger le sucre avec la cannelle et incorporer le jus de citron. Arroser la pâte de cette préparation. Cuire au four à 180 °C (350 °F) 45 minutes ou jusqu'à ce qu'une sonde à gâteau introduite au centre du gâteau en ressorte propre. Laisser refroidir le plat sur une grille 10 minutes. Démouler le gâteau et le laisser refroidir complètement sur une grille.

Donne 16 portions.

Gâteau aux brisures de chocolat

1

Portion du *Guide alimentaire canadien*

Les brisures de chocolat et les pacanes rôties ajoutent de la saveur et du croquant à ce gâteau facile à faire.

50 ml	pacanes hachées grossièrement	1/4 tasse
250 ml	brisures de chocolat, soit 175 g (6 oz)	1 tasse
50 ml	cassonade bien tassée	1/4 tasse
10 ml	cannelle	2 c. à thé

Gâteau

1	œuf	1
250 ml	lait concentré à 2 %	1 tasse
25 ml	huile végétale	2 c. à table
10 ml	vanille pure	2 c. à thé
500 ml	farine tout usage	2 tasses
175 ml	sucre granulé	3/4 tasse
15 ml	levure chimique	1 c. à table
5 ml	bicarbonate de sodium	1 c. à thé
1 ml	sel	1/4 c. à thé

APPORT NUTRITIONNEL PAR PORTION	
calories	276
protéines	5 g
gras total	9 g
gras saturés	3 g
cholestérol	19 mg
glucides	45 g
fibres alimentaires	2 g
sodium	242 mg

AQR : Vit. A 2 %, D 9 %, E 6 %, C 3 %, acide folique 4 %, Ca 10 % (106 mg), fer 12 %, zinc 8 %.

~ ON PREND DE L'AVANCE ~
Couvert, le gâteau se conserve 1 journée.

~ CONSEIL CULINAIRE ~
Tirez le meilleur parti du gras que vous utilisez. Ici, on utilise un minimum d'huile. Le gras contenu dans les noix et les brisures de chocolat ajoute de la saveur et de la texture ainsi que de la richesse au gâteau. Le lait concentré donne du moelleux, tout en étant bien moins gras que la crème.

1 Faire rôtir les pacanes sur une plaque à biscuits au four à 180 ºC (350 ºF) 5 minutes ou jusqu'à ce qu'elles soient dorées. Laisser refroidir. Dans un bol, mélanger les brisures de chocolat, les pacanes, la cassonade et la cannelle.

2 Préparation du gâteau : Battre l'œuf dans un grand bol. Incorporer le lait, l'huile et la vanille. Tamiser au-dessus de cette préparation la farine, le sucre, la levure chimique, le bicarbonate de sodium et le sel. Remuer juste assez pour humecter les ingrédients secs.

3 Graisser légèrement un moule à cheminée ou le vaporiser d'un enduit anticollant. Y verser la moitié de la pâte et disperser à sa surface la moitié du mélange à base de noix. Verser le reste de la pâte et parsemer du reste de noix en enfonçant légèrement ces dernières dans la pâte.

4 Cuire au four à 180 ºC (350 ºF) 45 à 60 minutes ou jusqu'à ce qu'une sonde à gâteau introduite au centre du gâteau en ressorte propre. Laisser refroidir sur une grille. Démouler dans une assiette de service, côté chocolat et noix orienté vers le haut.

Donne 12 portions.

Les desserts

NOTES SUR LA NUTRITION

Gâteau au citron avec crème au citron ou coulis de framboises

1

Portion du *Guide alimentaire canadien*

Je tiens la recette de ce savoureux gâteau de mon amie et dégustatrice Shannon Graham. Servez-le accompagné de Crème au citron (page suivante), de Coulis de framboises (page suivante), de crème glacée ou de fruits frais.

125 ml	beurre ou margarine molle	1/2 tasse
500 ml	sucre granulé	2 tasses
2	œufs	2
50 ml	yogourt nature à 1 % ou à 2 %	1/4 tasse
	zeste râpé de 2 citrons de taille moyenne	
750 ml	farine tout usage	3 tasses
10 ml	levure chimique	2 c. à thé
250 ml	lait à 1 %	1 tasse

Glaçage

125 ml	jus de citron fraîchement pressé	1/2 tasse
125 ml	sucre granulé	1/2 tasse

1   Dans un grand bol, battre au batteur électrique le beurre et le sucre jusqu'à ce que le mélange soit léger et mousseux. Incorporer les œufs, le yogourt et le zeste de citron. Mélanger la farine et la levure chimique puis incorporer dans le mélange à base d'œufs en alternance avec le lait, en faisant trois additions de mélange de farine et deux de lait.

2   Verser la pâte dans un moule à cheminée d'une capacité de 3 l (10 po), graissé et fariné. Cuire au four à 180 °C (350 °F) 50 minutes ou jusqu'à ce qu'une sonde à gâteau introduite au centre du gâteau en ressorte propre. Laisser refroidir 5 minutes sur une grille.

3   Glaçage : Dissoudre le sucre dans le jus de citron. Renverser le gâteau sur une plaque munie d'un bord. À l'aide d'un cure-dent, faire des trous de 2,5 cm (1 po) de profond dans le gâteau. Badigeonner le gâteau de glaçage. Laisser refroidir.

Donne 16 portions.

~ ON PREND DE L'AVANCE ~
Couvert, le gâteau se conserve 2 jours.

~ LE PETIT LAIT ~
Le petit lait, ou liquide récupéré du yogourt égoutté, contient des minéraux et des vitamines du groupe B. Il contient peu de matières grasses. Réfrigérer et utiliser dans les soupes.

~ CONSEIL DE CUISINE ~
Pour connaître le diamètre d'un moule à gâteau ou d'un moule à cheminée, en mesurer la partie supérieure.

~ ON PREND DE L'AVANCE ~

Dans un contenant fermé, la crème se conserve 3 jours au réfrigérateur ou jusqu'à la date de péremption apparaissant sur le contenant de yogourt.

~ ON PREND DE L'AVANCE ~

Couvert, le coulis se conserve 5 jours au réfrigérateur.

Crème au citron

Cette sauce crémeuse est parfaite sur les gâteaux, les fruits frais ou les tartes.

250 ml	yogourt très épais (de type grec) ou yogourt nature égoutté*	1 tasse
75 ml	sucre granulé	1/3 tasse
	zeste râpé d'un citron de taille moyenne	
15 ml	jus de citron fraîchement pressé	1 c. à table

Dans un petit bol, bien mélanger le yogourt, le sucre, le zeste et le jus de citron. Couvrir et laisser 30 minutes au réfrigérateur ou 3 jours au maximum.

Donne environ 300 ml (1 1/4 tasse).

* Pour des instructions sur la façon d'égoutter le yogourt, voir à la page 28.

Coulis de framboises

1

Portion du *Guide alimentaire canadien*

Servez ce coulis avec le Gâteau au citron (page 295), le Gâteau au chocolat (page 300), du yogourt glacé ou des fruits frais.

2	paquets de 300 g de framboises non sucrées surgelées	2
50 ml	sucre granulé	1/4 tasse

Décongeler les framboises, égoutter et réserver 125 ml (1/2 tasse) de jus. Passer les framboises au tamis pour éliminer les pépins. Incorporer suffisamment de jus réservé de manière à obtenir un coulis. Incorporer le sucre.

Donne environ 500 ml (2 tasses).

Vous ne tolérez pas le lait ?

N' allez pas vous abstenir d'un mets simplement parce qu'il contient du lait ! Vous vous priveriez de mets savoureux et nutritifs.

Si vous êtes de ceux qui ne peuvent consommer de lait ou de produits laitiers sans souffrir de crampes abdominales, de ballonnements, de gaz et de diarrhée, il se peut que vous présentiez une déficience en lactase, l'enzyme nécessaire à la digestion du lactose, le sucre du lait. Non digéré, le lactose fermente dans le tube digestif et provoque des symptômes désagréables. Le degré d'intolérance au lactose varie d'une personne à l'autre, pouvant être léger ou grave. Parfois, il peut s'agir d'un problème temporaire qui se développe à la suite d'une diarrhée grave.

La recherche montre que même les personnes souffrant d'intolérance au lactose grave peuvent tolérer jusqu'à 250 ml (1 tasse) de lait avec un repas. Si vous souffrez de ce type d'intolérance, essayez de répartir votre consommation de lait sur toute la journée.

Conseils nutritionnels : Intolérance au lactose

♦ Essayez les produits réduits en lactose, qu'on trouve dans la section des produits laitiers de la plupart des épiceries. Ces produits sont exempts de lactose à 99 %. Ou utilisez la lactase en gouttes vendue dans les pharmacies pour fabriquer votre propre lait réduit en lactose.

♦ Prenez des comprimés de lactase, vendus également dans les pharmacies, avec les repas contenant du lait ou des produits laitiers. Ces comprimés vous permettent de manger à l'extérieur sans problème.

♦ Essayez de consommer de petites portions de fromages vieillis comme le cheddar, le fromage suisse, le brick, le camembert et le parmesan. Ces variétés de fromage contiennent très peu de lactose.

♦ Mangez du yogourt. La bactérie du yogourt produit de la lactase, qui participe à la digestion du yogourt une fois celui-ci ingéré.

♦ Si vous souffrez d'une intolérance grave au lactose, buvez des boissons de nature végétale comme le lait de soja ou de riz. Recherchez les produits enrichis de vitamines A et D, B_{12}, de riboflavine, calcium et zinc.

Gâteau aux pommes et aux canneberges garni à l'allemande

~ ON PREND DE L'AVANCE ~

Couvert, le gâteau se conserve 1 journée au réfrigérateur.

~ CUISINER ET MANGER MOINS GRAS ~

Choisissez en général une margarine molle non hydrogénée vendue en contenant de plastique plutôt que du beurre, car la margarine est plus faible en gras saturés. Cependant, le beurre et la margarine apportent la même quantité de gras et le même nombre de calories.

3/4   1/4

Portions du *Guide alimentaire canadien*

Servez ce gâteau couronné de pommes dorées avec du café au brunch ou comme dessert. Si vous utilisez des canneberges surgelées, ne les décongelez pas.

75 ml	beurre ou margarine ramollie	1/3 tasse
175 ml	sucre granulé	3/4 tasse
2	œufs	2
375 ml	farine tout usage	1 1/2 tasse
5 ml	levure chimique	1 c. à thé
2 ml	bicarbonate de sodium	1/2 c. à thé
	zeste râpé d'un citron de taille moyenne	
150 ml	yogourt nature à 2 %	2/3 tasse
250 ml	canneberges (fraîches, surgelées ou séchées)	1 tasse
2	pommes pelées et tranchées finement	2

Streusel (garniture croquante)

125 ml	cassonade bien tassée	1/2 tasse
7 ml	cannelle	1 1/2 c. à thé

1 Dans un grand bol, battre au batteur électrique le beurre et le sucre jusqu'à ce que le mélange soit léger et mousseux. Incorporer les œufs, un à la fois, en battant bien après chaque addition.

2 Mélanger la farine, la levure chimique, le bicarbonate de sodium et le zeste de citron. Incorporer au mélange à base d'œufs en alternance avec le yogourt, en faisant trois additions de mélange de farine et deux de yogourt.

3 Étendre la moitié de la pâte au fond d'un moule à charnière d'une capacité de 3 l (10 po) graissé et fariné. Disposer les canneberges sur la pâte.

4 Préparation du *streusel* : Mélanger la cassonade avec la cannelle. Mettre la moitié de ce mélange sur les canneberges. Étendre l'autre moitié de la pâte sur les fruits. Disposer les rondelles de pomme en cercles, en les faisant se chevaucher légèrement sur le dessus. Garnir du reste de *streusel*.

5 Cuire au four à 180 °C (350 °F) 50 à 60 minutes ou jusqu'à ce que le gâteau soit doré et qu'un cure-dent enfoncé au centre du gâteau ressorte propre. Laisser refroidir sur une grille pendant 20 minutes avant de démouler.

Donne 12 portions.

Cantaloup et bleuets avec coulis de fraises fraîches

3

Portion du *Guide alimentaire canadien*

Voici un dessert estival adorable et rafraîchissant. Servez-le avec des Biscuits aux deux chocolats (page 284) ou des Biscuits «Hermits» nouvelle mode (page 288).

500 ml	fraises fraîches coupées en tranches	2 tasses
25 ml	sucre granulé	2 c. à table
25 ml	kirsch (facultatif)	2 c. à table
15 ml	jus de citron fraîchement pressé	1 c. à table
1	cantaloup	1
250 ml	bleuets	1 tasse

1 Réduire les fraises en purée au mélangeur ou au robot culinaire. Ajouter le sucre, le kirsch (si on en utilise) et le jus de citron. Mélanger.

2 Couper le cantaloup en deux et enlever les pépins à la cuillère. Couper la pulpe en morceaux de la taille d'une bouchée. Mettre les morceaux de melon et les bleuets dans des verres à pied.

3 Napper les fruits de coulis.

Donne 4 portions.

Menu de brunch

Bruschetta aux champignons (page 29)
Strata de saumon et d'épinards (page 253) ou
Gratin d'asperges et de champignons (page 256)
Salade d'épinards avec vinaigrette à l'huile de noix de Grenoble (page 47)
Cantaloup et bleuets avec coulis de fraises fraîches (ci-dessus) ou
Croustillant aux pommes et aux petits fruits (page 306)

APPORT NUTRITIONNEL PAR PORTION

calories	114
protéines	2 g
gras total	1 g
cholestérol	0 mg
glucides	28 g
fibres alimentaires	4 g
sodium	16 mg

AQR : Vit. A 43 %, E 7 %, C 173 %, acide folique 18 %, Ca 3 % (28 mg), fer 5 %, zinc 4 %.

~ ON PREND DE L'AVANCE ~
On peut préparer cette recette à l'avance jusqu'à la deuxième étape inclusivement. Dans un contenant fermé, les fruits se conservent 6 heures au réfrigérateur. Sortir du réfrigérateur 30 minutes avant de servir.

~ CONSEIL POUR LE SERVICE ~
Garnir chaque portion d'une fraise tranchée en éventail. Pour ce faire, il suffit de trancher la fraise en quelques endroits à partir du bout jusqu'à la base, mais sans la sectionner. Déployer ensuite les tranches en éventail.

~ CONSEIL NUTRITIONNEL ~
Le cantaloup est une excellente source de vitamine C et de bêta-carotène, des antioxydants. Lorsque le cantaloup est associé aux fraises (une autre bonne source de vitamine C), comme dans la présente recette, une seule portion fournit plus de 175 % de l'apport quotidien recommandé de vitamine C et 43 % de la bêta-carotène (vitamine A).

Gâteau au chocolat avec glaçage au babeurre et au chocolat

Ce gâteau au chocolat, riche et dense, a tout le goût d'un gâteau au chocolat ordinaire mais la moitié moins de gras. Pour une saveur chocolatée plus marquée, prenez de la poudre de cacao hollandaise non sucrée. On trouve des marques d'ici dans les supermarchés.

Voir photo page 244.

APPORT NUTRITIONNEL PAR PORTION (AVEC GLAÇAGE)	
calories	258
protéines	5 g
gras total	5 g
gras saturés	1 g
cholestérol	28 mg
glucides	51 g
fibres alimentaires	3 g
sodium	324 mg

AQR : Vit. A 1 %, D 2 %, E 8 %, acide folique 4 %, Ca 6 % (66 mg), fer 14 %, zinc 9 %.

~ **ON PREND DE L'AVANCE** ~
Couvert, le gâteau se garde 2 jours.

~ **CONSEIL CULINAIRE** ~
L'ajout de café dans les desserts au chocolat accentue la saveur de cet ingrédient.

25 ml	poudre de café espresso ou granules de café instantané	2 c. à table
125 ml	eau bouillante	1/2 tasse
550 ml	farine tout usage	2 1/4 tasses
500 ml	sucre granulé	2 tasses
175 ml	poudre de cacao non sucrée, tamisée	3/4 tasse
7 ml	de chacun : levure chimique et bicarbonate de sodium	1 1/2 c. à thé
5 ml	sel	1 c. à thé
425 ml	babeurre	1 3/4 tasse
2	œufs battus	2
50 ml	huile végétale	1/4 tasse
10 ml	vanille	2 c. à thé
	Glaçage au babeurre et au chocolat (page suivante)	

1 Dissoudre la poudre à café espresso dans l'eau bouillante et laisser refroidir. Graisser un plat allant au four d'une capacité de 3 l (13 po sur 9 po) ou le vaporiser d'un enduit anticollant. Doubler le fond de papier ciré.

2 Dans un grand bol, mélanger la farine, le sucre, le cacao, la levure chimique, le bicarbonate de sodium et le sel. Incorporer le babeurre, les œufs, l'huile, la vanille et l'espresso dissout. Battre à vitesse moyenne 2 minutes.

3 Verser la préparation dans le moule. Cuire au four à 180 °C (350 °F) 40 à 45 minutes ou jusqu'à ce que la pâte rebondisse légèrement quand on la touche. Laisser refroidir dans le moule posé sur une grille pendant 20 minutes. Démouler et laisser refroidir complètement sur une grille. Garnir de glaçage au chocolat.

Donne 16 portions.

Glaçage au babeurre et au chocolat

3/4

Portion du *Guide alimentaire canadien*

125 ml	sucre granulé	1/2 tasse
125 ml	poudre de cacao non sucrée, tamisée	1/2 tasse
125 ml	babeurre	1/2 tasse
2 ml	vanille	1/2 c. à thé

Mélanger le sucre et le cacao dans une petite casserole à fond épais. Incorporer au fouet le babeurre et battre jusqu'à ce que le tout soit homogène. En remuant constamment, amener à ébullition à feu moyen. Cuire en remuant constamment pendant 2 minutes. Retirer du feu et incorporer la vanille. Laisser reposer 2 heures (la préparation épaissira en refroidissant).

Donne 250 ml (1 tasse).

APPORT NUTRITIONNEL PAR QUANTITÉ DE 20 ML (4 C. À THÉ)	
calories	45
protéines	1 g
gras total	1 g
gras saturés	traces
cholestérol	0 mg
glucides	11 g
fibres alimentaires	1 g
sodium	11 mg

AQR : acide folique 1 %, Ca 1 % (16 mg), fer 4 %, zinc 3 %.

~ ON PREND DE L'AVANCE ~

Poser une pellicule de plastique directement sur la sauce. Se conserve 5 jours.

~ CONSEIL CULINAIRE ~

Pour obtenir un glaçage plus épais, incorporer du sucre à glacer.

Conseils culinaires

Mesurer les ingrédients

♦ Pour mesurer les liquides, servez-vous d'une tasse à mesurer munie d'un bec. Posez la tasse sur une surface plane et vérifiez le niveau de liquide à hauteur des yeux.

♦ Pour mesurer des ingrédients secs, prenez une tasse à mesurer de métal ou de plastique. Mettez l'ingrédient sec (la farine par exemple) dans la tasse puis aplanissez la surface avec le côté plat d'un couteau. Évitez d'agiter ou de frapper la tasse avant de faire la lecture.

♦ Enfoncez bien le beurre et la margarine dans la tasse à mesurer.

♦ Utilisez des moules de la bonne taille. Pour vérifier la taille des moules à gâteaux et à tartes traditionnels, renversez le moule et mesurez son diamètre à la base.

♦ Pour déterminer le volume d'un contenant, remplissez-le d'eau puis mesurez l'eau. Par exemple, si votre moule a un volume d'environ 2000 ml (8 tasses), il conviendra pour une recette exigeant un moule d'une capacité de 2 litres.

Doubler et graisser les moules

♦ Vaporisez les moules d'un enduit antiadhésif ou badigeonnez-les légèrement d'huile végétale.

♦ Quand une recette demande qu'on double le fond d'un moule, prenez du papier sulfurisé ou du papier ciré. En général, il n'est pas nécessaire de doubler les parois verticales des moules, à moins que la recette ne l'exige pour empêcher le tour du gâteau de sécher ou les ingrédients de se décolorer.

Battre les blancs d'œufs

♦ Commencez par amener les blancs d'œufs à température ambiante. Si vous n'avez pas le temps de les laisser réchauffer, mettez-les quelques minutes dans l'eau chaude.

♦ Utilisez un bol de verre ou de métal et des instruments propres.

♦ Assurez-vous que les blancs d'œufs ne contiennent aucune trace de jaune.

♦ Pour battre des blancs d'œufs utilisez le batteur électrique ou le fouet et battez jusqu'à ce que les œufs soient fermes et brillants. Évitez de trop battre car les blancs d'œufs formeraient des grumeaux et commenceraient à perdre du volume.

Les nouveautés dans le domaine du diabète

Fini le temps où l'hôte devait se casser la tête pour savoir quoi servir à un invité diabétique. En effet, le régime alimentaire du diabétique a subi une révolution au cours de la dernière décennie. Les personnes diabétiques doivent tout simplement suivre les préceptes d'une saine alimentation, tels qu'exposés à la page 1.

Le diabète

Les personnes atteintes de diabète ne sécrètent pas suffisamment d'une hormone appelée insuline ou y sont résistantes. Par conséquent, elles ne peuvent utiliser correctement le glucose, la principale source d'énergie pour les cellules de l'organisme. Le traitement du diabète vise principalement à maîtriser les fluctuations des concentrations sanguines de glucose (glycémie) afin d'améliorer le bien-être de la personne diabétique et de réduire les risques à long terme pour la santé.

Conseils nutritionnels : Recevoir un invité atteint de diabète

♦ Les personnes atteintes de diabète peuvent suivre les mêmes préceptes d'une saine alimentation que tout le monde *(voir page 1)*. Aucun aliment spécial n'est requis.

♦ La régularité et le synchronisme des repas sont importants, surtout chez les patients qui prennent de l'insuline. Demandez à votre invité quel est le meilleur moment pour manger.

♦ Si, pour une raison ou pour une autre, le repas ne peut être servi au moment souhaité, prenez soin de mettre à sa disposition un goûter léger, comme du fromage faible en matières grasses et des craquelins.

♦ Servez des repas faibles en matières grasses. Offrez des options plus maigres : du lait au lieu de la crème pour le café, des sauces à salade allégées, des légumes servis avec un quartier de citron plutôt qu'avec du beurre.

♦ Les repas devraient contenir des glucides lents ou féculents (plats à base de pâtes alimentaires, de riz, de couscous, de pain ou de légumineuses).

♦ Le sucre est permis quand il fait partie intégrante du repas. Essayez la Salade d'agrumes au gingembre (page 309) ou le Parfait aux abricots et aux framboises (page 308).

♦ Servez beaucoup de légumes.

♦ Allez-y modérément avec le sel.

♦ Offrez un choix de boissons non alcoolisées, comme de l'eau gazéifiée (Club Soda), de l'eau minérale ou une boisson gazeuse sans sucre.

♦ Au petit déjeuner, offrez des céréales de grain entier, du lait à 1 %, du yogourt faible en matières grasses, des muffins de farine entière, du beurre d'arachide, un œuf poché, ainsi qu'un fruit comme une orange ou un pamplemousse.

Les deux types de diabète

♦ Le diabète de type II, le plus courant, est associé à l'obésité et à l'inactivité physique. Le diabète de type II se traite avant tout par un régime alimentaire sain et l'exercice physique, même si on administre parfois des comprimés pour stimuler la production d'insuline par le pancréas.

♦ Le diabète de type I est une maladie du pancréas et il est moins courant que le diabète de type II. Les aspects importants du traitement sont une alimentation saine, de l'exercice et des injections quotidiennes d'insuline.

Yogourt glacé aux agrumes et à la mangue

1/2   1/2

Portions du *Guide alimentaire canadien*

J'ai goûté ce dessert à l'occasion d'un repas entre amis donné par Monda Rosenberg, la directrice de la section alimentation et cuisine de l'édition anglaise du magazine Châtelaine. Je l'ai trouvé tellement bon que je lui ai demandé immédiatement sa recette. Le zeste de citron et de lime confère au yogourt sa fabuleuse saveur de fruit frais. Ce dessert serait aussi délicieux avec des petits fruits frais ou des pêches, en fait, avec tout fruit de saison.

APPORT NUTRITIONNEL PAR PORTION	
calories	244
protéines	6 g
gras total	7 g
gras saturés	5 g
cholestérol	13 mg
glucides	42 g
fibres alimentaires	2 g
sodium	78 mg

AQR : Vit. A 28 %, E 7 %, C 37 %, acide folique 5 %, Ca 18 % (194 mg), fer 1 %, zinc 7 %.

~ ON PREND DE L'AVANCE ~

On peut préparer cette recette à l'avance jusqu'à la troisième étape inclusivement. Le yogourt glacé se conserve 1 mois au congélateur.

2 l	yogourt glacé à la vanille	8 tasses
2	citrons	2
2	limes	2
3	grosses mangues bien mûres pelées et coupées en tranches	3
	feuilles de menthe fraîche	

1 Laisser décongeler le yogourt à température ambiante jusqu'à ce qu'il commence à ramollir, soit 15 à 30 minutes.

2 Râper finement le zeste des citrons et des limes. Exprimer 15 ml (1 c. à table) de jus de lime et la même quantité de jus de citron. Réserver.

3 Mettre le yogourt ramolli dans un grand bol. Incorporer le zeste et le jus et bien mélanger. Remettre dans le contenant de yogourt, couvrir et laisser durcir au congélateur, soit environ 1 heure.

4 Servir le yogourt glacé dans des coupes à dessert. Décorer de tranches de mangue et de feuilles de menthe.

Donne 12 portions.

Croustillant aux pommes et aux petits fruits

~ ON PREND DE L'AVANCE ~

Le croustillant peut reposer 6 heures. Servir à température ambiante ou réchauffé.

~ CONSEIL POUR LE SERVICE ~

Servir avec du yogourt glacé à la vanille ou du yogourt nature très épais, mélangé avec du zeste de citron râpé et sucré au goût.

~ CUISINER ET MANGER MOINS GRAS ~

Une coupe de fruits frais lavés ou en conserve donne une collation pratique et vite faite.

3/4   2

Portions du *Guide alimentaire canadien*

Le Caramba, un de mes restaurants préférés à Whistler, en Colombie-Britannique, sert un croustillant fabuleux, regorgeant de mûres et de framboises. Voici ma version personnelle, que vous pouvez préparer à tout moment de l'année. Vous pouvez utiliser n'importe quelle combinaison de petits fruits surgelés ou frais.

175 ml	sucre granulé	3/4 tasse
50 ml	farine tout usage	1/4 tasse
	zeste râpé d'un citron	
1 l	pommes pelées et tranchées, soit environ 4	4 tasses
1	paquet de 300 g de bleuets surgelés, soit 500 ml (2 tasses)	1
1	paquet de 300 g de framboises surgelées non sucrées, soit 500 ml (2 tasses)	1
500 ml	canneberges fraîches ou surgelées	2 tasses

Garniture

375 ml	flocons d'avoine à cuisson rapide	1 1/2 tasse
175 ml	cassonade bien tassée	3/4 tasse
50 ml	farine de blé entier	1/4 tasse
10 ml	cannelle	2 c. à thé
50 ml	margarine ou beurre, fondu	1/4 tasse

1 Dans un grand bol, mélanger le sucre, la farine et le zeste de citron. Ajouter les pommes, les bleuets, les framboises et les canneberges. Mélanger en remuant délicatement. Verser dans un plat allant au four d'une capacité de 3 l (13 po sur 9 po).

2 Préparation de la garniture : Dans un petit bol, mélanger les flocons d'avoine, la cassonade, la farine et la cannelle. Arroser de margarine et mélanger. Déposer la garniture sur les fruits. Cuire au four à 190 ºC (375 ºF) 40 à 50 minutes ou jusqu'à ce que le dessert bouillonne et que la garniture soit dorée. Servir chaud ou à température ambiante.

Donne 8 portions.

Pavé aux fraises et aux pommes

11/4   2

Portions du *Guide alimentaire canadien*

Vous pouvez préparer ce populaire dessert à tout moment de l'année avec des fraises fraîches ou surgelées.

125 ml	sucre granulé	1/2 tasse
50 ml	farine tout usage	3 c. à table
5 ml	cannelle	1 c. à thé
	zeste râpé d'un citron	
1,25 l	fraises fraîches ou 2 paquets de 300 g chacun de fraises surgelées non décongelées	5 tasses
500 ml	pommes pelées coupées grossièrement	2 tasses
25 ml	jus de citron fraîchement pressé	2 c. à table

Garniture

250 ml	farine tout usage	1 tasse
50 ml	sucre granulé	3 c. à table
5 ml	levure chimique	1 c. à thé
1 ml	de chacun : bicarbonate de sodium et sel	1/4 c. à thé
50 ml	beurre froid coupé en morceaux	3 c. à table
150 ml	babeurre	2/3 tasse

~ ON PREND DE L'AVANCE ~

On peut préparer cette recette à l'avance jusqu'à la deuxième étape inclusivement et laisser reposer la préparation 2 heures. Ou bien on peut préparer la recette jusqu'à la troisième étape inclusivement 4 heures à l'avance. Servir à température ambiante ou réchauffer.

~ CONSEIL NUTRITIONNEL ~

Les fraises sont une excellente source de vitamine C et elles sont riches en fibres alimentaires.

1 Dans un bol, mélanger le sucre, la farine, la cannelle et le zeste de citron. Incorporer les fraises, les pommes puis le jus de citron. Étendre la préparation au fond d'un plat allant au four peu profond d'une capacité de 2 l (8 tasses). Cuire au four à 200 °C (400 °F) 10 minutes.

2 Préparation de la garniture : Dans un bol, mélanger la farine, le sucre, la levure chimique, le bicarbonate de sodium et le sel. Avec les doigts ou un couteau, incorporer le beurre pour obtenir une pâte légèrement friable.

3 À l'aide d'une fourchette, incorporer le babeurre et mélanger jusqu'à l'obtention d'une pâte molle. Laisser tomber sur les fruits en six cuillerées espacées également. Cuire au four 30 à 40 minutes ou jusqu'à ce que le dessus du pavé soit doré et que le dessus des biscuits soit cuit.

Donne 6 portions.

Pavé aux fraises et à la rhubarbe

Porter la quantité de sucre à 175 ml (3/4 tasse). Remplacer les pommes par 1 l (4 tasses) de rhubarbe coupée en morceaux de 2 cm (3/4 po). Réduire la quantité de fraises à 750 ml (3 tasses). Si l'on prend de la rhubarbe surgelée, la décongeler d'abord.

Parfait aux abricots et aux framboises

13/4   1/4

Portions du Guide alimentaire canadien

Ce délicieux dessert onctueux et faible en matières grasses se présente bien garni de framboises fraîches et de feuilles de menthe.

1	boîte de 398 ml (14 oz) d'abricots non égouttés*	1
50 ml	sucre granulé	1/4 tasse
1	paquet de 7 g de gélatine sans saveur	1
250 ml	yogourt nature à 1 % ou à 2 %	1 tasse
25 ml	jus de citron fraîchement pressé	2 c. à table
1 ml	extrait d'amande	1/4 c. à thé
1	paquet de 300 g de framboises surgelées non sucrées décongelées ou 500 ml (2 tasses) de framboises fraîches**	1

1 Égoutter les abricots. Récupérer le jus et en verser 50 ml (1/4 tasse) dans une casserole ou un plat allant au micro-ondes. Incorporer 45 ml (3 c. à table) de sucre. Laisser tomber la gélatine sur le liquide et laisser ramollir 5 minutes. Cuire à feu doux ou au micro-ondes à intensité moyenne 40 secondes ou jusqu'à ce que la gélatine soit dissoute.

2 Réduire les abricots en purée au robot culinaire ou au mélangeur. Dans un bol, bien mélanger la purée d'abricots, le yogourt, la gélatine dissoute, le jus de citron et l'extrait d'amande.

3 Mettre les framboises avec leur jus dans un tamis placé au-dessus d'un bol. Incorporer le reste de sucre. Réserver 50 ml (1/4 tasse) de la purée de framboises pour la garniture. Incorporer le reste de la purée de framboises dans le mélange à base d'abricot. Verser dans quatre verres à parfait ou à pied. Couvrir et laisser pendant 1 1/2 heure au réfrigérateur ou jusqu'à ce que le dessert ait pris. Napper le dessert de la purée de framboise réservée.

Donne 4 portions.

Possibilités de substitution :

* On peut utiliser des abricots séchés au lieu d'abricots en boîte. Laisser mijoter 12 abricots séchés, soit 125 ml (1/2 tasse), dans 125 ml (1/2 tasse) d'eau 20 minutes ou jusqu'à ce qu'ils soient bien tendres. Faire ramollir la gélatine dans 50 ml (1/4 tasse) d'eau froide.

** Les framboises ajoutent un surcroît de saveur et de couleur. Cependant, vous pouvez les omettre et les remplacer par 250 ml (1 tasse) de yogourt.

Salade d'agrumes au gingembre

2 1/2

Portion du *Guide alimentaire canadien*

Le gingembre confit haché ajoute du piquant à une salade de fruits frais. On trouve habituellement des bocaux de gingembre confit dans les supermarchés et dans les épiceries spécialisées, surtout en automne et en hiver, à la saison des gâteaux aux fruits. Vous pouvez ajouter d'autres fruits frais ou séchés à votre guise, comme des raisins, des petits fruits, de la banane et de la mangue. Pour une présentation plus spectaculaire, tranchez les oranges en rondelles et garnissez le dessert de tranches de carambole.

2	pamplemousses	2
4	oranges	4
2	kiwis pelés	2
125 ml	canneberges séchées (facultatif)	1/2 tasse
25 ml	gingembre confit ou cristallisé haché finement	2 c. à table

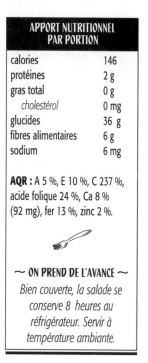

APPORT NUTRITIONNEL PAR PORTION	
calories	146
protéines	2 g
gras total	0 g
cholestérol	0 mg
glucides	36 g
fibres alimentaires	6 g
sodium	6 mg

AQR : A 5 %, E 10 %, C 237 %, acide folique 24 %, Ca 8 % (92 mg), fer 13 %, zinc 2 %.

~ ON PREND DE L'AVANCE ~

Bien couverte, la salade se conserve 8 heures au réfrigérateur. Servir à température ambiante.

1 Enlever une tranche sur le dessus des pamplemousses et des oranges. Peler à vif les fruits en travaillant au-dessus d'un bol pour récupérer les jus.

2 Couper les kiwis en deux dans le sens de la longueur puis perpendiculairement en tranches.

3 Dans un bol de service, mélanger les morceaux de pamplemousse, d'orange, de kiwi, les canneberges (si on en utilise) et le gingembre (s'il s'agit de gingembre confit, incorporer aux fruits 15 ml (1 c. à table) de son sirop). Couvrir et laisser reposer 1 heure avant de servir.

Donne 4 portions.

Mousse à l'orange

~ ON PREND DE L'AVANCE ~

Couverte, la mousse se conserve 1 journée au réfrigérateur.

~ CUISINER ET MANGER MOINS GRAS ~

Dans un régime réduit en matières grasses, remplacer la crème à fouetter par 125 ml (1/2 tasse) de yogourt nature et porter la quantité de sucre à 125 ml (1/2 tasse). Le nombre de calories tombera à 119 et la quantité de gras à 1 gramme par portion.

~ CUISINE FAIBLE EN SUCRE ~

Les personnes diabétiques remplaceront le sucre par 75 ml (1/3 tasse) de Splenda.

1/4

Portion du *Guide alimentaire canadien*

Crémeuse et onctueuse, cette mousse élégante est vraiment facile à préparer. Garnissez-la de petits fruits frais, de quartiers d'orange ou de zeste d'orange confit.

1	paquet de 7 g de gélatine	1
150 ml	jus d'orange fraîchement pressé	2/3 tasse
250 ml	yogourt nature à 1 % ou à 2 %	1 tasse
75 ml	sucre granulé	1/3 tasse
25 ml	liqueur d'orange (facultatif)	2 c. à table
	zeste d'une orange de taille moyenne râpé finement	
125 ml	crème à fouetter légèrement fouettée	1/2 tasse

1 Dans un bol ou une casserole, laisser tomber la gélatine sur le jus d'orange et laisser reposer 5 minutes. Chauffer au micro-ondes à intensité mi-élevée 1 minute ou faire dissoudre en chauffant à feu mi-doux 1 minute.

2 Incorporer le yogourt, le sucre, la liqueur (si on en utilise) et le zeste d'orange. Incorporer la crème légèrement fouettée. Mettre dans des bols de service ou des verres à pied. Laisser prendre au réfrigérateur environ 1 1/2 heure.

Donne 6 portions.

Tarte aux pommes et aux abricots en pâte phyllo

1/2   2

Portions du *Guide alimentaire canadien*

Le sucré des abricots et l'aigreur du citron donnent une touche surprenante à cette tarte aux pommes. En utilisant une quantité minime de beurre entre les couches de pâte phyllo, on obtient une croûte plus faible en matières grasses qu'avec une croûte de pâte ordinaire.

	APPORT NUTRITIONNEL PAR PORTION	
calories		231
protéines		2 g
gras total		3 g
gras saturés		1 g
cholestérol		5 mg
glucides		51 g
fibres alimentaires		5 g
sodium		109 mg

AQR : A 10 %, E 4 %, C 12 %, acide folique 2 %, Ca 2 % (25 mg), fer 11 %, zinc 3 %.

~ ON PREND DE L'AVANCE ~

On peut laisser reposer la tarte pendant 6 heures. Avant de servir, la réchauffer 15 minutes pour que la pâte soit croustillante.

2,25 l	pommes pelées, coupées en tranches	9 tasses
175 ml	abricots séchés coupés en lanières	3/4 tasse
	zeste râpé d'un citron	
25 ml	jus de citron fraîchement pressé	2 c. à table
125 ml	sucre granulé	1/2 tasse
25 ml	farine tout usage	2 c. à table
7 ml	cannelle	1 1/2 c. à thé
pincée	muscade moulue	pincée
250 ml	chapelure fraîche grossièrement écrasée	1 tasse

Croûte de pâte phyllo

15 ml	sucre granulé	1 c. à table
1 ml	cannelle	1/4 c. à thé
4	feuilles de pâte phyllo	4
20 ml	beurre fondu	4 c. à thé

1 Dans un grand bol, mélanger les pommes, les abricots, le zeste et le jus de citron. Mélanger le sucre, la farine, la cannelle et la muscade. Incorporer ce liquide au mélange de pommes. Mettre la préparation dans un plat allant au four d'une capacité de 3 l (13 po sur 9 po). Saupoudrer de chapelure.

2 Préparation de la croûte de pâte phyllo : Mélanger le sucre et la cannelle. Étendre une feuille de pâte phyllo sur la surface de travail, en protégeant les autres d'un linge humide pour les empêcher de sécher. Badigeonner légèrement de beurre et saupoudrer d'un quart du mélange de sucre et de cannelle. Répéter cette étape deux fois.

3 Enlever une marge de 2,5 cm (1 po) de la pâte phyllo. Déposer la pâte sur les fruits, foncer le moule du mélange en pressant contre les parois du plat. À l'aide d'un couteau dentelé, pratiquer des entailles dans la pâte et esquisser les divisions de 8 portions. Cuire au four à 180 ºC (350 ºF) 50 minutes ou jusqu'à ce que la pâte soit dorée et que les pommes soient tendres.

Donne 8 portions.

Pâte à tarte au robot culinaire

1

Portion du *Guide alimentaire canadien*

Cette pâte est aussi facile à préparer que la pâte aux biscuits graham ou aux biscuits ordinaires, et sa préparation est semblable. Je préfère une pâte au beurre à une pâte à l'huile (même si le beurre est plus riche en gras saturés), car elle est plus tendre et plus savoureuse à mon goût. J'utilise un minimum de beurre et je fais des tartes à croûte simple.

300 ml	farine tout usage	1 1/4 tasse
50 ml	beurre froid (dur)	1/4 tasse
25 ml	sucre granulé	2 c. à table
25 ml	eau froide	2 c. à table
10 ml	vinaigre blanc	2 c. à thé

1 Mélanger la farine, le beurre et le sucre au robot culinaire. Allumer et éteindre en alternance l'appareil jusqu'à l'obtention d'un mélange ayant l'aspect d'une chapelure grossière. Verser l'eau et le vinaigre, et mélanger en allumant et en éteignant en alternance l'appareil jusqu'à ce que la préparation commence à se tenir. (Si l'on presse entre les doigts elle collera.)

2 Mettre dans un moule à tarte ou un moule à flan de 23 cm (9 po). À la main ou en s'aidant d'une grande cuillère, enfoncer uniformément au fond du moule et contre les parois, en pressant fermement afin que la pâte se tienne bien (comme avec la croûte aux biscuits graham). Mettre au réfrigérateur 15 minutes.

Donne une croûte à tarte de 25 cm (9 po) de diamètre, ce qui correspond à une tarte de 8 portions.

Croûte à tarte cuite au four

Pour cuire au four une croûte à vide, piquer la pâte à la fourchette pour l'empêcher de rétrécir ou de se boursoufler. Doubler de papier d'aluminium. Couvrir le papier d'aluminium de haricots séchés ou de dragées de porcelaine. Cuire au four à 190 °C (375 °F) 20 minutes. Retirer le papier d'aluminium et les haricots. Piquer la pâte si elle est boursouflée puis poursuivre la cuisson 10 minutes ou jusqu'à ce qu'elle soit dorée.

Tarte au citron et au chocolat

1/2

Portion du *Guide alimentaire canadien*

Cette tarte surprenante est tout simplement magique. Pendant la cuisson, une partie du chocolat remonte à la surface, emprisonnant la garniture au citron.

500 ml	gaufrettes au chocolat émiettées	2 tasses
25 ml	beurre fondu	2 c. à table
25 ml	sirop de maïs	2 c. à table

Garniture au citron

3	œufs	3
2	blancs d'œufs	2
175 ml	sucre granulé	3/4 tasse
	zeste râpé de 2 citrons de taille moyenne	
125 ml	jus de citron fraîchement pressé	1/2 tasse
10 ml	sucre à glacer	2 c. à thé

1 Au robot culinaire et en mode pulsation, réduire les gaufrettes au chocolat en fines miettes. Mélanger le beurre et le sirop de maïs. L'appareil en marche, laisser tomber le mélange de beurre sur les miettes en laissant tourner jusqu'à ce que les ingrédients soient mélangés. Vaporiser un moule à tarte ou un moule à flan de 23 cm (9 po) d'un enduit anti-collant. En s'aidant des mains ou d'une grande cuillère, foncer le moule du mélange à base de gaufrettes au chocolat en pressant fermement pour que le mélange adhère. Cuire au four à 190 ºC (375 ºF) 10 minutes.

2 Préparation de la garniture au citron : Dans un bol, battre au fouet les œufs, les blancs d'œufs et le sucre. Bien mélanger. Incorporer le zeste et le jus de citron. Verser dans la croûte au chocolat cuite. Cuire au four à 190 ºC (375 ºF) 18 à 20 minutes ou jusqu'à ce que le dessus de la tarte commence tout juste à prendre. Laisser refroidir.

3 Au moment de servir, tamiser le sucre à glacer sur la tarte.

Donne 8 portions.

APPORT NUTRITIONNEL PAR PORTION	
calories	278
protéines	5 g
gras total	9 g
gras saturés	4 g
cholestérol	96 mg
glucides	45 g
fibres alimentaires	1 g
sodium	109 mg

AQR : A 8 %, D 7 %, E 8 %, C 12 %, acide folique 5 %, Ca 3 % (30 mg), fer 8 %, zinc 5 %.

~ ON PREND DE L'AVANCE ~

On peut préparer cette recette à l'avance jusqu'à la première étape inclusivement. La préparation se conserve alors 1 journée. On peut aussi faire la recette jusqu'à la deuxième étape inclusivement. Couverte, la tarte se conserve 6 heures au réfrigérateur.

Tarte aux pêches et aux bleuets

1   11/2

Portions du *Guide alimentaire canadien*

*Des pêches bien mûres, juteuses à souhait, et des bleuets vivifiés par le citron, sont
à la base de cette fabuleuse tarte estivale.*

125 ml	sucre granulé	1/2 tasse
50 ml	farine tout usage	1/4 tasse
5 ml	cannelle	1 c. à thé
	zeste râpé d'un citron de taille moyenne	
1,25 l	pêches pelées, coupées en tranches épaisses	5 tasses
250 ml	bleuets	1 tasse
15 ml	jus de citron fraîchement pressé	1 c. à table
1	croûte à tarte non cuite de 23 cm (9 po) de diamètre *(voir la recette de Pâte à tarte au robot culinaire à la page 312)*	1

Garniture

1	grosse pêche pelée et tranchée finement	1
10 ml	jus de citron fraîchement pressé	2 c. à thé

1 Dans un bol, mélanger le sucre, la farine, la cannelle et le zeste de citron. Ajouter les pêches, les bleuets et le jus de citron. Bien mélanger. Étendre la préparation uniformément sur la croûte.

2 Cuire au four à 200 °C (400 °F) 50 minutes ou jusqu'à ce que la préparation bouillonne et que les pêches soient tendres sous les dents de la fourchette. Si le dessus de la tarte dore trop rapidement, recouvrir légèrement de papier d'aluminium. Laisser reposer au moins 30 minutes (8 heures au maximum).

3 Préparation de la garniture : Badigeonner les tranches de pêche de jus de citron puis les disposer sur la tarte.

Donne 8 portions.

Tarte aux pêches et aux framboises

Remplacer les bleuets par 250 ml (1 tasse) de framboises.

Tarte aux prunes

Remplacer les pêches et les bleuets par 1,25 l (5 tasses) de prunes dénoyautées bien mûres (n'importe quelle variété). Omettre le jus de citron et porter la quantité de sucre à 250 ml (1 tasse).

Tarte aux nectarines et aux prunes

Remplacer les pêches et les bleuets par 625 ml (2 1/2 tasses) de nectarines et de prunes (n'importe quelle variété de prune mûre). Immédiatement avant de servir, saupoudrer de sucre à glacer.

Tarte aux pêches et à la crème sure

Omettre les bleuets. Incorporer 250 ml (1 tasse) de crème sure à 5 % et 1 œuf légèrement battu dans le mélange à base de sucre.

Tartelettes aux fraises avec crème au citron

~ ON PREND DE L'AVANCE ~

On peut préparer cette recette à l'avance jusqu'à la première étape inclusivement. Dans un contenant hermétique, les tartelettes vides se conservent 2 semaines à température ambiante. On peut aussi faire la recette jusqu'à la deuxième étape inclusivement. Couverte et réfrigérée, la préparation se conserve 2 jours au réfrigérateur. Garnir les tartelettes au moment de servir.

1/4   1/2

Portions du *Guide alimentaire canadien*

Superbe avec des fraises, ce dessert se prépare aussi avec d'autres fruits. Je prends souvent des fruits de saison comme les bleuets et les mangues, et même une combinaison de petits fruits. Je garnis chaque coupe de feuilles de menthe fraîches ou j'y verse parfois un peu de Coulis de fraises (page 299).

4	feuilles de pâte phyllo	4
20 ml	beurre fondu	4 c. à thé
175 ml	fromage à la crème allégé	3/4 tasse
75 ml	yogourt nature à 1 % ou à 2 %	1/3 tasse
50 ml	sucre granulé	3 c. à table
	zeste râpé finement d'un citron	
750 ml	fraises tranchées	3 tasses
15 ml	sucre à glacer	1 c. à table

1 Étendre une feuille de pâte phyllo sur la surface de travail, en protégeant les autres d'un linge humide pour les empêcher de sécher. Badigeonner de 5 ml (1 c. à thé) de beurre. À l'aide de ciseaux, découper la feuille en trois bandes larges de 12 cm (5 po) selon l'horizontale. Plier chaque bande en trois de manière à obtenir un carré. Arrondir les coins et foncer délicatement des moules à muffins. Reprendre ces opérations avec les autres feuilles de pâte phyllo de façon à obtenir 12 tartelettes. Cuire les tartelettes au four à 200 °C (400 °F) 5 minutes ou jusqu'à ce qu'elles soient dorées.

2 Dans un bol, mélanger le fromage à la crème, le yogourt, le sucre et le zeste de citron. Remuer jusqu'à l'obtention d'un mélange homogène.

3 Répartir la garniture entre les tartelettes. Mettre les fraises sur la garniture. Tamiser le sucre à glacer sur le dessus.

Donne 6 portions de 2 tartelettes.

Tarte au citron à la française

1   1/2

Portions du *Guide alimentaire canadien*

On a peine à croire qu'un dessert aussi savoureux soit si facile à faire. Il s'agit d'une version allegée de la tarte au citron française avec sa garniture mince au goût intense. Je prépare la croûte dans un moule à flan ou à quiche.

3	œufs	3
2	blancs d'œufs	2
175 ml	sucre granulé	3/4 tasse
	zeste râpé de 2 citrons de taille moyenne	
125 ml	jus de citron fraîchement pressé	1/2 tasse
50 ml	jus d'orange fraîchement pressé	1/4 tasse
1	croûte à tarte cuite de 23 cm (9 po) de diamètre *(voir la recette de Pâte à tarte au robot culinaire à la page 312)*	1
10 ml	sucre à glacer	2 c. à thé

1 Dans un bol, battre au batteur électrique les œufs, les blancs d'œufs et le sucre 4 minutes ou jusqu'à ce que le mélange soit épais et crémeux. Incorporer le zeste de citron. En continuant de battre, verser lentement le jus de citron et d'orange dans la préparation. Verser la préparation dans la croûte à tarte cuite. Mettre sur une plaque à biscuits.

2 Cuire au four à 180 °C (350 °F) 25 à 30 minutes ou jusqu'à ce que la garniture ait légèrement gonflé, doré et qu'elle commence à prendre (elle pourra être encore molle au milieu). Laisser refroidir complètement.

3 Immédiatement avant de servir, tamiser le sucre à glacer sur le dessus.

Donne 8 portions.

APPORT NUTRITIONNEL PAR PORTION	
calories	249
protéines	5 g
gras total	8 g
gras saturés	4 g
cholestérol	96 mg
glucides	40 g
fibres alimentaires	1 g
sodium	97 mg

AQR : A 9 %, D 7 %, E 4 %, C 15 %, acide folique 6 %, Ca 2 % (18 mg), fer 8 %, zinc 4 %.

~ ON PREND DE L'AVANCE ~
On peut préparer cette recette à l'avance jusqu'à la deuxième étape inclusivement. Couverte, la tarte se garde 8 heures au réfrigérateur.

~ CONSEIL CULINAIRE ~
Si votre moule à tarte est peu profond, omettre le jus d'orange. La quantité de garniture de cette recette convient idéalement à un moule à flan ordinaire ou à un moule à tarte plus profond.

Gâteau au fromage et au citron, glaçage aux framboises

~ CONSEIL CULINAIRE ~

Pour préparer ce gâteau sans robot culinaire ou mélangeur, passer le fromage cottage au tamis. Battre avec le fromage à la crème jusqu'à l'obtention d'un mélange homogène. Dans un grand bol, battre les œufs et les blancs d'œufs jusqu'à ce qu'ils soient mousseux. Incorporer le sucre. Ajuster le zeste et le jus de citron. Tamiser la farine. Ajouter la vanille et le mélange à base de yogourt. Battre jusqu'à ce que le mélange soit homogène.

Avant d'ajouter le glaçage aux framboises, doubler les parois du moule d'un collier de papier ciré ou sulfurisé haut de 5 cm (2 po) afin d'empêcher le glaçage d'entrer en contact avec les parois du moule. Ce contact pourrait entraîner une décoloration.

1/2   1/4   1/4

Portions du *Guide alimentaire canadien*

Ce gâteau au fromage est tellement riche et onctueux que personne ne voudra croire qu'il soit si faible en gras. Le yogourt et le fromage cottage remplacent une partie du fromage à la crème exigé par la recette traditionnelle. L'emploi de fromage à la crème allégé réduit encore davantage la quantité de gras.

500 ml	yogourt nature à 1 % ou à 2 % ou 250 ml (1 tasse) de yogourt très épais	2 tasses
2	citrons de taille moyenne	2
250 ml	sucre granulé	1 tasse
500 ml	cottage à 1 % ou à 2 %	2 tasses
250 g	fromage à la crème allégé coupé en cubes et ramolli	8 oz
2	œufs	2
3	blancs d'œufs	3
50 ml	farine tout usage	1/4 tasse
5 ml	vanille	1 c. à thé

Croûte

250 ml	biscuits graham émiettés	1 tasse
15 ml	beurre fondu	1 c. à table
25 ml	sirop de maïs léger	2 c. à table

Glaçage aux framboises

1	paquet de 300 g de framboises surgelées individuellement, décongelées*	1
20 ml	fécule de maïs	4 c. à thé
25 ml	sucre à glacer	2 c. à table
20 ml	jus de citron fraîchement pressé	4 c. à thé

1 Égoutter le yogourt nature (non pas du yogourt très épais) dans un tamis doublé d'une mousseline au réfrigérateur pendant au moins 3 heures ou jusqu'à ce qu'il ait réduit à 1 tasse (250 ml). Jeter les liquides.

2 Vaporiser le fond d'un moule à charnière d'une capacité de 3 l (10 po) d'un enduit anticollant ou le doubler de papier sulfurisé. Centrer le moule sur une feuille de papier d'aluminium. Presser le papier d'aluminium contre les parois du moule afin d'empêcher l'eau d'entrer dans le moule pendant la cuisson au four.

3 Préparation de la croûte : Dans un robot culinaire, mélanger les miettes de biscuit et le beurre. Ajouter le sirop de maïs et mélanger jusqu'à ce que la pâte commence à se tenir. Foncer uniformément le moule. Cuire au four à 180 °C (350 °F) 10 minutes.

4 Râper le zeste des citrons et presser suffisamment de jus pour en obtenir 125 ml (1/2 tasse). Au robot culinaire, mélanger le sucre, le jus et le zeste de citron. Ajouter le fromage cottage. Mélanger jusqu'à homogénéité, en raclant les parois du bocal vers le bas. Ajouter le yogourt et le fromage à la crème. Mélanger jusqu'à homogénéité. Ajouter les œufs, les blancs d'œufs, la farine et la vanille. Mélanger encore jusqu'à homogénéité. Verser sur la croûte préparée.

5 Mettre le moule à charnière dans un moule plus grand. Verser suffisamment d'eau chaude pour atteindre la moitié du moule à charnière. Cuire au four à 160 °C (325 °F) 1 1/4 heure ou jusqu'à ce que la préparation soit prise sur les bords et encore un peu molle au centre. Éteindre le four. Passer rapidement un couteau autour du gâteau. Laisser reposer 1 heure au four.

6 Retirer le moule à charnière du moule plus grand et enlever le papier d'aluminium. Laisser refroidir complètement sur une grille. Couvrir et laisser 2 heures (2 jours au maximum) au réfrigérateur avant de servir.

7 Préparation du glaçage aux framboises : Égoutter les framboises dans un tamis au-dessus d'un bol, en exerçant une pression sur les fruits pour enlever les pépins et en extraire environ 325 ml (1 1/3 tasse) de jus. Dans une casserole, délayer au fouet la fécule de maïs dans le jus. Porter à ébullition à feu mi-vif, en remuant constamment. Cuire en remuant jusqu'à ce que le coulis ait épaissi et qu'il soit transparent, soit environ 1 minute. Incorporer le sucre et le jus de citron. Laisser refroidir. Napper le gâteau au fromage uniformément de ce glaçage. Laisser le gâteau au moins 1 heure au réfrigérateur ou jusqu'à ce qu'il soit pris. Enlever les pourtours du moule.

Donne 12 portions.

* Possibilité de substitution : Si on ne peut trouver de telles framboises, les remplacer par 1 paquet de 425 g de framboises surgelées dans un sirop léger. Les décongeler et égoutter dans un tamis. Utiliser 325 ml (1 1/3 tasse) de jus.

~ ON PREND DE L'AVANCE ~
On peut préparer cette recette à l'avance jusqu'à la sixième étape inclusivement. Couvert, le gâteau se conserve 2 jours au réfrigérateur. On peut aussi faire la recette jusqu'à la septième étape inclusivement. Couvert, le gâteau se conserve 4 heures au réfrigérateur.

~ CUISINER ET MANGER MOINS GRAS ~
Réduire la quantité de gras provenant des produits laitiers (lait, yogourt, fromage cottage, crème sure) en choisissant des produits contenant 1 % de gras ou moins.

Flan au yogourt et aux canneberges

~ ON PREND DE L'AVANCE ~
Couverte, cette tarte peut se conserver 1 journée au réfrigérateur.

3/4   1/4   1/4

Portions du *Guide alimentaire canadien*

Les canneberges aigrelettes ajoutent du goût, du moelleux et de la couleur à ce dessert qui rappelle un gâteau au fromage, et qui compte parmi mes préférés. Il est tout aussi savoureux avec des bleuets ou des framboises.

375 ml	farine tout usage	1 1/2 tasse
125 ml	sucre granulé	1/2 tasse
7 ml	levure chimique	1 1/2 c. à thé
75 ml	beurre mou ou margarine molle	1/3 tasse
2	blancs d'œufs	2
5 ml	vanille	1 c. à thé
500 ml	canneberges (fraîches ou surgelées)	2 tasses

Garniture

25 ml	farine tout usage	2 c. à table
500 ml	yogourt nature à 1 % ou à 2 %	2 tasses
1	œuf battu légèrement	1
150 ml	sucre granulé	2/3 tasse
10 ml	zeste de citron ou d'orange râpé	2 c. à thé
5 ml	vanille	1 c. à thé
10 ml	sucre glace	2 c. à thé

1 Dans un robot culinaire ou un bol, mélanger la farine, le sucre, la levure chimique, le beurre, les blancs d'œufs et la vanille. Foncer un moule à charnière d'une capacité de 3 l (10 po) graissé légèrement. Parsemer la pâte uniformément de canneberges.

2 Préparation de la garniture : Faire tomber la farine en neige sur le yogourt. Ajouter l'œuf, le sucre, le zeste de citron et la vanille. Mélanger jusqu'à homogénéité. Verser sur les canneberges.

3 Cuire au four à 180 ºC (350 ºF) 60 à 70 minutes ou jusqu'à ce que la croûte soit dorée. Servir chaud ou froid. Tamiser le sucre glace sur le dessert au moment de servir.

Donne 12 portions.

Carrés au yogourt et aux canneberges

Préparer la recette selon les directives, mais utiliser un moule à gâteau carré d'une capacité de 2,5 l (9 po). Découper le dessert en carrés.

Tarte au yogourt et aux framboises

Remplacer les canneberges par 750 ml (3 tasses) de framboises fraîches ou 1 paquet de 300 g de framboises surgelées individuellement (non décongelées).

Tarte au yogourt et aux bleuets

Remplacer les canneberges par 750 ml (3 tasses) de bleuets frais ou surgelés (non décongelés).

Gâteau ou tarte forêt-noire au yogourt glacé

~ ON PREND DE L'AVANCE ~

On peut préparer cette recette à l'avance jusqu'à la troisième étape inclusivement. Le gâteau se conserve 1 semaine au congélateur. On peut aussi préparer la sauce d'avance. Dans un contenant fermé, elle se conserve 1 journée au réfrigérateur.

~ CUISINER ET MANGER MOINS GRAS ~

La crème glacée légère, le yogourt glacé, les sorbets et les desserts glacés sans produits laitiers sont de bonnes solutions de rechange à la crème glacée ordinaire ou de luxe. Il faut savoir que 125 ml (1/2 tasse) de crème glacée de luxe contiennent 17 grammes de matières grasses alors que la même quantité de yogourt glacé de luxe n'en contient que 2 grammes.

~ CONSEIL CULINAIRE ~

Pour émietter les gaufrettes, les passer au robot culinaire.

1/4   1/2

Portions du *Guide alimentaire canadien*

Toute la famille adorera ce dessert glacé. J'aime bien le mélange de yogourt glacé aux cerises et au chocolat, mais d'autres saveurs donnent de bons résultats également.

25 ml	beurre fondu	2 c. à table
25 ml	sirop de maïs	2 c. à table
15 ml	eau	1 c. à table
375 ml	gaufrettes au chocolat émiettées	1 1/2 tasse
750 ml	yogourt glacé au chocolat ou crème glacée	3 tasses
500 ml	yogourt glacé aux cerises*	2 tasses
1	boîte de 398 ml (14 oz) de cerises dénoyautées	1

Sauce aux cerises

20 ml	fécule de maïs	4 c. à thé
25 ml	jus de citron fraîchement pressé	2 c. à table
25 ml	kirsch, liqueur de cassis ou nectar	2 c. à table

1 Dans un bol, mélanger le beurre, le sirop de maïs et l'eau. Incorporer les gaufrettes émiettées. Foncer un moule à tarte ou un moule à charnière de 23 cm (9 po) de diamètre. Cuire au four à 180 °C (350 °F) 12 minutes. Laisser refroidir. Mettre 10 minutes au congélateur ou jusqu'à ce que la pâte soit ferme.

2 Mettre le yogourt glacé au chocolat et le yogourt glacé aux cerises au réfrigérateur pour qu'ils ramollissent un peu. Hacher grossièrement la moitié des cerises, en réservant le jus pour la sauce.

3 En agissant rapidement, mettre le yogourt glacé aux cerises dans la croûte préparée. Parsemer de cerises hachées. Mettre le yogourt glacé au chocolat sur le dessus, en aplanissant à la spatule. Couvrir et laisser 30 à 45 minutes au congélateur ou jusqu'à ce que la garniture soit ferme.

4 Préparation de la sauce aux cerises : Dans une casserole, battre au fouet le jus de cerise réservé et la fécule de maïs. Cuire à feu mi-vif en remuant sans arrêt jusqu'à ce que la sauce soit claire et épaisse, soit environ 2 minutes. Retirer du feu. (Ou, chauffer dans un plat allant au micro-ondes à intensité élevée 2 1/2 minutes, en remuant deux fois.) Incorporer le reste des cerises, le jus de citron et la liqueur. Laisser refroidir. Au moment de servir, napper les portions de gâteau de cette sauce glacée.

Donne 8 portions.

* Possibilité de substitution : Remplacer le yogourt glacé aux cerises par du yogourt glacé aux fraises, aux framboises ou à la vanille.

Tarte meringuée à l'orange

1/4   1/4
Portions du *Guide alimentaire canadien*

*Savoureuse et succulente, cette tarte doit sa légèreté à sa meringue
et à sa garniture à base de lait concentré.*

3	blancs d'œufs	3
1 ml	crème de tartre	1/4 c. à thé
150 ml	sucre granulé	2/3 tasse
15 ml	fécule de maïs	1 c. à table

Garniture à l'orange

1	paquet de 7 g de gélatine sans saveur	1
	zeste râpé de deux oranges	
375 ml	jus d'orange fraîchement pressé	1 1/2 tasse
2	jaunes d'œufs	2
125 ml	sucre granulé	1/2 tasse
175 ml	lait concentré à 2 %, froid	3/4 tasse

1 Dans un bol, battre les blancs d'œufs avec la crème de tartre jusqu'à la formation de pics mous. Incorporer petit à petit le sucre, à raison de 15 ml (1 c. à table) à la fois, jusqu'à ce que les pics soient fermes. Incorporer la fécule de maïs.

2 Doubler une plaque à biscuits de papier sulfurisé. Étendre la meringue en cercles de 23 cm (9 po) en formant un bord arrondi de 2,5 cm (1 po) de hauteur. Cuire au four à 150 °C (300 °F) 1 heure ou jusqu'à ce que les meringues soient légèrement dorées. Éteindre le four et y laisser les meringues reposer pendant 12 heures. Les détacher du papier et les mettre dans une assiette de service.

3 Ggarniture à l'orange : Saupoudrer la gélatine sur 125 ml (1/2 tasse) de jus d'orange et réserver. Dans une casserole (autre qu'en aluminium), battre au fouet les jaunes d'œufs légèrement. Verser le reste du jus d'orange, ajouter le zeste d'orange et le sucre. Cuire à feu moyen, en remuant sans arrêt, 5 à 10 minutes ou jusqu'à ce que le liquide épaississe légèrement. Retirer du feu. Incorporer le jus d'orange gélatiné et dissoudre. Couvrir et laisser environ 15 minutes au réfrigérateur ou jusqu'à ce que la préparation ait épaissi légèrement.

4 Dans un autre bol, battre le lait concentré refroidi jusqu'à ce qu'il ait épaissi et qu'il soit mousseux. Incorporer le mélange à base de gélatine et mélanger. À l'aide d'une cuillère, mettre le mélange dans la croûte de meringue. Laisser environ 30 minutes (8 heures au maximum) au réfrigérateur ou jusqu'à ce que la garniture soit prise.

Donne 8 portions.

~ ON PREND DE L'AVANCE ~
Préparer cette recette à l'avance jusqu'à la deuxième étape inclusivement. Dans une boîte de carton ou de métal, la tarte se conserve à température ambiante 1 semaine.

~ CONSOMMER MOINS DE MATIÈRES GRASSES ~
Le lait concentré employé ici contient 2 % de matières grasses mais confère l'onctuosité et la richesse de la crème ordinaire à 15 % tout en apportant deux fois plus de calcium que cette dernière.

~ CONSEIL POUR LE SERVICE ~
Pour soigner la présentation de la tarte, la garnir de torsades d'orange, de feuilles de menthe et la saupoudrer de cacao en poudre.

Soulager le côlon irritable grâce au régime alimentaire

L e syndrome du côlon irritable touche 20 % de Canadiens par ailleurs en santé. Les personnes atteintes ressentent des douleurs abdominales qui sont soulagées quand elles vont à la selle, elles traversent des périodes de constipation alternant avec des épisodes de diarrhée importante, et souffrent de gaz et de ballonnements. Même si on ne connaît ni la cause ni le traitement du syndrome du côlon irritable, un régime alimentaire approprié peut contribuer à atténuer les symptômes. Vu que les personnes touchées réagissent de façon différente aux changements proposés ici, considérez ces conseils comme un point de départ et procédez aux ajustements qui s'imposent pour vous.

Conseils nutritionnels : Le côlon irritable

♦ Tenez un journal de votre consommation alimentaire quotidienne. Tentez d'établir des liens entre les aliments ingérés et l'apparition des symptômes. Éliminez les aliments suspects les uns après les autres.

♦ Améliorez l'ensemble de vos habitudes alimentaires. Durant la journée, prenez quatre ou cinq repas ou goûters faibles en matières grasses et à intervalles réguliers.

♦ Les fibres alimentaires exercent un effet régulateur et soulagent aussi bien la diarrhée que la constipation. Augmentez progressivement votre consommation de fibres en mangeant davantage de céréales de grain entier, de légumes, de fruits et de légumineuses. Attendez-vous à souffrir de gaz et de ballonnements au début. Après quelques mois, ces phénomènes devraient toutefois s'estomper.

♦ Si vous souffrez de constipation grave, ajoutez quotidiennement 15 ml (1 c. à table) de son de blé naturel à votre régime alimentaire et portez peu à peu cette quantité à 45 à 60 ml (3 à 4 c. à table) quotidiennement les mois suivants. Comme le son absorbe le liquide, buvez 1 ou 2 verres d'eau avec les aliments riches en son.

♦ Si vous souffrez de diarrhée, recherchez les aliments riches en fibres solubles comme le son d'avoine, les flocons d'avoine, l'orge, les légumineuses si vous les tolérez, les pommes, la compote de pommes, les agrumes et les céréales pour petit déjeuner contenant du psyllium. Évitez les aliments contenant des édulcorants comme le sorbitol ou le mannitol. Réduisez ou supprimez votre consommation de boissons caféinées, d'alcool et d'épices.

♦ Si les gaz et les ballonnements persistent, essayez de suivre les conseils donnés à la page 143. Envisagez aussi d'éliminer le lactose, le sucre naturel du lait, en consommant du lait réduit en lactose (vendu dans la section des produits laitiers) et en évitant les fromages fondus. Les fromages vieillis et le yogourt sont faibles en lactose et ne devraient pas vous causer d'ennuis.

Remarques sur certains ingrédients

Assaisonnement à l'italienne : L'assaisonnement à l'italienne prémélangé est pratique. Pour préparer vous-même ce condiment, mélangez 2 ml (1/2 c. à thé) d'origan séché, 4 ml (3/4 c. à thé) de basilic séché, et une grosse pincée de thym, de romarin et de marjolaine.

Fines herbes : Dans la mesure du possible, utilisez des herbes fraîches. Si vous achetez des fines herbes séchées, choisissez celles présentées en feuilles et non pulvérisées. Si vous remplacez les herbes séchées par des herbes fraîches, il faut prendre environ 15 ml (1 c. à table) d'herbes hachées au lieu de 5 ml (1 c. à thé) d'herbes séchées. Pour le basilic ou l'aneth, j'utilise 25 à 50 ml (2 à 4 c. à table) d'herbes fraîches au lieu de 5 ml (1 c. à thé) de ces herbes séchées. Pour conserver les herbes fraîches, enveloppez les racines ou les extrémités coupées dans un linge humide et mettez-les au réfrigérateur dans un sac à fermeture à glissière. Lavez les herbes avant de les utiliser.

Fromage : La teneur en matière grasse d'un fromage apparaît sur l'étiquette sous forme de pourcentage de matière grasse du beurre ou du lait (M.G.). Ce chiffre indique le pourcentage de matière grasse au poids, et ne doit pas être confondu avec le pourcentage de calories tirées des matières grasses. Un fromage portant la mention «léger» ou «allégé» n'est pas nécessairement faible en gras. Ce terme signifie simplement que le fromage contient 25 % moins de matières grasses que la variété ordinaire. J'utilise souvent un fromage de type provolone léger (12 %) ainsi que les fromages naturellement pauvres en matières grasses comme le danbo (9 à 13 %), le feta (15 à 22 %) et le fromage de chèvre crémeux (15 à 20 %). La quark est un fromage mou, crémeux et non affiné renfermant 1 à 7 % de matière grasse.

Fromage de yogourt ou yogourt égoutté : Le fromage de yogourt possède une texture épaisse et crémeuse et remplace, dans les tartinades ou les trempettes, les produits laitiers plus riches en matières grasses comme la crème sure ou le fromage à la crème. Mélangé à du sucre, c'est un succédané délicieux de la crème fouettée. Pour égoutter du yogourt, mettre du yogourt nature, faible en matières grasses et sans gélatine, dans un tamis doublé d'une mousseline placé au-dessus d'un bol (ou encore servez-vous d'un tamis à yogourt ou d'un filtre à café). Laissez le tout au réfrigérateur pendant 6 heures ou jusqu'à ce que le yogourt ait réduit de volume de moitié. Pour obtenir une préparation plus épaisse, égouttez pendant 48 heures. On peut remplacer le fromage de yogourt par du yogourt très épais vendu dans les supermarchés ou par certaines variétés de yogourt grec.

Gingembre : Le gingembre frais ajoute un merveilleux parfum aux légumes, salades, sauces, marinades et plats sautés. Achetez du gingembre à la peau lisse, luisante et ferme, exempte de flétrissures et de moisissures. Pelez le gingembre avec un couteau-éplucheur (économe) ou un couteau d'office. Conservez-le au réfrigérateur. On peut également le congeler. Le gingembre séché et moulu n'arrive pas à la cheville du gingembre frais.

Huile de sésame : Cette huile de couleur foncée, faite à partir de graines de sésame rôties, est utilisée comme condiment et non comme huile de cuisson. On l'ajoute habituellement vers la fin de la cuisson et elle est délicieuse dans les plats sautés à l'orientale. Recherchez les marques japonaises, car les produits nord-américains ont moins de saveur. Je n'utilise pas l'huile de sésame «légère», qui ne l'est qu'en couleur et en saveur et non en matières grasses ou en calories.

Huile végétale : La plupart des recettes indiquent «huile végétale» sans préciser d'huile en particulier (p. ex. canola ou carthame), parce que l'une ou l'autre donne de bons résultats en cuisine et que nous avons besoin de différents types de matières grasses dans notre alimentation. Vous trouverez de l'information sur les différents types de gras et d'huiles et sur leurs effets sur la santé à l'appendice de la page 331. Pour l'usage général, je prends l'huile de canola à la saveur très discrète et la plus faible en gras saturés. Pour les sauces à salade et les sauces à pâtes ou pour une saveur plus marquée, je choisis l'huile d'olive vierge extra. Je n'achète pas les flacons étiquetés «huile végétale» à moins que ne soit indiqué le type d'huile. Je n'utilise pas les huiles dites «légères», «allégées» ou «light», car elles sont légères en couleur et en saveur mais non en matières grasses et en calories.

Lait de coco : Le lait de coco est un mélange de noix de coco râpée et d'eau bouillante. Dans la cuisine thaïlandaise, le lait de coco est d'usage courant dans les soupes, les caris et les sauces. Une tasse de lait de coco allégé en conserve contient entre 12 et 20 grammes de gras ; le lait de coco ordinaire contient 75 % plus de matières grasses. Bien remuer le lait de coco en conserve avant de l'utiliser. Le lait de coco en poudre a une excellente saveur et est facile d'emploi. Toutefois, une quantité de 15 ml (1 c. à table) de cette poudre apporte 4 grammes de matières grasses. Vous pouvez préparer votre propre lait de coco allégé en prenant moins de poudre que ne l'exige la recette. Par exemple, si vous mélangez 75 ml (5 c. à table) de poudre dans 250 ml (1 tasse) d'eau, vous obtiendrez 20 grammes de gras. N'allez pas confondre le lait de coco avec la crème de coco sucrée, qui s'emploie surtout dans les desserts et les boissons, ni avec le lait de coco proprement dit, qui se trouve à être le liquide contenu dans la noix de coco.

Nouilles chinoises : On trouve souvent des nouilles chinoises de blé, emballées sous vide (parfois appelées chow mein) dans la section légumes des supermarchés. Certaines marques se conservent au moins 2 semaines au réfrigérateur. Ces nouilles sont très pratiques car elles se cuisent à l'eau bouillante en 2 ou 3 minutes seulement. Si on ne peut trouver de nouilles chinoises, on peut les remplacer par des nouilles aux œufs italiennes. Les nouilles de riz, habituellement sèches, se présentent sous différentes formes, entre autres sous forme de vermicelles de riz très fines. Laisser tremper les nouilles de riz dans de l'eau chaude pendant 15 minutes puis les laisser égoutter ; on peut alors les utiliser dans les soupes ou les plats sautés. Les nouilles transparentes sont faites à partir de haricots mungos broyés. Les laisser tremper pendant 5 minutes dans de l'eau chaude avant de les utiliser.

Pâte de cari : On peut acheter la pâte de cari thaïlandaise ou indienne dans les épiceries orientales ou dans certains supermarchés. C'est un mélange d'épices, de condiments, de vinaigre et parfois de piments. Utilisez la pâte de cari au lieu de la poudre de cari pour la fraîcheur du goût. Essayez les différents produits vendus sur le marché ; leur saveur et leur force varient considérablement. Les pâtes vendues en bocal de verre se conservent des mois au réfrigérateur.

Pâte de piments ou sauce piquante au piment : Cette pâte rouge, utilisée en cuisine orientale, est faite de piments forts, d'ail et de sel. Un peu suffit. Elle se conserve des mois au réfrigérateur. On peut la remplacer par de la sauce piquante au piment.

Poudre de cinq-épices : Ce condiment piquant et aromatique est un mélange d'anis étoilé, de grains de poivre du Sichuan, de fenouil, de clous de girofle et de cannelle. On en trouve dans la section épices de plusieurs supermarchés et dans les épiceries chinoises. Dans un contenant fermé hermétiquement, la poudre de cinq-épices se conserve indéfiniment. On l'utilise dans les marinades et les sauces.

Riz : Il existe beaucoup de variétés de riz. Le riz brun est le plus intéressant sur le plan alimentaire, car c'est un grain entier et il contient du son. Le riz blanc, le plus courant, a été débarrassé de son son. Le riz précuit est du riz blanc cuit puis déshydraté. Le riz étuvé ou «converted» a subi un traitement qui permet aux éléments nutritifs présents dans le son de s'infiltrer à l'intérieur du grain (l'endosperme). Il est plus nutritif que le riz blanc. Le riz basmati d'Inde et du Pakistan et le riz au jasmin de Thaïlande sont des riz à grain long à l'arôme et à la saveur de noix. Le riz arborio est un riz à grain court ou moyen importé d'Italie utilisé dans le risotto. *(Voir le mode de cuisson à la page 129.)*

Safran : Cette épice, la plus coûteuse de toutes, est faite des stigmates couleur rouille d'un petit crocus. Étant donné sa saveur aromatique marquée, on l'utilise en petites quantités et on ne doit pas l'associer à d'autres épices ou aromates au goût typé. Pour en tirer un maximum de saveur, faites tremper les brins dans un peu d'eau très chaude avant de les utiliser. Achetez le safran de provenance espagnole en petites quantités, et en brins plutôt qu'en poudre, qui a tendance à s'éventer. On peut reproduire la couleur jaune du safran en le remplaçant par du curcuma ; toutefois la saveur n'en sera pas la même.

Sauce de soja noir fermenté : Cette sauce faite de haricots noirs fermentés est utilisée dans les mets chinois à base de fruits de mer, de viande, de volaille et de légumes. On en trouve en flacons dans les épiceries chinoises et dans la section des produits spéciaux des supermarchés. Je préfère la sauce de haricots entiers plutôt que celle de haricots réduits en purée.

Sauce d'huîtres : Cette sauce brune et épaisse, préparée à partir d'huîtres et de sauce soja, mais sans le goût de poisson, est utilisée en cuisine chinoise. On en trouve dans les épiceries chinoises et dans certains supermarchés. Elle se conserve indéfiniment au réfrigérateur.

Sauce hoisin : Utilisée abondamment dans la cuisine chinoise, la sauce hoisin est faite de soja, de vinaigre, de sucre et d'épices. On en trouve dans les épiceries orientales et dans beaucoup de supermarchés. Utilisez cette sauce foncée et sucrée dans les plats sautés, les marinades ou dans les sauces pour les pâtes. Ou mettez-en sur le saumon, le poulet ou sur les côtelettes de porc avant de les passer au gril. La sauce hoisin se conserve des mois au réfrigérateur.

Sauce de poisson : Ingrédient de base de la cuisine thaïlandaise, la sauce de poisson confère aux plats une saveur salée de poisson. On peut parfois la remplacer par de la sauce soja, mais la sauce de poisson a plus de goût. Toutes les sauces de poisson vendues en flacon sont riches en sodium, même si la quantité de sel varie beaucoup d'une marque à l'autre. Si vous devez surveiller votre consommation de sel, recherchez les marques donnant de l'information nutritionnelle et trouvez la marque la plus faible en sodium. J'utilise une marque qui est plus faible en sodium que la plupart des autres mais qui en contient quand même 760 mg aux 15 ml (1 c. à table). La sauce de poisson se conserve au moins un an dans une armoire.

Sauce soja : Cet ingrédient de base de la cuisine orientale est composé de soja, de sel et d'eau. On peut utiliser de la sauce soja hyposodique dans certaines recettes, mais alors, on aura peut-être intérêt à rectifier l'assaisonnement. Une marque de sauce soja «allégée» contient moins de 100 mg de sodium aux 2 ml (1/2 c. à thé), soit 40 % de moins que la sauce régulière.

Sel : Quand un recette indique «sel au goût», le sel que vous ajoutez alors n'est pas comptabilisé dans la quantité de sodium indiquée dans l'encadré «information nutritionnelle» de la recette. Si vous mettez 2 ml (1/2 c. à thé) de sel, vous ajoutez environ 1 200 mg de sodium à la recette. Divisez cette quantité par le nombre de portions pour connaître la quantité de sodium ajoutée par portion.

Sodium : *Voir Sel.*

Vinaigre balsamique : Venant d'Italie, ce vinaigre doux, de couleur sombre, à saveur riche et légèrement sucrée se vend dans les supermarchés. Au besoin, on peut remplacer 15 ml de vinaigre balsamique par 15 ml (1 c. à table) de vinaigre de vin rouge additionné d'une pincée de sucre.

Wasabi : Souvent appelé raifort japonais, le wasabi est obtenu à partir de la racine d'une plante orientale. C'est la pâte piquante qui entre dans la composition des sushis qu'on trouve sous forme de pâte ou de poudre dans les épiceries japonaises ou orientales. La pâte s'utilise délayée dans un peu d'eau.

Zeste : Couche extérieure des agrumes, surtout de l'orange et du citron. Le zeste s'enlève à l'aide d'un zesteur, d'un couteau d'office ou d'un couteau-éplucheur. Assurez-vous de ne prélever que la partie orangée ou jaune de l'écorce et non la couche blanche, amère. Le zeste contient des huiles aromatiques qui confèrent une saveur intense aux plats sucrés ou salés.

Annexe
Les différents types de gras

Certains types de matières grasses sont meilleurs pour la santé que d'autres. Les caractéristiques de chaque type et ses effets sur la santé dépendent surtout de la teneur en acides gras de la matière grasse.

Les acides gras sont des chaînes d'atomes de carbone et d'hydrogène qui constituent les unités élémentaires des matières grasses. La longueur de la chaîne de carbone et la nature des liens entre le carbone et l'hydrogène déterminent les propriétés physiques et chimiques de chaque type de matières grasses et leurs effets sur la santé.

Les gras dits saturés le sont parce que les acides gras qui les composent sont chargés à bloc d'hydrogène. Les gras insaturés, en revanche, contiennent des acides gras capables de recevoir un ou plusieurs atomes d'hydrogène. L'hydrogénation consiste à ajouter de l'hydrogène à un gras insaturé. L'huile liquide insaturée se transforme en solide et devient comme un gras saturé par l'ajout d'hydrogène. Ce procédé modifie les propriétés physiques et chimiques du gras original ainsi que ses effets sur la santé.

Gras polyinsaturés

Deux principaux types :

Gras oméga-3 : acide éicosapentanoïque (AEP) et acide docosahexanoïque (ADH)

♦ joue un rôle dans la santé cardiaque

♦ a un effet anti-inflammatoire dans l'arthrite

On le trouve principalement dans :

- les poissons à chair grasse comme le maquereau, le hareng, le saumon, l'espadon, la truite, la morue et le tassergal

Gras oméga-6 : acide linoléique

♦ à consommer en petites quantités comme source d'acide gras essentiel

♦ joue un rôle dans la santé cardiaque mais semble associé à un risque accru de cancer s'il est consommé en grandes quantités

On le trouve principalement dans :

- les huiles de carthame, de tournesol et de maïs
- la margarine faite à partir de ces huiles
- les noix, les graines oléagineuses

Acides gras monoinsaturés

♦ à consommer en petites quantités

♦ jouent un rôle dans la santé cardiaque

On les trouve principalement dans :
- les huiles d'olive, de canola et d'arachide
- les margarines faites à partir de ces huiles
- les noix et les graines oléagineuses

Acides gras saturés

♦ à consommer aussi peu que possible
♦ sont associés à une augmentation des risques de maladies cardiaques

On les trouve principalement dans :
- la viande et la volaille
- le lait, le fromage, le yogourt, à l'exception des produits faits à partir de lait écrémé
- le beurre et le saindoux
- les huiles de palme, de palmiste et de coco

Acides gras trans

♦ à éviter autant que possible
♦ accroissent le risque de maladies cardiaques

On les trouve principalement dans :
- les huiles végétales partiellement hydrogénées comme le shortening
- les margarines dures

Notes sur l'analyse nutritionnelle des recettes

L'analyse nutritionnelle des recettes et des menus a été menée par Info Access (1988) Inc., de Don Mills en Ontario, selon le système CBORD de gestion des menus. Le Fichier canadien sur les éléments nutritifs (1997) a servi de base de données, complétées par d'autres données bien documentées provenant de sources fiables.

Les analyses sont fondées sur :

♦ les mesures impériales, sauf quand des aliments sont conditionnés et utilisés en quantités métriques ;

♦ la quantité moindre quand des quantités variables d'ingrédients sont indiquées ;

♦ le premier ingrédient indiqué quand plusieurs ingrédients sont suggérés.

Les recettes ont été analysées avec l'utilisation de l'huile de canola, de lait à 1 %, de bouillon de poulet en conserve et de sauce de poisson contenant 765 mg de sodium aux 15 ml (1 c. à table). Les calculs sont faits avec de la viande et de la volaille maigre.

Dans l'analyse, on n'a pas tenu compte des ingrédients facultatifs et des ingrédients sans indication de quantité précise (par exemple « sel au goût »). Il convient de remarquer que 1 ml (1/4 c. à thé) de sel apporte environ 600 mg de sodium.

Les valeurs des nutriments ont été arrondies au nombre entier le plus rapproché ; les valeurs supérieures à zéro mais inférieures à 0,49 ont été indiquées en tant que « traces ». Les vitamines et minéraux retenus* sont présentés selon les pourcentages de l'apport quotidien recommandé (AQR) établis aux fins d'étiquetage (*Guides des fabricants et annonceurs, 1996,* Agriculture et Agro-alimentaire Canada). Les apports quotidiens recommandés sont une norme mise au point pour l'étiquetage des aliments au Canada. Ils correspondent à la consommation maximale recommandée de chacun des éléments nutritifs pour chaque groupe d'âge ou sexe ; ils ne tiennent pas compte des besoins accrus pendant la grossesse ou l'allaitement.

Les portions selon le *Guide alimentaire canadien*

Le *Guide alimentaire canadien pour manger sainement* contient des recommandations sur le nombre de portions quotidiennes des quatre groupes alimentaires (produits céréaliers, légumes et fruits, produits laitiers, viandes et substituts) et indique la taille des portions pour les aliments choisis. Le nombre de portions a été calculé à l'aide d'un logiciel mis au point par Info Access. Pour les aliments dont les tailles de portions sont

---

* Les minéraux et vitamines retenus sont ceux dont les Canadiens ont tendance à manquer (calcium, fer, zinc et acide folique) ou qui suscitent un intérêt particulier, comme les vitamines A, D, E et C. Les vitamines du groupe B autres que l'acide folique n'apparaissent pas dans les analyses, car elles se trouvent en quantités abondantes dans les différents aliments consommés par les Canadiens.

situées dans une fourchette de valeurs, les calculs ont été faits sur 50 grammes de viande, de volaille ou de poisson, 1 œuf et 125 ml (1/2 tasse) de légumineuses en conserve ou cuits. Les tailles des portions des ingrédients qui ne sont pas mentionnés spécifiquement dans le *Guide alimentaire canadien* ont été évaluées en référence aux portions et à l'apport en éléments nutritifs des autres aliments du même groupe. Les portions selon le guide ont été arrondies au quart de portion.

Besoins quotidiens en éléments nutritifs

Les analyses nutritionnelles qui accompagnent chaque recette du livre indiquent les quantités d'éléments nutritifs contenues dans une portion de la recette. Pour connaître les quantités d'éléments nutritifs nécessaires quotidiennement, consultez le tableau suivant. Les valeurs données ici s'appliquent à un adulte sain moyen et ne tiennent pas compte des cas particuliers, par exemple les personnes qui doivent réduire leur consommation de sodium ou ingérer un surplus de fer pour corriger une anémie ferriprive. Sauf indication contraire, les données de ce tableau sont conformes aux Recommandations canadiennes sur les éléments nutritifs de 1990.

Âge	Sexe	Énergie[1] (calories)	Protéines (g)	Glucides[2] (g)	Fibres[3] (g)	Matières grasses[4] 25 % (g)	Matières grasses 30 % (g)	Cholestérol (mg)	Sodium[5] (mg)
19 à 24	Hommes	3000	61	413	25 à 35	83	100	300 ou −	2000 ou −
	Femmes	2100	50	289	25 à 35	58	70	300 ou −	2000 ou −
25 à 49	Hommes	2700	64	371	25 à 35	75	90	300 ou −	2000 ou −
	Femmes	1900	51	261	25 à 35	53	63	300 ou −	2000 ou −
50 à 74	Hommes	2300	63	316	25 à 35	64	77	300 ou −	2000 ou −
	Femmes	1800	54	248	25 à 35	50	60	300 ou −	2000 ou −
75 et +	Hommes	2000	59	275	25 à 35	56	67	300 ou −	2000 ou −
	Femmes	1700	55	234	25 à 35	47	57	300 ou −	2000 ou −

VITAMINES

Âge	Sexe	A[6] (avec bêta-carotène) RE (UI)	D[7] mcg (UI)	E mg (UI)	C[8] (mg)	Acide folique[9] mcg (mg)	Calcium[10] (mg)	Fer (mg)	Zinc (mg)
19 à 24	Hommes	1000 (5700)	5 (200)	10 (16)	40	220 (0,22)	1000	9	12
	Femmes	800 (4600)	5 (200)	7 (12)	30	180 (0,18)	1000	13	9
25 à 49	Hommes	1000 (5700)	5 (200)	9 (15)	40	230 (0,23)	1000	9	12
	Femmes	800 (4600)	5 (200)	6 (10)	30	185 (0,19)	1000	13	9
			(Jusqu'à 70 ans)						
50 à 74	Hommes	1000 (5700)	10 (400)	7 (12)	40	230 (0,23)	1200	9	12
	Femmes	800 (4600)	10 (400)	6 (10)	30	195 (0,20)	1200	8	9
			(71 ans et plus)						
75 et +	Hommes	1000 (5700)	15 (600)	6 (10)	40	215 (0,22)	1200	9	12
	Femmes	800 (4600)	15 (600)	5 (8)	30	200 (0,20)	1200	8	9

mg = milligramme ; mcg = microgramme ; RE = équivalent rétinol ; UI = unités internationales

1. Le nombre de calories est basé sur les besoins en énergie d'une personne de taille moyenne et moyennement active.

2. Les valeurs pour les glucides ont été calculées en se fondant sur la recommandation nutritionnelle qui veut qu'environ 55 % des calories doivent provenir des glucides. Les glucides comprennent aussi bien les féculents que les sucres.

3. Les quantités de fibres alimentaires correspondent à la consommation généralement reconnue comme nécessaire au maintien d'une bonne santé.

4. . Les quantités de matières grasses correspondent à une proportion de 25 % ou de 30 % de l'apport calorique quotidien. La première valeur est habituellement appliquée aux régimes faibles en cholestérol. La valeur plus élevée représente l'objectif à atteindre dans une alimentation saine en général.

5. Les quantités de sodium correspondent à une valeur pratique établie à mi-chemin entre les valeurs de 1800 et 2300 mg par jour.

6. La vitamine A comprend le bêta-carotène ; la vitamine A préformée se trouve dans les aliments d'origine animale, tandis que le bêta-carotène est présent surtout dans les aliments végétaux.

7. Les quantités de vitamine D données ici sont tirées des recommandations de la National Academy of Sciences de 1997.

8. Les fumeurs devraient augmenter leur consommation de vitamine C de 50 %.

9. Les quantités d'acide folique correspondent aux besoins nutritionnels de base, et ne tiennent pas compte des quantités supplémentaires recommandées chez la femme enceinte pour prévenir les malformations du tube neural.

10. Les quantités de calcium données ici sont tirées des recommandations de la National Academy of Sciences de 1997.

Système d'équivalents de l'Association canadienne du diabète

Le système d'équivalents de l'Association canadienne du diabète employé dans le tableau suivant fait partie du système du guide *Vive la santé ! Vive la bonne alimentation !* pour la planification des repas (1998). Il se fonde sur le *Guide alimentaire canadien pour manger sainement.* Un diététiste peut adapter la planification des repas de manière à tenir compte des besoins individuels.

Les personnes qui utilisent le guide *Vive la santé ! Vive la bonne alimentation !* peuvent voir comment adapter les recettes à leur menu personnalisé. Certaines recettes peuvent dépasser le nombre de portions recommandées à un repas particulier. On peut les intégrer dans son alimentation en réduisant la taille de la portion.

Les quantités d'éléments nutritifs données dans les recettes du livre ont été arrondies à l'entier le plus proche. Les valeurs du système d'équivalents de l'Association canadienne du diabète s'appuient sur les valeurs d'éléments nutritifs arrondies à un point décimal.

Pour obtenir davantage de renseignements sur le diabète et sur le guide *Vive la santé ! Vive la bonne alimentation !* ou sur l'Association canadienne du diabète, veuillez écrire au bureau de l'Association canadienne du diabète, 5635, rue Sherbrooke est, Montréal, Québec, H1N 1A3 ou consultez le site web à www.diabetes.ca.

Les valeurs suivantes d'équivalents de l'Association canadienne du diabète correspondent à la recette principale indiquée, et non aux variantes susceptibles d'apparaître sur la page en question.

Page		FÉCULENTS	FRUITS ET LÉGUMES	LAIT	SUCRES	PROTÉINES	MATIÈRES GRASSES ET HUILE	DIVERS
Les hors-d'œuvre et entrées								
13	Quesadillas grillées : avocat 1/8 de la recette	1 1/2	1/2			1/2	1 1/2	
14	Quesadillas aux crevettes 1 pointe (1/24 de la recette)	1/2				1/2		
15	Tartelettes de pâte phyllo 1 tartelette (1/36 de la recette)							1
16	Tartelettes de pâte phyllo garnies de salsa à la mangue 1 tartelette (1/30 de la recette)							1
17	Hoummos piquant 30 ml/2 c. à table (1/16 de la recette)		1/2					
18	Trempette à l'oignon caramélisé et au basilic 25 ml/2 c. à table (1/20 de la recette)		1/2					
19	Trempette crémeuse au crabe 25 ml/2 c. à table (1/20 de la recette)					1/2		

#		FÉCULENTS	FRUITS ET LÉGUMES	LAIT	SUCRES	PROTÉINES	MATIÈRES GRASSES ET HUILE	DIVERS
20	Trempette aux haricots noirs garnie de légumes 25 ml/2 c. à table (1/16 de la recette)		1/2					
26	Trempette crémeuse à la coriandre et à la menthe 25 ml/2 c. à table (1/13,3 de la recette)			1/2 1 %				
27	Tartinade à la truite fumée : yogourt 25 ml/2 c. à table (1/13,3 de la recette)					1/2		
28	Fromage de yogourt aux fines herbes 25 ml/2 c. à table (1/8 de la recette)			1/2 1 %				
29	Bruschetta aux champignons 1 morceau (1/12 de la recette)	1/2				1/2	1/2	1
30	Moules marinées 1/45 de la recette							1
34	Croquettes de crabe 1/6 de la recette	1/2				3		1
36	Crevettes piquantes 3 morceaux (1/13,3 de la recette)					1		
37	Spirales à la dinde fumée, sauce hoisin 2 morceaux (1/20 de la recette)	1/2				1/2		
38	Spirales aux graines de sésame et au wasabi 2 morceaux (1/20 de la recette)	1/2					1/2	
39	Spirales au poivron rouge rôti et à la roquette 2 morceaux (1/20 de la recette)	1/2					1/2	
40	Spirales au saumon fumé et au fromage à la crème 2 morceaux							
40	Fromage de yogourt 2 morceaux (1/20 de la recette)	1/2				1/2		
40	Fromage à la crème allégé aux fines herbes 2 morceaux (1/20 de la recette)	1/2				1/2	1/2	
41	Bouchées au poulet, sauce teriyaki 1/24 de la recette					1/2		
44	Thé à la menthe glacé aux agrumes 1/6 de la recette		1/2		1			

Les salades

#		FÉCULENTS	FRUITS ET LÉGUMES	LAIT	SUCRES	PROTÉINES	MATIÈRES GRASSES ET HUILE	DIVERS
47	Salade d'épinards avec vinaigrette à l'huile de noix de Grenoble 1/8 de la recette						1	1
48	Salade de carottes et de radicchio 1/4 de la recette		1				1	
49	Haricots verts à l'ail et à l'huile aromatisée 1/8 de la recette		1/2				1/2	
50	Salade de betteraves fraîches et d'oignon 1/4 de la recette		1				1/2	
51	Salade de cresson de fontaine, d'orange et de pois chiches 1/4 de la recette	1/2	1			1/2		

	FÉCULENTS	FRUITS ET LÉGUMES	LAIT	SUCRES	PROTÉINES	MATIÈRES GRASSES ET HUILE	DIVERS
52 Salade de chou à l'indonésienne 1/8 de la recette		1/2		1/2		1/2	
53 Salade végétarienne à la thaïlandaise 1/4 de la recette		1			1	1/2	
54 Salade de haricots noirs et de maïs 1/8 de la recette	1				1/2		1
56 Salade de crevettes marinées et de mangues 1/6 de la recette		2 1/2		1	4 1/2		
58 Salade de roquette et de chèvre chaud 1/8 de la recette		1/2			1/2	1 1/2	
59 Salade de lentilles, de riz sauvage et d'orzo au cari 1/8 de la recette	1 1/2	1/2			1/2	1 1/2	1
60 Salade de penne au poulet avec sauce thaïlandaise 1/6 de la recette	2	1/2			3 1/2		
62 Salade de pâtes, de tomates et de maïs 1/8 de la recette	3 1/2				1	1	1
63 Salade de pâtes au pesto avec poulet et tomates séchées 1/6 de la recette	4				3		
64 Salade de couscous avec oranges et carottes 1/6 de la recette	2	2				1	
65 Sauce au yogourt et au persil 15 ml (1 c. à table) (1/26,7 de la recette)						1/2	
66 Vinaigrette au gingembre et aux fines herbes 15 ml (1 c. à table) (1/8 de la recette)				1/2		1/2	

Les soupes

	FÉCULENTS	FRUITS ET LÉGUMES	LAIT	SUCRES	PROTÉINES	MATIÈRES GRASSES ET HUILE	DIVERS
69 Soupe aux tortellini et aux légumes 1/4 de la recette	1 1/2	1/2			1 1/2	1/2	
70 Soupe portugaise aux pois chiches et aux épinards 1/6 de la recette	1	1/2			1		
71 Soupe au pistou 1/6 de la recette	1	1			1 1/2	1/2	
72 Soupe hivernale aux légumes 1/4 de la recette	1	1			1/2	1	
76 Soupe aux patates douces et au gingembre 1/8 de la recette	1 1/2					1	
77 Soupe de carottes et de gingembre au cari 1/6 de la recette		1	1/2 2 %			1/2	
78 Soupe orientale aux nouilles, aux carottes et aux champignons 1/5 de la recette	1/2	1/2			1 1/2		
79 Soupe piquante au poulet et aux nouilles à la thaïlandaise 1/6 de la recette	1				2		1
80 Soupe chinoise aux crevettes et aux pétoncles 1/4 de la recette	1				1 1/2		
81 Soupe au lait de coco, au gingembre et au poulet à la thaïlandaise 1/4 de la recette	1/2				1	1/2	

	FÉCULENTS	FRUITS ET LÉGUMES	LAIT	SUCRES	PROTÉINES	MATIÈRES GRASSES ET HUILE	DIVERS
82 Bisque de cèpes 1/6 de la recette		1/2	1/2 2 %			1/2	1
84 Soupes aux lentilles, à l'orge et aux patates douces 1/8 de la recette	1	1			1/2		
85 Mulligatawny 1/6 de la recette		1 1/2			2 1/2		
86 Soupe minute aux haricots noirs, au maïs et aux tomates 1/6 de la recette	1	1 1/2			1/2		
87 Soupe aux oignons et aux pommes de terre 1/8 de la recette	1/2	1/2			1/2	1/2	
88 Gaspacho 1/8 de la recette	1			1/2			

Les pâtes alimentaires

	FÉCULENTS	FRUITS ET LÉGUMES	LAIT	SUCRES	PROTÉINES	MATIÈRES GRASSES ET HUILE	DIVERS
91 Pâtes aux pois chiches et aux épinards 1/3 de la recette	3 1/2				1 1/2		1
92 Fettuccine crémeux à la dinde 1/3 de la recette	3 1/2	1	1 1/2 2 %	4			
93 Pâtes estivales au maïs et aux tomates 1/10 de la recette	2				1/2		
94 Fettuccine au pesto 1/4 de la recette	4 1/2				1	1 1/2	
96 Linguine aux crevettes et au basilic frais 1/4 de la recette	4	1 1/2			3 1/2		
97 Pad thaï 1/4 de la recette	3	1		1/2	2 1/2	1	
98 Penne aux tomates, au thon et au citron 1/3 de la recette	3 1/2	1			2 1/2		
99 Nouilles à la thaïlandaise avec légumes sautés 1/4 de la recette	1 1/2	1/2			1/2	1	
100 Nouilles à la mode de Singapour 1/4 de la recette	2	2			1 1/2	1	
102 Assiette de nouilles chinoises aux crevettes 1/10 de la recette	1 1/2	1			2 1/2		
106 Lasagnes aux champignons sauvages et aux épinards 1/6 de la recette	2 1/2	1/2	1 1/2 1 %	2 1/2	1/2	1	
110 Saucisse italienne grillée et penne aux poivrons rouges 1/4 de la recette	4	1 1/2			3	2	
111 Tortellini aux légumes gratinés 1/6 de la recette	3	2			2 1/2	1 1/2	
112 Penne aux poivrons rouges, aux olives noires et à la roquette 1/4 de la recette	3				1	2	1
113 Orzo au citron, à l'aneth et au persil 1/4 de la recette	2					1	
114 Cari de porc avec pommes et nouilles chinoises 1/6 de la recette	2	1 1/2	1/2 1 %	1/2	4 1/2		

	FÉCULENTS	FRUITS ET LÉGUMES	LAIT	SUCRES	PROTÉINES	MATIÈRES GRASSES ET HUILE	DIVERS
117 Rigatoni au bœuf, aux tomates et aux champignons 1/6 de la recette	2 1/2	1 1/2			3		1
118 Poulet piquant avec brocoli et nouilles chinoises 1/6 de la recette	1 1/2	1 1/2			4 1/2		
120 Pâtes aux tomates et aux deux fromages 1/6 de la recette	2 1/2	1/2			2	1/2	

Les plats de résistance végétariens

	FÉCULENTS	FRUITS ET LÉGUMES	LAIT	SUCRES	PROTÉINES	MATIÈRES GRASSES ET HUILE	DIVERS
124 Paella végétarienne 1/6 de la recette	4 1/2	2			1	1	1
126 Ragoût de légumes à la méditerranéenne 1/4 de la recette	2	1/2			1/2	1	
127 Pizza aux artichauts, au fromage de chèvre, aux tomates fraîches et aux oignons 1/6 de la recette	2	1/2			1	1/2	
128 Riz pilaf aux poireaux 1/4 de la recette	2 1/2					1	1
130 Cari végétarien aux pommes de terre 1/4 de la recette	1	1			1/2	1/2	
131 Boulghour, patate douce et courge 1/4 de la recette	1 1/2	2			1		
132 Croquettes de lentilles aux champignons 1/4 de la recette	1 1/2	1/2			1		
133 Croquettes de pois chiches 1/4 de la recette	1 1/2	1/2			1/2	1/2	
135 Riz brun aux tomates et au maïs à la mexicaine 1/4 de la recette	4	1 1/2				1	
136 Végéburgers de tofu aux graines de tournesol 1/4 de la recette	2	1/2			2	1	
138 Croquettes de champignons portobellos grillés 1 croquette (1/4 de la recette)	2	1/2			1 1/2	1 1/2	1
140 Riz au lait de coco 1/4 de la recette	2 1/2					1/2	1
142 Couscous aux tomates et au basilic 1/4 de la recette	2	1/2				1/2	
145 Haricots blancs à la sauge, à la mode toscane 1/4 de la recette	1				1		
146 Quinoa pilaf 1/3 de la recette	1 1/2	1/2			1/2	1	
147 Cari de lentilles et de légumes 1/6 de la recette	1 1/2	1			1		
148 Brochettes de tofu et de légumes 1/4 de la recette		1			1 1/2		
150 Orge et haricots noirs en cocotte 1/10 de la recette	2					1/2	

	FÉCULENTS	FRUITS ET LÉGUMES	LAIT	SUCRES	PROTÉINES	MATIÈRES GRASSES ET HUILE	DIVERS

Les légumes d'accompagnement

	FÉCULENTS	FRUITS ET LÉGUMES	LAIT	SUCRES	PROTÉINES	MATIÈRES GRASSES ET HUILE	DIVERS
153 Asperges à l'espagnole 1/4 de la recette		1/2				1/2	
154 Asperges au parmesan au four 1/4 de la recette					1/2	1/2	1
155 Asperges au parmesan 1/4 de la recette		1/2			1/2		
156 Brocoli au cumin 1/4 de la recette		1/2			1/2	1/2	
157 Épinards et chou piquants 1/4 de la recette		1/2				1	
158 Épinards aux tomates et au cumin 1/3 de la recette		1/2			1/2		
159 Feuilles de betterave au citron et aux amandes 1/3 de la recette					1/2	1/2	1
160 Tomates au gratin 1/4 de la recette	1/2	1/2			1/2	1	
161 Tomates à la provençale 1/6 de la recette		1/2				1/2	1
162 Pommes de terre nouvelles avec pesto à la menthe 1/6 de la recette	1					1/2	1
163 Pommes de terre au four aux graines de sésame 1/4 de la recette	2 1/2					1	
164 Pommes de terre et oignons rôtis aux fines herbes 1/4 de la recette	1 1/2					1 1/2	
166 Patates douces poêlées 1/3 de la recette	2					1/2	
167 Carottes à la provençale 1/4 de la recette		1				1/2	
168 Patates douces et pommes de terre à la normande 1/4 de la recette	3				1/2	1/2	
170 Carottes et brocoli sautés à l'orientale 1/4 de la recette		1 1/2				1	
171 Purée de carottes et de courge à l'orange 1/4 de la recette		1 1/2					
172 Fenouil braisé au parmesan 1/6 de la recette					1/2		1
175 Champignons portobellos marinés grillés 1/4 de la recette		1/2				1/2	
176 Tranches d'aubergine rôtie et purée d'ail rôti 15 ml (1 c. à table) 1/4 de la recette		1/2				1	1
176 Purée d'ail rôti 1/4 de la recette		1/2					
178 Légumes d'hiver rôtis 1/8 de la recette	1/2	1 1/2				1	

La volaille et la viande

		FÉCULENTS	FRUITS ET LÉGUMES	LAIT	SUCRES	PROTÉINES	MATIÈRES GRASSES ET HUILE	DIVERS
181	Poulet au gingembre 1/4 de la recette		1/2			3 1/2		
182	Poulet à l'orientale 1/6 de la recette				1/2	4		1
183	Poulet au cumin et à l'ail à la mexicaine 1/4 de la recette					5		
184	Cari de poulet au lait de coco à la thaïlandaise 1/4 de la recette		1			5		
186	Poulet piquant au four avec salsa aux tomates 1/4 de la recette		1/2			5		
187	Poitrines de poulet au four, sauce au chutney à la mangue 1/4 de la recette				1 1/2	5 1/2		
191	Brochette de poulet, saucisse italienne et poivrons 1/6 de la recette		1			3 1/2		
192	Pâté au poulet, aux épinards et canneberges en pâte phyllo 1/6 de la recette	1/2	1/2	1 2 %		2 1/2	1	1
194	Poulet aux fines herbes et au sésame 1/4 de la recette	1/2				5		
195	Poulet au safran à la provençale 1/8 de la recette		1 1/2			5		
196	Poulet grillé au citron sur laitue romaine 1/4 de la recette		1			4		
197	Poitrine de dinde glacée aux canneberges 1/6 de la recette				4	6		
198	Poulet rôti, fenouil et patates douces 1/4 de la recette	2	1/2			1 1/2	1	
200	Poulets de Cornouailles farcis au basilic et aux cèpes 1/6 de la recette	1/2	1/2			5		
202	Croquettes de pomme de terre et de dinde 1/4 de la recette	1				1 1/2	1/2	
203	Escalopes de dinde grillées, sauce au gingembre et aux agrumes 1/4 de la recette		1			4		
204	Escalopes de dinde aux tomates et fines herbes 1/4 de la recette		1/2			4		1
205	Bœuf et brocoli sautés au gingembre 1/4 de la recette		1			4		
206	Riz aux haricots verts et au bœuf à la mode du Sichuan 1/4 de la recette	3 1/2	1 1/2		1/2	1 1/2	1/2	
208	Pain de viande avec salsa 1/4 de la recette	1/2	1/2			3 1/2		
209	Picadillo 1/5 de la recette		2 1/2			2 1/2	1/2	
211	Longe de porc à la mexicaine 1/6 de la recette					4		

		FÉCULENTS	FRUITS ET LÉGUMES	LAIT	SUCRES	PROTÉINES	MATIÈRES GRASSES ET HUILE	DIVERS
212	Fajitas au bœuf 1/4 de la recette	2 1/2	1			2 1/2		
214	Filets de porc grillés à la chinoise 1/6 de la recette				1/2	4		
215	Cari de porc et de légumes au basilic frais à la thaïlandaise 1/4 de la recette	1	1/2			3 1/2	1/2	
216	Carrés d'agneau au vin 1/4 de la recette		1/2		1/2	3		
218	Raïta au concombre et à la menthe 1/4 de la recette			1/2 1 %				
221	Gigot d'agneau mariné à la grecque 1/10 de la recette					4 1/2		

Les poissons

		FÉCULENTS	FRUITS ET LÉGUMES	LAIT	SUCRES	PROTÉINES	MATIÈRES GRASSES ET HUILE	DIVERS
225	Bar glacé à la sauce hoisin 1/4 de la recette				1/2	3		
226	Vivaneau mariné à la lime et à la coriandre 1/4 de la recette					5		
227	Baudroie avec tomates séchées, câpres et basilic 1/4 de la recette		1/2			4		
228	Filets de poisson au four 1/4 de la recette	1/2				4		1
229	Thon grillé sauce teriyaki 1/4 de la recette					4		1
230	Filets de poisson, tomates et champignons en papillote 1/4 de la recette		1/2			4 1/2		
232	Saumon entier au four avec mayonnaise à la lime et au gingembre 90 g (3 oz)					3		
233	Mayonnaise à la lime et au gingembre 15 ml 1/16 de la recette						1/2	
234	Filets de saumon en papillotes de pâte phyllo et riz à la noix de coco 1/4 de la recette	3 1/2	1/2			4	1	
235	Saumon en sauce de soja noir 1/4 de la recette				1/2	4		
238	Tomates, moules et riz 1/3 de la recette	2 1/2	1/2			1 1/2	1/2	
239	Crevettes et pétoncles au lait de coco 1/6 de la recette		1/2			4		
240	Cioppino 1/6 de la recette		1			3		
245	Cocotte de crevettes à la provençale 1/6 de la recette	2	1			4		
246	Brochettes de crevettes et de pétoncles 1/4 de la recette		1		1	4 1/2		
248	Bar poêlé avec oignon rouge et citron 1/4 de la recette				3		1	

	FÉCULENTS	FRUITS ET LÉGUMES	LAIT	SUCRES	PROTÉINES	MATIÈRES GRASSES ET HUILE	DIVERS

Les brunches

		FÉCULENTS	FRUITS ET LÉGUMES	LAIT	SUCRES	PROTÉINES	MATIÈRES GRASSES ET HUILE	DIVERS
253	Strata de saumon et d'épinards 1/8 de la recette	1/2	1/2	1/2 1 %		2 1/2		
254	Tortilla espagnole aux pommes de terre et aux oignons 1/4 de la recette	1 1/2	1/2			3	1	
256	Gratin d'asperges et de champignons 1/8 de la recette	1/2	1/2			1	1/2	
257	Bagatelle de fruits frais, de granola et de yogourt 1/8 de la recette	1/2	1 1/2	1 1 %	1 1/2		1/2	
261	Focaccia au poivron rouge rôti et au maquereau fumé 1/6 de la recette	2 1/2	1/2			1 1/2	1	
262	Focaccia à l'avocat et au fromage 1/6 de la recette (1 sandwich)	2 1/2	1/2			1 1/2	2 1/2	
264	Salade de fruits de mer 1/6 de la recette			1/2 1 %		3		
267	Roulades de pita au poivron rouge, à l'oignon et au hoummos 1/6 de la recette	3				1	1	
268	Roulades de pita au thon et aux légumes 1/6 de la recette	1 1/2	1/2			1 1/2		
269	Calzones aux épinards et aux champignons 1/8 de la recette	2				1	1 1/2	
270	Œufs brouillés et saumon fumé sur focaccia 1/8 de la recette	2	1/2			2	1	

Les pâtisseries, les pains et les gâteaux

		FÉCULENTS	FRUITS ET LÉGUMES	LAIT	SUCRES	PROTÉINES	MATIÈRES GRASSES ET HUILE	DIVERS
273	Muffins à la citrouille et à l'orange 1/12 de la recette	1			1		1 1/2	
274	Muffins aux bleuets et au son d'avoine 1/12 de la recette	1			1	1/2	1	
275	Muffins au citron et à la courgette 1/12 de la recette	1			1		1	
276	Muffins à la banane et à l'ananas glacés aux fraises 1/12 de la recette	1	1/2		1		1	
277	Muffins au son, aux canneberges et à l'orange 1/12 de la recette	1			1		1	
278	Pain aux figues et au fromage cottage 1/16 de la recette	1	1/2				1/2	
279	Pain rapide aux fruits 1/20 de la recette	1 1/2	1/2		1/2		1/2	
280	Focaccia 1/10 de la recette	1 1/2					1/2	
282	Pain d'épices aux pommes et aux raisins secs 1/18 de la recette	1	1/2		1/2		1/2	
284	Biscuits aux deux chocolats 1/60 de la recette				1		1/2	

	FÉCULENTS	FRUITS ET LÉGUMES	LAIT	SUCRES	PROTÉINES	MATIÈRES GRASSES ET HUILE	DIVERS
286 Carrés au riz croustillant et à l'avoine 1/24 de la recette	1/2	1/2		1		1/2	
287 Carrés aux canneberges et aux pacanes 1/18 de la recette	1/2	1/2		1/2		1	
288 Biscuits «Hermits» nouvelle mode 1/30 de la recette	1/2	1/2		1		1/2	
289 Petits gâteaux au chocolat et à la banane 1/12 de la recette	1			2 1/2		1	
290 Gâteau au citron et aux bleuets 1/16 de la recette	1 1/2			1 1/2		1/2	
291 Gâteau aux brisures de chocolat 1/12 de la recette	1 1/2			2		2	

Les desserts

	FÉCULENTS	FRUITS ET LÉGUMES	LAIT	SUCRES	PROTÉINES	MATIÈRES GRASSES ET HUILE	DIVERS
295 Gâteau au citron 1/16 de la recette	1 1/2			3		1 1/2	
296 Crème au citron 25 ml (2 c. à table) 1/10 de la recette			1/2 1 %	1/2			
296 Coulis de framboises 75 ml / 1/4 tasse (1/8 de la recette)		1/2		1/2			
298 Gâteau aux pommes et aux canneberges garni à l'allemande 1/12 de la recette	1	1/2		2		1	
299 Cantaloup et bleuets avec coulis de fraises fraîches 1/4 de la recette		2		1/2			
300 Gâteau au chocolat avec glaçage au babeurre et au chocolat 1/16 de la recette	1			3 1/2	1/2	1	
301 Glaçage au babeurre et au chocolat 20 ml (4 c. à thé) 1/12 de la recette				1			
305 Yogourt glacé aux agrumes et à la mangue 1/12 de la recette		1	1 1 %	2 1/2		1 1/2	
306 Croustillant aux pommes et aux petits fruits 1/8 de la recette	1	1		4		1 1/2	1
307 Pavé aux fraises et aux pommes 1/6 de la recette	1 1/2	1		2		1 1/2	
308 Parfait aux abricots et aux framboises 1/4 de la recette		1 1/2	1/2 1 %	1			
309 Salade d'agrumes au gingembre 1/4 de la recette		2 1/2		1/2			
310 Mousse à l'orange 1/6 de la recette		1/2	1/2 1 %	1		1 1/2	
310 Mousse à l'orange (version allégée) 1/6 de la recette		1/2	1/2 1 %	1 1/2			
311 Tarte aux pommes et aux abricots en pâte phyllo 1/8 de la recette	1/2	2 1/2		1 1/2		1/2	
312 Pâte à tarte au robot culinaire 1/8 de la recette	1			1/2		1	

		FÉCULENTS	FRUITS ET LÉGUMES	LAIT	SUCRES	PROTÉINES	MATIÈRES GRASSES ET HUILE	DIVERS
313	Tarte au citron et au chocolat 1/8 de la recette	1			3	1/2	1 1/2	
314	Tarte aux pêches et aux bleuets 1/8 de la recette	1	1 1/2		1 1/2		1	
316	Tartelettes aux fraises avec crème au citron 1/12 de la recette	1/2			1/2		1	
317	Tarte au citron à la française 1/8 de la recette	1			2 1/2	1/2	1	
318	Gâteau au fromage et au citron, glaçage aux framboises 1/12 de la recette	1/2	1/2	1/2 1 %	2	1	1	
320	Flan au yogourt et aux canneberges 1/12 de la recette	1		1/2 1 %	2		1	
322	Gâteau forêt-noire au yogourt glacé 1/8 de la recette	1		1 1 %	4		1 1/2	
323	Tarte meringuée à l'orange 1/8 de la recette			1/2 2 %	3	1/2		

Index de l'information nutritionnelle

Remarque : les numéros de page en caractères gras
correspondent à un traitement en profondeur.

Fromage et alimentation faible en matières grasses, 106

Pâtes alimentaires :
    enrichies, absorption du fer, 219
    tailles des portions, 98
Personnes âgées :
    Voir aussi les questions particulières
    diabète, 303
    oligosaccharides, 143-144
    saine alimentation, 83
Perte de poids, **22-24**
    activité physique, 23
    changement, 9
    maintien, 24
    question de perte de poids ~, 1
Phytate, absorption du fer, 219
Phyto-œstrogènes, 134, 173
    faible taux de cancer, 33
Phytostérols, prévention du cancer du côlon, 165
Poids :
    enfants, 265
    maintien d'un poids santé, 23, **24**
Pois chiches et alimentation, 17
Poisson :
    cru, 227
    gras oméga-3, 31, 227, 231
    saine alimentation, 3
Polyarthrite rhumatoïde :
    Voir aussi Arthrite
    acides gras oméga-3, 254
    AEP et ADH, 231, 243
Polyphénols, 251
Porc. *Voir* Viande
Portions :
    viande et volaille, 3
    taille, 22
Porto, taille d'une consommation, 43
Potassium :
    hypertension, 236
    sources principales, **236**
Problèmes menstruels et de fertilité, risques associés à l'obésité, 22
Problèmes orthopédiques chez l'enfant obèse, 265
Prochaska, J.O., 9
Produits laitiers :
    faibles en matières grasses, 3
    hypertension, 236
    intolérance aux produits laitiers, 297
    lait condensé, 92

    réduits en lactose, 297
    végétarisme, 123
Protéines :
    alimentation des sportifs, 116
    plantes, 84, **123**, 132
    sources principales, **53**
    végétales :
        régime végétalien, 123
        sources principales, 84, **123**, 132, 147

Q

Quinoa, 146

R

Racine de réglisse, 173
Reflux œsophagien et brûlures d'estomac, 144
Régime, 23
Régime amaigrissant. *Voir* Perte de poids
Régime lacto-végétarien, 123
Régime lacto-ovo-végétarien, 123
Régime végétalien, 123
Reid, Angus, 2
Restaurants, y manger sainement, **95**
Riboflavine, sources principales, 146
Riz :
    boisson au riz, 297
    types de riz et alimentation, 129

S

Saine alimentation :
    adolescents, 265
    alimentation de l'enfant sportif, 116
    arthrite, 243
    base, 3
    cancer, 33
    côlon irritable, 324
    consommation de fer, 219
    consommation de fibres alimentaires, 258
    élévation du bon cholestérol des HDL, 189-190
    enfants, 61
    hypertension artérielle, **236**
    intolérance au lactose, 297
    maladies cardiaques, **31-32**
    margarine, 255
    obésité chez l'enfant, 265
    personnes âgées, **83**
    perte de poids, **23**
    réduction des matières grasses, **73-75**

T

Index des recettes

A

B

O

P